Klaus Lingel
Führer durch das Ries

Klaus Lingel

Führer durch das Ries

mit Rundgängen, Wanderungen und Ausflügen

Mit Fotos von Peter Kruppa

2., völlig neubearbeitete Auflage

Theiss

Für freundliche Hinweise danke ich Frau Dr. Elisabeth Grünenwald, Herrn Dr. Wilfried Sponsel, Herrn Walter Barsig, meinen Bürgermeisterkollegen und den Damen und Herren der Verkehrsämter.

Die Deutsche Bibliothek – CIP-Einheitsaufnahme

Lingel, Klaus:
Führer durch das Ries : mit Rundgängen, Wanderungen und Ausflügen / Klaus Lingel. Mit Fotos von Peter Kruppa. – 2., neubearb. Aufl. – Stuttgart : Theiss, 1995
   ISBN 3-8062-1160-4

Umschlagbild: Blick vom Riesrand auf Nördlingen
(Foto: P. Kruppa)
Herstellung: Die Herstellung, Stuttgart

© Konrad Theiss Verlag GmbH & Co., Stuttgart 1986
2. Auflage 1995
Alle Rechte vorbehalten
Satz und Druck: Grafische Betriebe
Süddeutscher Zeitungsdienst, Aalen
Buchbinderische Verarbeitung: Ludwig Auer, Donauwörth
Printed in Germany
ISBN 3-8062-1160-4

INHALT

Vorwort	9
Das Ries – eine geologische Sehenswürdigkeit von Weltrang	11
Aus der Geschichte	14
Führer zu den kulturhistorischen Sehenswürdigkeiten	
Bopfingen	21
Fremdingen	46
Harburg	66
Kirchheim am Ries	85
Lauchheim	104
Mönchsdeggingen	119
Nördlingen	143
Oettingen	200
Riesbürg	231
Wallerstein	244
Wemding	269
Exkursionen	
Geologische Exkursionen	293
Archäologische Wanderungen vom Ipf zum Goldberg	296
Wallfahrtsorte	298
Burgen und Schlösser	299
Stätten der Juden	300
Radeln im Krater	300
Das Ries – ein Wanderparadies	302
Literatur	303
Bildquellennachweis	306
Ortsregister	307

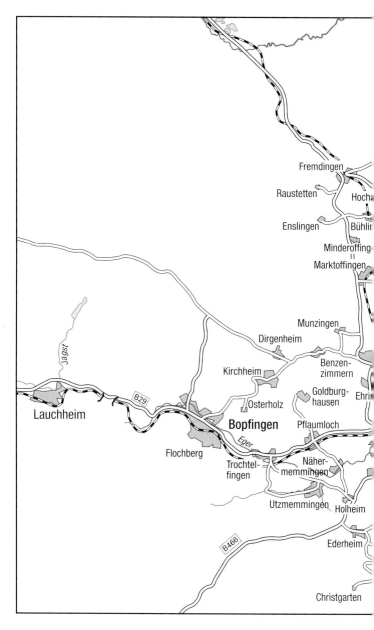

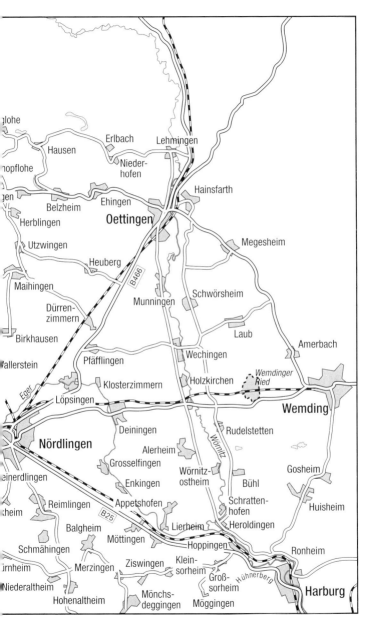

»Wer an einem schönen Juniabend auf einer der westlichen Anhöhen steht und die von bewaldeten Hügeln umschlossene Ebene erblickt (...), den wird ein freudiges Gefühl überkommen: Er hat nicht nur eine schöne und fröhliche Landschaft vor sich, sondern er fühlt zugleich, daß ihre Bewohner begünstigte Menschen waren und sind.«
Melchior Meyer (1810–1871)

»Das Ries ist außerirdischen Ursprungs. Eigentlich hätte man schon viel früher auf diese Erklärung kommen können, denn ein 380 Quadratkilometer großer Garten Eden mitten in der rauhen Alb, kann ja nur ein Geschenk von oben sein. Das Gesteinspaket ist zwar etwas unsanft vom Himmel gefallen, aber Gott sei Dank zu einem Zeitpunkt, als es noch keine Menschen gab, die es hätte treffen können.«
Franz Josef Strauß (1915–1988)

VORWORT

Die besondere geologische Entstehung, die reiche und vielseitige Geschichte sowie die landschaftliche Schönheit und kulturelle Bedeutung in der Gegenwart begründen das große Interesse sowohl der Wissenschaft als auch vieler interessierter Besucher an der einmaligen Landschaft des Rieses, eingebettet zwischen den Jurahöhen und der Schwäbischen Alb.

Der im Jahre 1986 vom Touristikverband Ries in Zusammenarbeit mit dem Konrad Theiss Verlag herausgegebene Riesführer ist sowohl für Gäste des Rieses als auch für Einheimische schnell zu einem unentbehrlichen Wegweiser geworden. Leicht benutzbar und übersichtlich vermittelt das sachkundige Werk umfangreiche Informationen über die Geologie und Geschichte, Kunst und Kultur, Fauna und Flora, Land und Leute. Die Städte und Gemeinden des Rieses werden eingehend beschrieben. Gerade bei Wanderern und Radfahrern finden die Ausflugs- und Wandervorschläge, die zu den zahlreichen Denkmälern einer jahrtausendealten Kultur führen, großes Interesse.

Ich begrüße es daher sehr, daß der Touristikverband und der Konrad Theiss Verlag sich entschlossen haben, eine zweite Auflage dieses wertvollen Führers herauszugeben. Dies gab dem Autor Klaus Lingel die Möglichkeit, manche notwendige Aktualisierung vorzunehmen, so daß das Werk jetzt wieder auf zeitgemäßem Stand Auskunft geben kann.

Ich bin sicher, daß auch diese neubearbeitete Ausgabe des Führers durch das Ries einen Beitrag dazu leisten wird, daß sich Gäste die Schönheiten unserer Heimat selbst erschließen können, egal ob sie als Wanderer, Radfahrer oder Autotouristen unterwegs sind. Ich glaube jedoch auch, daß das Werk bei den Einheimischen zu einer noch größeren Heimatverbundenheit beitragen wird.

Ich danke daher allen, die sich um die Herausgabe der zweiten Auflage des »Riesführers« verdient gemacht haben und wünsche dem Buch eine weite Verbreitung – gehört es doch mittlerweile zur Standardliteratur über das Ries.

Paul Kling

Oberbürgermeister der Stadt Nördlingen
Erster Vorsitzender des Touristikverbandes Ries

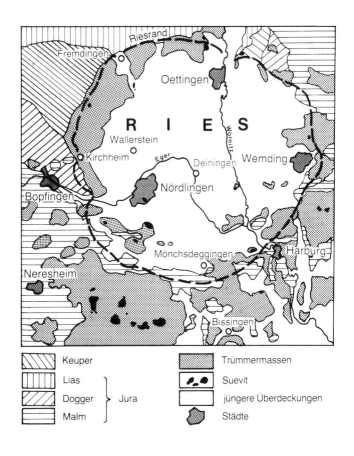

1 *Geologische Übersichtskarte (stark vereinfacht)*

DAS RIES –
EINE GEOLOGISCHE SEHENSWÜRDIGKEIT
VON WELTRANG

Aus dem bunten Mosaik der mitteleuropäischen Landschaften ragt das 380 km² große Ries durch Form und Struktur hervor: Es besitzt eine kreisrunde Form, dessen Rand durch meist bewaldete Hügel hervortritt. Die Ebene, die sich etwa 100 m tief einsenkt, erstreckt sich in einer Höhe von 410–430 m NN. Wegen der Fruchtbarkeit ihres Bodens wurde die nahezu baum- und strauchlose Landschaft schon früh besiedelt. Eine weitere Besonderheit ist die gestörte und durcheinandergeratene Lagerung der Gesteine am Riesrand.
Diese Phänomene gaben schon früh Anlaß zu Spekulationen über die Entstehung des Rieses, gilt doch eine solche Landschaft – zumindest in Europa – als einmalig. Verschiedene Theorien (Vulkan, Gletscher, Lakkolith, Explosion) entstanden und wurden wieder verworfen. Es blieb zwei Amerikanern, E. M. Shoemaker und E. C. T. Chao, vorbehalten, das Rätsel Ries 1961/62 zu lösen. Sie fanden im Ries zwei dem Quarz verwandte Formen des Siliziumdioxid, Stishovit und Coesit. Diese Mineralien bilden sich nur unter extrem hohem Druck aus, wie er beim Einschlag größerer Meteoriten auftritt. Das entscheidende Indiz für die Bestimmung des Rieses als Meteoritenkrater (Impaktkrater) war gefunden. Weltweite Berühmtheit erlangte das Ries, als sich 1970 die amerikanischen Astronauten Shepard, Mitchel und Roose hier auf die Mondexpedition vorbereiteten. Das dann von Apollo XII vom Mond mitgebrachte Gestein von lunaren Impaktkratern bewies endgültig, daß es sich beim Ries um einen Meteoritenkrater handelt. Neue Erkenntnis über den Bau des Kraters und seine Entstehung erbrachte eine 1973/74 in der Nähe von Löpsingen durchgeführte 1206 m tiefe Bohrung.
Daß Menschen den Einschlag eines Großmeteoriten miterlebt haben, legt die griechische Mythologie nahe: Phaeton, der Sohn des Sonnengottes Helios, stürzte mit dem Sonnenwagen ins Meer. Eine Verfinsterung der Sonne wie wohl auch die Deukalonische Sintflut waren die Folge.

Das Ries – eine geologische Sehenswürdigkeit von Weltrang

Entstehung des Rieskessels

Vor etwa 14,8 Millionen Jahren geriet ein Steinmeteorit mit einem Durchmesser von 800 bis 1200 m auf »Kollisionskurs« mit der Erde, durchbrach mit kosmischer Geschwindigkeit (20–60 m/sec) nahezu ungebremst die Atmosphäre und bohrte sich mit Überschalldonner etwa einen Kilometer tief ein. Extrem hoher Druck komprimierte das umgebende Gestein, das zusammen mit dem Meteoriten bei einer Temperatur von über 10 000° C explosionsartig verdampfte. Eine Stoßwellenfront breitete sich aus und verursachte eine mit der Entfernung abnehmende Deformierung des Gesteins (Stoßwellenmetamorphose).

Mindestens 150 km³ Gestein – ganze Berge – wurden aus dem Krater bis zu 40 km ins Vorland geschleudert. Diese bunten Trümmermassen bedeckten in einer Mächtigkeit von bis zu 200 Metern Alb und Albvorland rund um das Ries. Tonnenschwere Gesteinsblöcke flogen bis in die Gegend von Augsburg. In einer Entfernung von etwa 400 km in Tschechien kann man noch heute Tröpfchen geschmolzenen Riesgesteins finden, sog. Moldavite; sie werden zu Schmuck verarbeitet.

Eine Gaswolke mit Gesteinsschmelze durchbrach die Lufthülle der Erde. Aufgeschmolzenes kristallines Grundgebirge, verbacken mit Staub und Sedimentgestein, bildete den Suevit, der seit der Römerzeit als leicht zu bearbeitender Baustein Verwendung findet. Der Primärkrater (3 km tief, 11 km Durchmesser) erweiterte sich durch Ausgleichsbewegungen der Gesteine auf seinen heutigen Durchmesser von ca. 25 km. Die freigesetzte Energie entspricht etwa der 250000 gleichzeitig gezündeter Atombomben vom Typ »Hiroshima«.

Im Umkreis von mehreren hundert Kilometern wurde durch die Druckwelle das Leben fast aller größerer Tiere ausgelöscht und die Pflanzenwelt verwüstet. Unter den Trümmermassen verschwanden die Flußtäler, so daß für die Dauer von etwa zwei Millionen Jahren ein abflußloser See entstand. Den durch Einschwemmungen allmählich angefüllten See räumten mit der Anhebung der Alb am Ende der Tertiärzeit zahlreiche Wasserläufe aus. Nur die harten Riesseekalke wurden als Hügel herauspräpariert. In der ausgehenden Eiszeit lagerte sich eine Schicht von fruchtbarem Löß ab, die Grundlage für die heutige Kornkammer Bayerns. Aus der »Sternenwunde« wuchs so ein Paradies.

Wohl zur gleichen Zeit entstand etwa 40 km südwestlich das Steinheimer Becken als kleiner Bruder des Rieses. Man nimmt an, daß der Riesmeteorit beim Eintritt in das Gravitationsfeld der Erde auseinanderbrach und ein Bruchstück das Steinheimer Becken mit einem Durchmesser von 3,4 km aus der Alb heraussprengte.

Die Riesebene ist eine mit Löß überwehte bzw. im Ostteil mit Sand überschwemmte Ebene (405–440 m NN). Den sog. »Inneren Wall« bildet eine Kette von Erhebungen: Wallersteiner Felsen, Galgenberg, Stoffelsberg, Adlerberg, Hahnenberg und Wenneberg. Sie bestehen aus aufgeschobenen und aufgeworfenen Schollen kristallinen Gesteins. Typische Heidevegetation finden wir auf den kahlen Rücken des Goldbergs, Albuchs, Rollenbergs und des Kleinen Hühnerbergs. Vor dem Albtrauf erheben sich als Zeugenberge Ipf und Blasienberg.

Bedingt durch den Kraterkessel bildete sich im Ries ein Eigenklima aus. Hier liegen die Jahresdurchschnittstemperaturen (7,9° in Nördlingen) spürbar höher als auf den angrenzenden Hochflächen der Alb. In der Verteilung der Niederschläge wird die Höhengliederung erkennbar. Das Zentralries gehört mit nur 580 mm zu den niederschlagsärmsten Gebieten in Süddeutschland, während der Riesrand bereits 700 mm erhält.

Relief, Boden und Klima begünstigen eine intensive landwirtschaftliche Nutzung. Den südlichen und nördlichen Riesrand bedecken ausgedehnte Mischwälder. Entwässert wird das Ries zur Donau hin durch die Flüsse Eger und Wörnitz sowie durch zahlreiche Bäche (Mauch, Goldbach, Ahrenbach, Mühlbach).

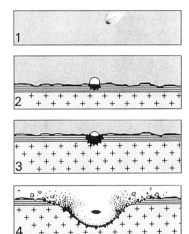

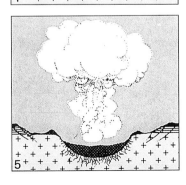

2   Der Meteoriteneinschlag: Der Meteorit nähert sich der Erde (1). Er schlägt auf (2) und schmilzt das Grundgebirge auf (3). Der Meteorit und das umgebende Gestein verdampfen explosionsartig (4). Das geschmolzene Gestein wird als Glutfluß aus dem Krater hochgeschleudert (5).

AUS DER GESCHICHTE

Schon sehr früh erkannten die Menschen die für die Besiedlung günstigen Eigenschaften dieser in sich geschlossenen Landschaft, die seit jeher im Schnittpunkt kultureller Kräftefelder lag.

Altsteinzeit (vor 4000)

Die ersten menschlichen Spuren stammen aus der Altsteinzeit, als in dieser bewohnbaren Zone zwischen Nordlandeis und alpiner Vergletscherung kleine Horden von Jägern und Sammlern die Gegend durchstreiften und in Höhlen Unterschlupf suchten. Aus Feuerstein fertigten sie Schaber, Messer und Bohrer. Das älteste menschliche Werkzeug, einen ca. 80000 Jahre alten Faustkeil, fand man bei Mündling.
Aus dem Jungpaläolithikum liegen zahlreiche Funde vor. Schädelbestattungen vor der Ofnethöhle und in der »Hexenküche« sowie Ritzzeichnungen im Hohlenstein geben Aufschluß über Kult und Magie.

Jungsteinzeit (4000–1800 v.Chr.)

Die Jungsteinzeit brachte eine entscheidende Veränderung in der Siedlungs- und Wirtschaftsweise. Seßhaftigkeit und Hausbau, Tierhaltung und Pflanzenanbau prägten nun das Leben. Für den ganzen Raum sind 60 Siedlungsplätze von sog. »Bandkeramikern« belegt; sie haben ihren Namen von ihrer charakteristischen Art, Töpfe zu verzieren.

Bronzezeit (1800–1200 v.Chr.)

Bereits in der ausgehenden Steinzeit war neben Stein auch Kupfer in Verwendung. Die Härte des Metalls verbesserte sich durch den Zusatz von zehn Prozent Zinn. Bronzefunde lassen sich in zahlreichen Grabhügeln nachweisen. Deren Ausstattung mit Waffen und Geräten dokumentiert die damalige soziale Schichtung. Ein mit Waffen, Geräten und Schmuckstücken gefülltes Gefäß entdeckte man in der Nähe von Bühl, ein Händlerversteck an der Fernstraße entlang der Wörnitz. Formenkundliche Vergleiche deuten auf weitverzweigte Wirtschaftsbeziehungen des Rieses ins Rheingebiet und nach Ungarn.

Hallstatt- (750–450 v.Chr.) und Latènezeit (450–15 v.Chr.)

Die Hallstattzeit ist durch eine ungewöhnlich hohe Anzahl von Grabhügeln vertreten, die meisten am nördlichen Riesrand, bei Belzheim (170) und Hochaltingen (100). Reiche Grabbeigaben (Bronzeschmuck, Fibeln, Gewandnadeln und Schmuckketten aus Perlen) sind Zeugnisse hoher Kunstfertigkeit und verfeinerten Geschmacks. Vom Verteidigungswillen und der Macht keltischer Fürsten künden die befestigten Höhensiedlungen (Ipf, Goldberg, Reimlinger Berg, Schmähinger Kirchberg).

In das letzte vorchristliche Jahrhundert sind die keltischen Viereckschanzen zu datieren. Hier handelt es sich nicht um Festungen und Fluchtburgen, wie man zunächst glaubte, sondern um Kultstätten oder Tempelbezirke. Die Flußnamen Wörnitz und Eger, vielleicht auch Mauch und Kessel sind sprachliches Erbe der Kelten, deren Kultur für das Ries sicher nicht ohne Bedeutung war.

Die Römer im Ries

Den Römern ist die Landschaftsbezeichnung »Ries« zu verdanken; in ihr lebt noch der Provinzname »Raetien« fort. Nach der Ausdehnung des Imperiums über die Donau um 90 n.Chr. errichteten die Römer Kastelle in Oberdorf (Opie), Munningen (Losodica) und Nördlingen (Septemiacum). Im Zuge der Okkupation entstanden mindestens 100 Einzelgehöfte (villae rusticae) über das fruchtbare Ackerland verteilt und in unmittelbarer Nähe der Kastelle Handwerker- und Händlerniederlassungen (vici). Schnurgerade Straßen, deren Verlauf noch heute auszumachen ist, verbanden die Stützpunkte.

Alamannische Besiedlung

Nachdem alamannische Stämme bereits 233 n. Chr. auf breiter Front den Limes angegriffen hatten, mußten die Römer die Grenzen ihres Weltreiches 259/60 endgültig wieder an die Donau zurücknehmen. Die römische Provinz wandelte sich allmählich zum Siedlungsraum der Alamannen, die sich Straßen und gerodete Felder zunutze machten. Die Besiedlung nahm seit 496 zu, nachdem Chlodwig die Alamannen bei Tolbiacum besiegt hatte. Etwa 40 Reihengräberfriedhöfe, in denen die Toten in reihenartig angelegten Gräbern mit teils reichen Grabbeigaben bestattet wurden, sind unmittelbare Zeugnisse jener Epoche, über die schriftliche Überlieferungen fehlen.

Die Grundlagen für das heutige Siedlungsgefüge mit den Ortsnamen auf -ingen und -heim wurden im 6./7. Jahrhundert gelegt.

Aus der Geschichte

Christianisierung

Im 7. Jahrhundert war der heidnische Brauch, den Verstorbenen Schmuck, Waffen und Geräte mit ins Grab zu legen, weitgehend erloschen, ein Indiz für einen stärker werdenden fränkisch-christlichen Einfluß. Goldblattkreuze (Ebermergen, Lauchheim) dokumentieren den Übergang vom Heidentum zum Christentum. Im Zuge der karolingischen Reichskirchenpolitik geriet das Ries in das missionarische Kraftfeld der im 8. Jahrhundert neugegründeten Reichsklöster (Fulda, Lorsch) und Diözesen (Eichstätt und Augsburg). Wesentlichen Anteil an der Vertiefung des Glaubens hatten dann die im Ries gegründeten Benediktinerklöster Mönchsdeggingen (um 1000) und Auhausen (um 1100).

Das Land der Grafen von Oettingen

Das Ries, das Stammgebiet der Staufer, spielte im 12. Jahrhundert als einer der »Domino-Steine« innerhalb der territorialen Politik des Königshauses und als Bindeglied im Kräftedreieck Hohenstaufen – Rothenburg – Nürnberg eine bedeutende Rolle.
Die Land und Straßen beherrschenden Burgen (Kapfenburg, Flochberg, Wallerstein, Harburg, Alerheim) waren in der Hand der staufischen Könige. Als zentraler Ort im Ries folgte im 13. Jahrhundert das zur Reichsstadt emporgestiegene Nördlingen.
Die vermutete verwandtschaftliche Nähe der Oettinger zum Königshaus bildete die Grundlage für das Grafenamt (1147) und stellte die Weichen für den Aufstieg zur späteren Landesherrschaft. Nach dem Untergang der Staufer übernahmen die Grafen als Rechtsnachfolger ehemals königliche Rechte wie Landgericht, Zoll und Wildbann. Die anderen Rieser Adelsgeschlechter (Hürnheimer, Lierheimer u. a.) wurden von den Oettingern im Lauf der Zeit »überflügelt, verdrängt, ausnahmslos überlebt und größtenteils beerbt« (Kudorfer).
Dennoch gelang es den Grafen nicht, ein geschlossenes Herrschaftsgebiet zu schaffen. Zahlreiche »Einlieger« übten die Grundherrschaft, niedere Obrigkeit und Steuerhoheit über ihre eigenen Untertanen aus. Nicht selten gerieten so die Bauern zwischen die Mühlsteine konkurrierender Machtansprüche verschiedener Herren. Ebenso war es bei der Reichsstadt Nördlingen; häufig kam es zu Reibereien, ja handfesten Auseinandersetzungen, hauptsächlich wegen Zollerhebung und niederer Jagd (Lerchenkriege).

Reformation

Zu den konkurrierenden Hoheitsrechten trat im 16. Jahrhundert die konfessionelle Trennung nach dem Grundsatz »Cuius regio, eius religio« (wessen Land, dessen Religion). Während die Wallersteiner Linie des Grafenhauses mit seinen Untertanen dem katholischen Glauben treu blieb, förderte das Haus Oettingen-Oettingen tatkräftig die Bestrebungen der Reformation. Zu den Wegbereitern der neuen Lehre in Nördlingen zählte der Karmeliter-Prior Caspar Cantz, der schon vier Jahre vor Luther das Abendmahl in beiderlei Gestalt eingeführt hatte. 1518 seines Amtes enthoben, kehrte er jedoch als Prediger in seine Vaterstadt zurück, nachdem sich der Rat 1524 offen zur Reformation bekannt hatte.

Bauernkrieg (1525)

Unter Berufung auf reformatorisches Gedankengut erhofften sich die Bauern eine Beseitigung drückender wirtschaftlicher und sozialer Ungerechtigkeiten. Ein Haufen von einigen tausenden eher friedlich gesinnter Bauern sammelte sich bei Deiningen, löste sich aber bald wieder auf. Der »Ellwanger Haufe« dagegen plünderte das Kloster Maihingen, nahm die Residenzstadt Oettingen ein und raubte die Benediktiner-Abtei Auhausen völlig aus. Auf seinem Zug gegen das Kloster Heidenheim auf dem Hahnenkamm wurde der Rieshaufen, der auf 8000 Mann angewachsen war, von nur 700 gutgerüsteten Soldaten des Markgrafen Kasimir von Ansbach am 8. Mai 1525 bei Ostheim vernichtend geschlagen. 400 Bauern sind gefallen, 3000 gerieten in Gefangenschaft. Der Krieg war zu Ende, es blieben die rechtlichen, politischen und sozialen Mißstände.

Der Dreißigjährige Krieg (1618–1648)

Der Schmalkaldische Krieg (1546/47) zwischen den beiden konfessionellen Lagern hatte zwar mit einem Sieg Kaiser Karls V. geendet, aber zu keiner Entscheidung geführt und schon gar nicht die Spannungen beseitigt. Zu Beginn des 17. Jahrhunderts formierten sich die Lager neu: die protestantische Union, gegründet 1608 in Auhausen, und als Antwort die katholische Liga 1609.
Das Ries blieb im ersten Jahrzehnt des im Jahre 1618 ausbrechenden Krieges verschont, doch dann mehrten sich die verheerenden Truppendurchzüge; die kriegführenden Parteien wechselten in Nördlingen ab: Wallenstein (1630), der kaiserliche General Tilly (1631) und der Schwedenkönig Gustav Adolf (1632).

Ligistisch-katholische Truppen zogen 1634 unter Führung von General Gallas in Begleitung des jungen Königs Ferdinand donauaufwärts. Am 18. August 1634 standen sie vor Nördlingen und begannen eine dreiwöchige Belagerung. Viele Bewohner des Umlandes waren in die Stadt geflüchtet. Sie lagen in Gassen und Winkeln, »jammerten und bettelten, starben zu Dutzenden täglich an Entkräftung und dem Aas und Unrat, das sie vor Hunger verschlangen; alle Tage krächzten vor Morgengrauen die Totenkarren zu den Friedhöfen ..., wo man sie in Gruben verscharrte« (Zipperer).
Endlich rückte das schwedisch-protestantische Heer unter den Generalen Horn und Weimar mit 26000 Mann zum Entsatz heran. Am 6. September 1634 kam es dann auf dem Albuch zur Schlacht. Zum ersten Mal mußten die Schweden auf deutschem Boden eine Niederlage hinnehmen. Ein weiterer blutiger Kampf tobte 1645 bei Alerheim. Das französische Heer errang einen traurigen Sieg über die kaiserlichen Truppen. 1648 waren das Ries verwüstet, die Dörfer verödet, die Felder zerstört. Die Zahl der 3500 Haushalte war auf 1600 gesunken.

Das Ende der territorialen Selbständigkeit

Die eigenständige territoriale Geschichte, die das Land bis heute so liebenswert prägt, hatte zu unhaltbaren staatlichen Verhältnissen geführt. Das Ende der beiden Fürstentümer Oettingen und Wallerstein setzte 1806 die von Napoleon betriebene neubayerische Staatsbildung. Selbst fieberhafte diplomatische Anstrengungen konnten die Selbständigkeit nicht mehr aufrechterhalten.
Ein großzügiger Grenzvertrag von 1810, der das Ries zwischen Bayern und Württemberg aufteilte, nahm ebensowenig Rücksicht auf die einheitliche Geographie des Raumes wie die 1972 folgende Gebietsreform.

**FÜHRER
ZU DEN KULTURHISTORISCHEN SEHENSWÜRDIGKEITEN**

Museum im „Seelhaus"
Ein Gang durch 6000 Jahre Geschichte

Öffnungszeiten:
Sommer: 1. 4. bis 31. 10.
Di.–Fr. 14.00 Uhr – 16.00 Uhr
Sa., So., Feiertag 14.00 Uhr – 17.00 Uhr
Winter: 1. 11. – 31. 3.
Sa., So., Feiertag 14.00 Uhr – 17.00 Uhr
und nach Vereinbarung
Telefon 0 73 62/8 01-0

BOPFINGEN

Bopfingen liegt im Tal der Eger, am Fuße von Ipf und Flochberg, an der westlichen Eingangspforte zum Ries. Ehemals Freie Reichsstadt, ist es heute wirtschaftlicher und kultureller Mittelpunkt an der Grenze zwischen Bayern und Baden-Württemberg. Zusammen mit den Teilorten Aufhausen, Baldern, Flochberg, Kerkingen, Oberdorf, Schloßberg, Trochtelfingen und Unterriffingen leben in dieser viertgrößten Stadt des Ostalbkreises heute etwa 12000 Einwohner. Als Einkaufsstadt mit einer Vielzahl von Einzelhandelsgeschäften und qualifizierten Handwerks- und Industriebetrieben (Leder, Seifen, Textil), als Schulstadt mit Grund- und Hauptschule, Realschule und Gymnasium und als Standort eines Kreiskrankenhauses erfüllt Bopfingen wichtige zentralörtliche Funktionen, die ins Ries und in die nahe Schwäbische Alb ausstrahlen.

Bopfingen hat sich aus einer alamannischen Ansiedlung, unweit des römischen Kastells Opie (Oberdorf), entwickelt. Ebenso wie Nördlingen erscheint Bopfingen urkundlich erstmals im Fuldaer Schenkungsverzeichnis des 8. Jahrhunderts. Aus der Erwähnung (1188) der befestigten Siedlung im Heiratsgut für Konrad, den Sohn Kaiser Friedrich Barbarossas, darf man auf staufischen Besitz schließen. Die Lage an zwei wichtigen Handelsstraßen (Ulm – Dinkelsbühl; Nördlingen – Bad Cannstatt) und an der Egerfurt dürfte für die Erhebung zur Stadt um 1230 entscheidend gewesen sein.

Die einflußreichen Grafen von Oettingen bedrohten die Reichsfreiheit der Stadt mehrmals, konnten sie aber letztlich nicht antasten, da Bopfingen unter dem Schutz des Schwäbischen Städtebundes stand. Ohne eigenes Herrschaftsgebiet blieb die politische Bedeutung der Stadt allerdings gering.

Den Übertritt zur Reformation mußten die Bopfinger bitter büßen. Bei einer Strafexpedition 1546 wüteten die Soldaten in so grausamer Weise, daß Kaiser Karl V. selbst gesagt haben soll: »Par dio, dem Städtlein haben wir's grob gemacht.« Die Kriege des 17. und 18. Jahrhunderts zerstörten dann die Blüte Bopfingens vollends.

1802 fiel die Stadt an Bayern und durch Tausch 1810 bei einer großzügigen Grenzbereinigung an das Königreich Württemberg – ein schmerzlicher Einschnitt in diesen geographisch einmaligen Raum. König Friedrich II. von Württemberg stiftete 1811 anläßlich eines Besuchs seines neuen Territoriums die Ipfmesse. Als er vom Ipf aus seinen Blick in die Umgebung schweifen ließ, sagte er: »Wenn meine Minister nicht solche Esel wären, würde das da drüben zu uns gehören« und meinte damit das bayerisch gewordene Ries.

22 *Bopfingen*

Rundgang

1 Rathaus Das Rathaus mit kunstvollem Fachwerkgiebel baute der Nördlinger Wolfgang Walberger 1585/86. Der von einem Zwischengeschoß erreichbare Pranger (1802 abgerissen, später erneuert) ist ein Relikt mittelalterlicher Strafjustiz. Von hier oben verkündete der Stadtknecht wichtige Bekanntmachungen. Lange noch zeigte eine Fahne an, daß der Wochenmarkt geöffnet ist. Die Glocke im Dachreiter bewegt bei vollem Stundenschlag die kämpfenden Stadtsoldaten an der Stadtuhr. Wenn man die Wendeltreppe zum 1. Stock hinaufsteigt, gelangt man in den »Soler« wo im Mittelalter die Bürgervereidigungen stattfanden. Bei der letzten Renovierung wurden die antiken Sagengestalten Lukretia und Musae freigelegt. Der Zwischenstock diente als Tanzboden und an Markttagen als Ausstellungsraum für Lodweber und Schuster. In der Säulenhalle des Erdgeschosses befanden sich Stadtwaage, Fleischbank und Kornschranne.

2 Amtshaus In der Nähe des Rathauses steht das Amtshaus, das seit 1604 städtische Diensträume beherbergt. Über dem mit Sandstein gefaßten Portal prangt oberhalb eines ovalen Fensters der Reichsadler

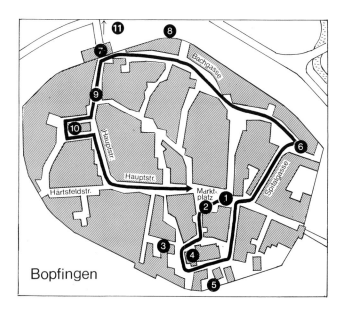

3 *Bopfingen. Rathaus von 1585 und Turm der ev. Stadtpfarrkirche St. Blasius*

mit dem Bopfinger Wappen. Ein farbenfrohes Bild im Innern erzählt, wie die Bopfinger zu ihrem Necknamen »Gelbfüßler« kamen.
Marktbrunnen Der Brunnen von 1769 mit dem Standbild des römischen Meeresgottes Neptun war das Zeichen des Marktrechtes. An ihn stellte man an Markttagen klatschsüchtige und zänkische Weiber, bis sie versprachen, in Zukunft Frieden zu halten.
Nach dem weitgehenden Abbruch der mittelalterlichen Stadtbefestigung bezeugt die Baugruppe Stadtkirche, Rathaus, Amtshaus und

Marktbrunnen eindrucksvoll die geschichtliche Bedeutung der ehemals Freien Reichsstadt.

3 Kath. Pfarrkirche St. Josef An der Stelle einer Kirche aus dem Jahre 1884 errichteten die Katholiken 1952/53 nach Plänen des Stuttgarter Architekten Otto Linder dieses Gotteshaus, ein Stahlbetonskelettbau mit asymmetrischem Schiff. Die Ausstattung stammt im wesentlichen aus dem Jahre 1967. Die futuristische Bildtafel mit dem Thema »Durch die Passion zur Auferstehung« fängt den Blick des Besuchers ein. Fleiß, Demut und Frömmigkeit spricht aus der überlebensgroßen Figur des hl. Josef, der sich mit Winkel und Beil als Patron der arbeitenden Menschen ausweist.

4 Ev. Pfarrkirche St. Blasius Bopfingens Kunstziel ist die ev. Stadtkirche St. Blasius, deren barock behelmter Turm das Wahrzeichen der Stadt geblieben ist. Die Kirche, wahrscheinlich eine Gründung der Herren von Flochberg, wird erstmals 1299 genannt. Ablaßbriefe bestätigen 1317 die Existenz einer Wallfahrt. Im Bereich des heutigen Kirchenschiffes sind zwei Vorgängerbauten nachgewiesen. Der Umbau im 14. Jh. beließ den romanischen Chorbogen, das Südportal und ein verwittertes kleines Reiterrelief. Neu aufgeführt wurde der rechteckige Chorraum zu zwei Jochen mit Kreuzrippengewölben. Bei einer spätgotischen Erweiterung nach Norden 1470 geriet das Schiff aus seiner Achse. Die heutige Gestalt erhielt der Turm – nach Einsturz – in den Jahren 1611–1613. So ist die Blasiuskirche in wesentlichen Teilen ein frühgotischer, später mehrfach erweiterter Bau.

Die Kirche bewahrt in ihren Mauern ein herrliches Kleinod spätmittelalterlicher Kunst, den *Flügelalter von Friedrich Herlin* (1472), dessen Name für das Kunstzentrum Nördlingen im 15 Jh. repräsentativ geworden ist. Herlin schuf einen Altar zu Ehren Marias und des Kirchenpatrons St. Blasius.

Die *Schnitzwerke* hinter den schmiedeeisernen Rautengittern der Predella stellen die originellen Figuren der zwölf Apostel und des die Weltkugel haltenden Christus dar. In der Schreinmitte thront Maria, die Himmelskönigin. Ihrem göttlichen Kind reicht sie eine füllige Traube – ein Symbol der mystischen Kirche. Zwei Engel halten den Krönungsmantel, zwei weitere schweben hernieder, um Maria zu krönen. In der linken Nische rettet der Nothelfer St. Blasius einen Buben vor dem Ersticken. Gegenüber durchschreitet St. Christophorus kraftvoll ein Bachbett. Verwundert blickt er zurück zum Jesuskind, dessen Goldmantille im Winde flattert. Die Wimpergbaldachine im Schrein und das dreispitzige Gespränge mit Christus, Maria und Johannes dem Täufer wurden wohl 1892 hinzugefügt.

Bei geöffnetem Altar zeigen die *Altarflügel* die Geburt Christi und die Anbetung der Könige, bei geschlossenem Altar Szenen aus der Blasius-

4 Bopfingen. Altar aus der Werkstatt Friedrich Herlins in der ev. Stadtpfarrkirche St. Blasius

legende: Gefangennahme – im Hintergrund das mittelalterliche Rothenburg, die Geburtsstadt Herlins – und das grauenvolle Martyrium des Heiligen. Die rückseitige Wand des Schreins, die wohl für die fastenzeitliche Schließung des Altars bestimmt war, stellt sechs Passionsbilder dar: Christus am Ölberg, Christus vor Pilatus, Geißelung, Dornenkrönung, Kreuzigung und Auferstehung (Fotografien an der Nordwand des Chores). Der Künstler hat seinen Namen selbst überliefert: »Dis werck hat gemacht fridrich herlein moler zue nördlingen m. cccc. LXXII«, so steht es auf der Außenseite der Flügel geschrieben. Die Urheberschaft der plastischen Ausstattung ist allerdings noch ungeklärt.

An der Nordwand des Chores wächst das *Sakramentshäuschen* von 1510 empor, »ein dreiteiliges filigranöses Maßwerkgebilde«, belebt durch Steinplastiken: Maria Magdalena und der hl. Nikolaus neben dem Tabernakel, Maria, der Jünger Johannes und der hl. Sebastian in der Fiale. Ein Steinmetzzeichen verrät den Meister Hans Böblinger aus Esslingen, den Sohn des bekannten Ulmer Münsterbaumeisters.

Rechts vom Chorbogen erinnert eine *Grabplatte* aus grauem Sandstein an einen *Ritter von Bopfingen,* wohl an den 1336 verstorbenen Walther IV. Das um 1340 entstandene Epitaph zählt zu den »bedeutendsten Kunstwerken fränkischer Herkunft« (J. Baum). Die schmalschultrige Gestalt, gerüstet mit Harnisch und Helm, mit Dolch und Schild (Wappen der Herren von Bopfingen), vermittelt in Haltung und Gesichtsausdruck den entschlossenen Mut dessen, der sich zum Kampf berufen fühlt. Den Kopf ziert ein Adler, die Füße stehen auf einem Löwen, was dem Standbild den Namen »Löwentreter« einbrachte.

Auf der anderen Seite des Chorbogens befindet sich ein lebensgroßes Rotmarmorrelief, das *Epitaph des Ritters Georg von Emershofen (1524),* dessen Familie in der Kirche ihre Grablege hatte. Er war lt. rühmender Inschrift Rat, Truchseß und Stallmeister Kaiser Maximilians. Der Verstorbene, der das Ende der Ritterzeit repräsentiert, trägt Harnisch und Helm bei offenem Visier. Unter den Personen im Aufsatzrelief erscheint der Ritter erneut, hier anbetend unter dem Kreuz.

Wandmalereien   Wohl im Zuge der Verbreiterung des Baues 1460 bis 1470 entstand der heute verblaßte Freskenzyklus aus dem Leben Jesu an der Nordwand des Schiffes: Judaskuß, Dornenkrönung, Verspottung, Annagelung, Kreuzigung, Grablegung, Auferstehung. Darunter haben sich auch einige Bilder der 14 Nothelfer erhalten.

Die Darstellung des Weltgerichts aus der 2. Hälfte des 16. Jh. über dem Chorbogen (vom romanischen Vorgängerbau) dürfte sich an einem spätromanischen Vorbild orientieren. Der Bopfinger Stadtadler und die riesenhafte Gestalt des hl. Christophorus (4 m hoch) an der Südwand sind Malereien aus nachreformatorischer Zeit.

Die gotischen Malereien an der Nordwand des Chores gelten u. a. dem Martyrium des hl. Blasius. In einer Nische der Sakristei fand man 1963 die älteste unverändert gebliebene Wandmalerei (frühes 15. Jh.), deren Fragment die Erhöhung Mariens zeigt.

Das *Bopfinger Konfessionsbild* dokumentiert das Bekenntnis der Freien Reichsstadt zur Augsburger Konfession von 1530. Die Vertreter der Reichsstädte (rechts) und die ev. Fürsten (links) versammeln sich zum Abendmahl. Die Mitte bildet die Gestalt des Gekreuzigten, über dem sich der Himmel öffnet. Die 1600 geschaffene Darstellung lehnt sich inhaltlich an das von Lukas Cranach für die Wittenberger Stadtkirche gemalte Altarbild an.

In der Sakristei überraschen zwei *Epitaphien* durch ihre frische Farbenpracht. Das eine gilt dem Stadtschreiber Sylvester Fischer (1576), mit Kreuzigungsdarstellung; das andere dem Prediger Balthasar Pfister (1581), mit Salbung des Herrn durch die Sünderin und Abendmahl.

5 *Stadtmauer* An der Südseite der Kirche verdienen das stark verwitterte romanische Reiterbild und eine Ölbergszene aus dem 15. Jh. Beachtung. Von hier hat man einen reizvollen Blick auf das Stück Stadtmauer mit Wehrgang aus der Zeit der Stadterweiterung um 1400. Das Mäuerchen davor ist noch ein Überbleibsel der staufischen Stadtbefestigung. Außerhalb der Mauer befindet sich eine Anlage mit Spielplatz.

6 *Spitalbereich* Wir folgen dem Verlauf der staufischen Mauer in der Vorderen Pfarrgasse und gehen die Spitalgasse hinab. An deren Ende stand das Spital mit Kirche. 1389 von einer rachsüchtigen Ritterschaft zerstört, bezog man den Neubau in die nach Osten erweiterte Stadtbefestigung ein. Im Spitalhof wurde die »Blockstrafe« vollzogen, bei der man streitende Männer in den »Block« spannte.

Seelhaus Auf dem Spitalplatz erhebt sich das frühere »Seelhaus« für arme und bedürftige Leute der Stadt. Mit viel Sachkenntnis und Gespür für Historisches ist es gelungen, den ursprünglichen Charakter dieses Gebäudes von 1505 wiederherzustellen. Die Stadt hat hier ein *Museum* eingerichtet, das durch übersichtliche graphische Darstellungen, durch archäologische Funde und anschauliche Modelle die Geschichte Bopfingens und seiner Landschaft eindrucksvoll dokumentiert. Überregional bedeutsam ist die Ausstellung über die Alamannen.

Weitere Schwerpunkte sind: Geologie (Entstehung des Rieses), Archäologie (Jungsteinzeit, der Ipf und die Kelten, Römer, Alamannen), Stadtgeschichte und Volkskunde (Handwerk, Industrialisierung, Lebensweise einfacher Leute).

7, 8, 9, 10 *Zum »Steinhausgebiet«* Nördlich der Badgasse, der wir folgen, verlief die alte Stadtbefestigung, von der sich noch das alte Gemäuer des Henles- oder Diebsturmes (8) bewahrt hat. Neben seiner Verteidigungsfunktion (Granateneinschläge) diente der Turm bis 1830 als Verlies. Eine Tafel gibt den Standort des ehem. Birntores (7) an. In der Nähe steht noch ein Stück Stadtmauer. Das freigelegte Fachwerk des Hauses Nr. 51 kennzeichnet ein ehem. Gerberhaus (9). An der Stelle der Metzgerei Steinacker ist die Urkirche Bopfingens zu vermuten. Vor dem »Steinhaus« (10) breitete sich vermutlich der Marktplatz des einstigen Marktdorfes Pophingen (12. Jh.) aus.

11 Außerhalb der Stadt im Friedhof die *Kirche St. Katharina.* Sie wurde umfassend renoviert und gibt in Raumschale und Außenhaut den Originalzustand von 1619 wieder, während die Innenausstattung im Stile der Neugotik (1869) erscheint.

Freizeit-Tips

Angeln: Eger Sportfischervereinigung, Tel. 07362/7631
Besichtigungsmöglichkeiten: Fürstliches Schloß Baldern, Waffensammlung, Tel. 07362/7458
Seelhaus, Tel. 07362/8010
Synagoge: Oberdorf, Tel. 7362/801-26
Bücherei: Kath. Kirchengemeinde; Tel. 07362/7249; Öffnungszeiten: Fr 17.00–18.00 Uhr, Sa 11.00–11.30 Uhr
Diskotheken: »Circus-Disco«, Ipf-Treff, Tel. 07362/4750
Drachenfliegen: Am Ipf, Tel. 07362/61081 oder 801-20
Modellflugsport: Ipf, Tel. 07362/7011
Segelfliegen und Motorflugsport, Flugplatz Sandberg, Rundflug möglich, Tel. 07362/3565 oder 801-20
Kegeln: Gaststätte »Wilhelmshöhe«, Tel. 07362/4028; Gasthaus »Zur Linde«, Tel. 07362/7788
Kino: Im Ipf-Treff, Tel. 07362/4040
Kirchenführung: Stadtkirche mit Herlinaltar, Tel. 07362/7556
Wallfahrtskirche Flochberg, Tel. 07362/3318
Museum im »Seelhaus«: Öffnungszeiten siehe Seite 20
Reiten: Freizeitzentrum Bruckmeyer, Hohenberg 3, Tel. 07362/5773
Schach: Schachclub Gasthaus »Wilhelmshöhe«, Do. ab 20 Uhr
Schießsport: Schützenbund Bopfingen, Tel. 07362/5974
Schützenverein Flochberg, Tel. 07362/6616
Tennis: Tennisplätze in Bopfingen und B.-Oberdorf, Tel. 07362/3151
Tennishalle in B.-Aufhausen, Tel. 07362/7510
Verkehrsamt: Tel. 07362/801-21
Verkehrsübungsplatz: Sandberg, Tel. 07362/801-24
Wandern mit Führungen: Tel. 07362/801-21
Heimatstuben Trochtelfingen: Tel. 07362/7846
Veranstaltungen: Ipfmesse, Beginn jeweils am Freitag vor dem 1. Samstag im Juli, Dauer 5 Tage

Wanderung von Bopfingen nach Baldern

Wanderstrecke: 16 km
Markierung: rote Gabel auf weißem Grund
Bopfingen – Oberdorf a. I. (man kann auch über den Ipf gehen) – Waldstück Sieghardt – Schloß Baldern (Waffensammlung) – Karkstein – Bopfingen

Ausflug (1) Bopfingen (ca. 30 km)

Bopfingen – Oberdorf a. Ipf – Aufhausen – Röttingen – Baldern – Kerkingen – Itzlingen – Jagstheim – Kirchheim – Ipf – Bopfingen

Gasthof Bären

Empfehlenswerte Küche
Herzhafte Vesper
– Preiswertes Tagesessen –
Pils-Biere, Hefeweizen vom Faß
Erlesene Weine
Räumlichkeiten ca. 90 Personen
Fremdenzimmer, Dusche/WC,
Tel., SAT-TV
Große Terrasse

Nördlinger Straße 3
73441 **Bopfingen**/Ostalbkreis
Telefon 0 73 62 / 72 67 · Fax 77 31

Wir freuen uns auf ihren Besuch
Familie Stelzenmüller
– Donnerstag Ruhetag –

Willkommen in Konditorei und Café

Cafe Dietz
Ferien-Appartements
Birntor-Keller
Gästehaus

Hotel Dietz

Bopfingen • Tel. 0 73 62 / 80 70

Bopfingen

Tanzcafé Restaurant Palmengarten

Tel.(0 73 62) 8 22 90
73441 Bopfingen
an der B 29
kein Ruhetag

Täglich
(auch sonntags)
von 10.00–19.00 Uhr,
donnerstags
bis 22.00 Uhr
Mittagstisch sowie
Kaffee und Kuchen
Jeden Samstag
bis 1.00 Uhr Tanz
(Livemusik)

Neben der B 29, am Ortsende von Bopfingen finden Sie das Café-Restaurant „Palmengarten", früher genannt Café Mahler. Die sinnvolle, gut geschmackliche Gestaltung der Räumlichkeiten ermöglicht 240 Gästen, in den gepolsterten Eßnischen sowie am exotischen Palmengarten Platz zu nehmen.

Vom Ipf zum Goldberg

Archäologische Wanderungen am Westrand des Rieses. 155 Seiten mit 97 teils farbigen Abbildungen. DM 18,–.
Der Führer beschreibt zwei große Wegrunden, den 20 km langen Ipf-Weg und den 25 km langen Goldberg-Weg. Hier findet der Wanderer, Rad- und Autofahrer eine Auswahl der interessantesten archäologischen Denkmäler am Westrand des Rieses. Im Mittelpunkt stehen der Ipf mit seinen bronze- und eisenzeitlichen Befestigungen sowie der Goldberg mit seinen prähistorischen Höhensiedlungen.

Im Buchhandel erhältlich

Erwachsene ganzjährig, Kinder in allen Ferien
Zimmer mit Du, WC, TV, Tel.
Kurse für Einsteiger u. Fortgeschrittene
Dressur, Springen, Western,
Therap. Reiten, Ausritte (Tages- u.
Wochenritte) in reizvoller Landschaft
Ausbildung, Korrektur u. Verkauf von Pferden

Martha Bruckmeyer
Hohenberg 3 · 73441 Bopfingen
Telefon 0 73 62/57 73, Fax 0 73 62/57 63

Oberdorf am Ipf

1800 Einwohner, Stadt Bopfingen. – Die Römer errichteten unter Kaiser Domitian am Ende des 1. Jh. n. Chr. das *Kastell Opie* und belegten es mit einer Auxiliarkohorte von etwa 500 Legionären. Das Kastell lag nördlich der Christ-König-Kirche, die sich über dem Südgraben erhebt. In der Nachbarschaft des bereits Anfang des 2. Jh. aufgegebenen Kastells entstand eine Zivilsiedlung (vicus) mit Handwerkern und Händlern.

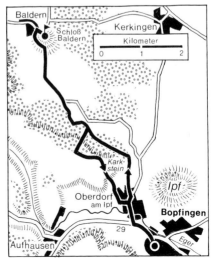

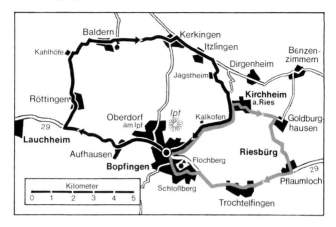

Synagoge Im Jahr 1510 ließen sich in Oberdorf gegen hohe Abgaben an die Grafen von Oettingen einige Juden nieder. Sie mußten immer wieder Schutzbriefe erwerben, bis das Königreich Württemberg durch das Gleichstellungsgesetz die Verhältnisse neu ordnete. 1812 baute die jüdische Gemeinde ihre Synagoge unweit der St. Georgskirche. Oberdorf wurde Sitz eines Rabbinats. In der zweiten Hälfte des 19. Jh. lassen sich Abwanderungsbewegungen in die Städte feststellen. Mit den Nürnberger Rassegesetzen von 1935 beginnt auch in Oberdorf die systematische Verfolgung der Juden. 1938 legten die Nationalsozialisten Feuer in der Synagoge. Sie entging aber durch den Einsatz Oberdorfer Bürger der Zerstörung. 1941 begann die Deportation der jüdischen Familien in die Vernichtungslager.

Nach dem Zweiten Weltkrieg diente die Synagoge bis 1968 als katholische Kirche und später als Lagerraum. Der 1989 gegründete Trägerverein kaufte das Gebäude und führte in beispielloser Eigeninitiative umfangreiche Baumaßnahmen durch. Georg Sternbacher schuf aus Bronze einen siebenarmigen Leuchter (Menora), der in Form eines Baumes aus einem verkohlten Holzwürfel herauswächst. In der Thoranische erinnert eine verkohlte Holzplanke an die verbrannten Synagogentüren der Reichspogromnacht. Das Bauwerk dient heute als Veranstaltungsraum und soll später die Geschichte der Juden in Ostwürttemberg dokumentieren.

An der Mauer des jüdischen Friedhofs (am Ende der Karksteinstraße) nennen Tafeln die jüdischen Gefallenen des 1. Weltkrieges und die 53 Bürger, die als Opfer der nationalsozialistischen Verfolgung ihr Leben verloren.

5 *Oberdorf. Synagoge von 1812*

Die *ev. Pfarrkirche St. Georg* (ehem. Wallfahrtskirche) ist eine Filialgründung Bopfingens. 1317 erstmals genannt, wird die Kirche 1463 umgebaut, 1889 erweitert und 1975 neu gestaltet. Das Fresko an der Nordwand des Schiffes zeigt eine Schutzmantelmadonna des 16. Jh. Spätgotisches Kruzifix um 1500. Der Opferkasten beim Eingang stand einst in der Synagoge.

Auf dem Gelände des ehem. Römerkastells erhebt sich seit 1968 die *kath. Christ-König-Kirche*, ein »Fertigbau« aus dem Architekturbüro Reuter (Wernau). Der Turm folgte 1979 als Campanile. Die Eingangstür bildet eine würdige Ouvertüre für diese Bergpredigtkirche. Die Glasfenster stellen den Unterschied zwischen Sinaigesetzgebung und Bergpredigt in Symbolik und Farbgebung als die zwei »Zukunftsvisionen der Menschheit« heraus. Anstelle der üblichen Kreuzwegstationen fordern christliche Kernsätze auf, den »Liebesweg« zu gehen. Eine nach einem Südtiroler Motiv geschnitzte Madonna (1982) und ein kraftvolles Kruzifix aus einer Oberammergauer Werkstätte (1984) setzen Akzente in dieser symbolträchtigen Kirche.

Aufhausen

1000 Einwohner, Stadt Bopfingen. – Die Geschichte des Ortes prägten seit dem 12. Jh. die Herren der Burg vom Stein, von der sich der Rest eines Rundturmes auf dem 573 m hohen Schenkenstein erhalten hat. Aufständische Bauern zerstörten die Anlage 1525. Besitz und Rechte im Dorf erwarben sich 1613 die Grafen von Oettingen. 1806 fiel Aufhausen an das Königreich Bayern und 1810 an Württemberg.
Westlich von Aufhausen entspringt am Fuße des malerischen Tiersteins in einem kleinen Quelltopf die Eger, die nach Nördlingen fließt und bei Heroldingen in die Wörnitz mündet. Die Oettinger Grafen ließen im Tal der Eger bis 1727 Bohnerz verhütten, das man auf dem Härtsfeld grub.
Jüdischer Friedhof Im 16. Jh. hatte die Familie Schenk vom Schenkenstein Juden aufgenommen, die um ihres Glaubens willen verfolgt waren. Die israelitische Gemeinde ging von 378 Seelen 1854 bis auf neun Seelen 1925 zurück. Nach dem Zweiten Weltkrieg wurde die Synagoge größtenteils abgebrochen. Der Friedhof unterhalb der Ruine mit schlichten Grabsteinen aus dem 17. bis 19. Jh. ist ein letztes Zeugnis der einst blühenden Judensiedlung.
An die Stelle einer alten Kapelle trat 1702 die *kath. Pfarrkirche St. Nikolaus*, die 1766 ihren heutigen Chor erhielt.

Röttingen → Lauchheim

Baldern

490 Einwohner, Stadt Bopfingen. – Die Siedlung ist in Anlehnung an die Burg im 14./15. Jh. entstanden. Eine Fahrstraße und mehrere Fußwege führen vom Dorf durch einen mit exotischem und einheimischem Baumbestand angelegten Park hinauf zum *Schloß Hohenbaldern,* das auf einer Weißjurascholle erbaut ist. Hinter seinen barocken Fassaden verbirgt sich eine mittelalterliche Burg, die sich bis ins 12. Jh. zurückverfolgen läßt. Zunächst im Besitz von Edelfreien, kam sie 1215 durch Tausch vom Regensburger Bischof an die Abtei Ellwangen, die ihre Vögte, die Grafen von Oettingen, damit belehnte. Baldern war für das Haus Oettingen eine wichtige Festung und eine beliebte Residenz. Eine

6 *Schloß Hohenbaldern. Festsaal*

Linie, die sich nach Baldern nannte, erlosch 1798. Die Burg fiel an Oettingen-Wallerstein und blieb dort bis zum heutigen Tag. Kraft Anton Graf zu Oettingen-Baldern ließ die Burg 1721–1737 in ein barockes Schloß verwandeln. Die Bauleitung hatte der Graubündner Franz de Gabrieli, nach dessen Tod 1726 sein berühmter Bruder Gabriel, der Eichstätter Baudirektor.

Rundgang durch das Schloß

Statue des hl. Nepomuk   1718 erhielt Johannes Jos. Mayr den Auftrag, die Statue des hl. Nepomuk zu meißeln. Die Reliefs und die Schrift am Postament erzählen aus dem Leben des Heiligen, der das Beichtgeheimnis auch gegenüber dem König wahrte, wofür er ihn von der Prager Karlsbrücke in die Moldau werfen ließ. Ein Putto reicht dem Heiligen die Märtyrerpalme.

Torgebäude   Den Plan für den Torbau entwarf der Jesuitenpater Nicolaus Loyson 1719. Den plastischen Schmuck (Atlanten, Vasen, Wappen) fertigte Bildhauer Johann Georg Pierre aus Herrieden. Die Inschrift verkündet, daß Graf Anton Wilhelm von Oettingen 1721–1737 die baufällige Burg auf alten Fundamenten wiederhergestellt habe. Zwischen den Vasen prangt das Wappen des Bauherrn und seiner Gemahlin Johanna Eleonore Gräfin Schönborn.

Vorhof Die Vorburg bildet eine enge Gasse; der eingedrungene Feind konnte von der höher liegenden Kernburg leicht bekämpft werden. Graf Ulrich stiftete 1436 das aus Sandstein gehauene *St.-Georgs-Relief* am oberen Torgang; es zeigt den hl. Georg, den Inbegriff des christlichen Ritters, wie er den Drachen tötet und die Jungfrau befreit.

Schloßkapelle St. Georg An die Stelle einer bescheidenen Burgkapelle trat 1725 die dem hl. Georg geweihte spätbarocke Schloßkirche. Die Degginger Gebrüder Schweizer statteten sie festlich aus; Gabrieli entwarf die Altäre.

Saalbau Der repräsentative Festsaal ist zweifelsohne das Prunkstück der Anlage. Ulrich und Johann Schweizer formten die ausgezeichneten Stukkaturen. Die Decke verkündet den »Bauplan der Welt«: Am Rande die personifizierten Erdteile, in den Ecken die vier danielischen Weltreiche: Babylon mit Nebukadnezar und dem Löwen; Persien mit Cyrus und dem Bären; Griechenland mit Alexander und dem Parder; Rom mit Romulus und dem apokalyptischen Tier. In der Mitte herrscht über alle Erdteile und Reiche die göttliche Weisheit, umschwebt von den sieben christlichen Tugenden.

Die im 19. Jh. durchgeführte Renovierung hat den Innenhof umgestaltet und Hauptportal und Treppe beseitigt. Vom 1889 geschaffenen *Aussichtsturm* genießt man einen weiten Blick über das Härtsfeld, das Ries und über den Virngrund hinweg ins Frankenland.

Museum Führungen vom 16. März – 31. Oktober, täglich außer Mo. von 9.00 – 17.00 Uhr (März, April, Oktober von 9.30 – 16.00 Uhr). *Bestände:* Herrschaftliche Wohnräume und Möbel aus dem 17. und 18. Jh; umfangreiche Sammlung historischer Schutz- und Trutzwaffen aus den Arsenalen der oettingischen Burgen und den Gewehrkammern der Jagdschlösser.

Auf dem bereits 1901 vom fürstlichen Haus Oettingen-Wallerstein gestifteten Platz entstand 1970/72 die *kath. Pfarrkirche St. Antonius zu Padua* nach Plänen des Architekturbüros Stahl-Schroth (Bopfingen). Im Innern bilden Altar und Tabernakelsäule aus weißem Jura, Tabernakel und Kreuz aus Bronzeguß sowie die Statue der Muttergottes und das Bild des Kirchenpatrons den Schmuck des freundlichen Gotteshauses.

Schloß Baldern
Tel. 0 73 62/74 58

Führungen durch die herrschaftlichen Wohnräume mit Mobiliar aus dem 17. und 18. Jahrhundert und die umfangreiche Sammlung historischer Waffen aus den Arsenalen der oettingischen Burgen.

16. März – 31. Oktober,
täglich außer Montag
von 9 – 17 Uhr
(März, April, Oktober
von 9.30 Uhr – 16 Uhr)

7   Kerkingen. Kath. Pfarrkirche St. Ottilie

Kerkingen

700 Einwohner, Stadt Bopfingen. – In der Nähe einer Römerstraße dürfte Kerkingen als alamannische Ansiedlung im 6./7. Jh. entstanden sein. In der 1272 erstmals genannten Ortschaft erwarben sich die Grafen von Oettingen die Mehrheit der Güter und Rechte. Kerkingen fiel 1806 an Bayern und 1810 an Württemberg.

Die *kath. Pfarr-* und einstmals vielbesuchte *Wallfahrtskirche zur hl. Ottilie* entstand in den Jahren 1470–1490, gebaut durch die Nördlinger Bauhütte aus gelbem Sandstein mit eingestreuten Suevitquadern. 1778/81 wurde sie barock umgestaltet und 1970/71 nach Westen erweitert. Bei der letzten Renovierung traten am Chorbogen Freskenreste einer spätgotischen Weltgerichtsdarstellung zutage: Auferstehung zum

Leben und Verwerfung der Bösen. In farbenfrohen Gemälden verherrlicht der Wallersteiner Meister Anton Wintergerst (1780/81) die Kirchenpatronin: die hl. Ottilie als Mutter der Armen und als Beterin vor dem Auferstandenen im Chor; Taufe und Heilswirken auf dem Odilienberg im riesigen Deckenfresko des Langhauses. Die drei lebensgroßen, pathetisch wirkenden Figuren (1758) der hl. Ottilie und der beiden Bischöfe Hildulf und Erhard beleben die Wände. Als kostbarstes Stück gilt die Holzplastik der Kirchenpatronin aus dem 15. Jh. mit Buch und daraufliegenden Augen (15. Jh.) im Chorraum. An das Patronat der Oettinger Grafen erinnern das Wappen im Chorbogen und ein Wappenstein aus dem 14. Jh. Der Gnadenbrunnen, mit dessen Wasser die Wallfahrer die Augen benetzten, ist längst aus gesundheitspolizeilichen Gründen aufgelassen worden.
Ein neuer Brunnen entstand 1993 vor dem Gemeindehaus als Zeichen des Zusammenhalts im Dorf. Er zeigt eine Mutter, die ihre Kinder zum Wasser, dem Symbol des Lebens, führt. In der Vorhalle des Gemeindehauses gotisches »Lecks-Fiedle«.

Itzlingen

170 Einwohner, Stadt Bopfingen. – Im Weiler Itzlingen steht eine 1822 erbaute *St.-Gallus-Kirche;* in ihren Mauern birgt sie ein eindrucksvolles Schnitzwerk der Hl. Sippe von 1510 (Jesuskind neu) aus dem Bereich des Kirchheimer Klosters.

Jagstheim → Kirchheim a. R.
Kirchheim a. R. s. S. 85 ff.

Ipf

Der Ipf (688 m NN), der Hausberg Bopfingens, erhebt sich etwa 180 m über die Stadt. Dieser vorgeschobene Zeugenberg der Ostalb stellt mit seiner Kappe aus Weißem Jura Delta im Riesrand ein »echtes Stück Alb« dar. Selbst die Rieskatastrophe überstand der Ipf ohne große Veränderungen. Er steht wie seit Jahrtausenden hoch und kahl über der Landschaft. Mit seinen vorgeschichtlichen Befestigungsanlagen zählt er zu den interessantesten Bodendenkmälern Deutschlands.
Beim Aufstieg überwindet man mehrere Ringwälle; die flachere Ostseite bedurfte eines besonderen Schutzes. Das Hochplateau umläuft ein etwa 600 m langer Wall mit einer fünf Meter dicken holzversteiften Mauer. Am steilen Nordhang erkennt man Trichtergruben, die ins Verteidigungssystem einbezogen waren. Hier befanden sich für die Wasserversorgung der Höhensiedlung lebensnotwendige Brunnen-

8 Bopfingen. Der Ipf, ein vorgeschobener Zeugenberg der Schwäbischen Alb

schächte. Menschen verschiedener prähistorischer Epochen haben seit der Jungsteinzeit auf dem Berg ihre Spuren hinterlassen. Die meisten Wehranlagen dürften in der Zeit um 500 v. Chr. entstanden sein, als die Bergkuppe einen jener späthallstattzeitlichen Herrensitze trug. In den Grabhügeln beim Hof Meisterstall (nordwestlich des Berges) begruben die Ipfleute ihre Toten. Für die spätere Zeit vermutet man auf dem Berg ein keltisches Oppidum. Der alte keltische Bergname »opie« hat sich im Wort »Ipf« erhalten. Caesar beschreibt das Oppidum als eine Siedlung, hinter deren Mauern städtisches Leben herrschte: Straßen gliederten die Siedlung in Viertel unterschiedlicher Funktion. Es gab

Werkstätten, Wohnhäuser, Tempel, Versammlungsplätze, zuweilen auch Freiflächen für das Vieh. Hochwertige Waren wurden hier hergestellt, wohl für eine Schicht, die auch die politische Macht in Händen hielt.

Immer wieder ist man begeistert vom herrlichen Panorama: im Osten die weite Riesebene, aus der sich der Wallersteiner Felsen und der Nördlinger Daniel erheben, die Ruine Flochberg vor dem Albrand im Süden, im Westen das Egertal bis zum Schloß Kapfenburg, Schloß Baldern im Nordwesten und fern am Horizont im Nordosten der Hesselberg.

Ausflug (2) Bopfingen (ca. 20 km)

Bopfingen – Schloßberg – Flochberg – Trochtelfingen – Pflaumloch – Goldberg – Goldburghausen – Kirchheim a. R. – Ipf – Bopfingen – Unterriffingen

Schloßberg

1300 Einwohner, Stadt Bopfingen. – Mit Erlaubnis der Grafen von Oettingen siedelte 1689 und nochmals ab 1794 am kargen Süd- und Südwesthang des Burgberges landfahrendes Volk, das aus der Burgruine Steine und Bauholz holen durfte. Die Schloßberger hatten nur eine sehr kleine Feldmarkung, so daß sie mit Heimarbeit und Hausierhandel ihr Auskommen finden mußten.

Der 578 m hohe Burgberg bildet mit der bizarren *Ruine Flochberg* eine reizvolle Silhouette. Da die Forschung das Ries als Stammland der Staufer ansieht, war die strategisch wichtige Burg Flochberg an der West-Ost-Straße wohl staufischer Familienbesitz, den die Edelfreien von Flochberg verwalteten. 1150 belagerten die Welfen die Feste. Sie wurden jedoch von König Konrad bei Neresheim entscheidend geschlagen. Nach dem Untergang der Staufer scheint die Burg in den Thronkämpfen zwischen Ludwig dem Bayern und Friedrich von Österreich zerstört worden zu sein. Die 1330 vom König belehnten Oettinger Grafen bauten die Burg wieder auf und erhielten sie 1347 erneut vom Reich zu Lehen. Die Schweden schossen die Festung 1648 in Brand. Zerstört wurde sie aber durch die Bewohner der Siedlung Schloßberg, die die Burg als Steinbruch benutzten. Nach den Resten zu urteilen, handelt es sich bei der Burg um eine bedeutende Anlage, von der uns das Antependium des Altars in der Wallfahrtskirche eine wenn auch bruchstückhafte Vorstellung verschafft.

9 *Flochberg. Wallfahrtskirche Unserer Lieben Frau vom Roggenacker*

Flochberg

850 Einwohner, Stadt Bopfingen. – Am östlichen Eingang des Dorfes lädt die *Wallfahrtskirche Unserer Lieben Frau vom Roggenacker* zum Besuch ein. Graf Johann Karl Friedrich von Oettingen-Wallerstein übertrug dem Wiener Baumeister Paul Ulrich Trientl die Planung, die eine österreichische Variante des Barock ins Ries brachte. Der Zentralbau in Form eines griechischen Kreuzes wurde 1738 begonnen; die ursprünglich doppeltürmige Fassade kam nicht zur Ausführung. Die Weihe erfolgte erst 1765. Die Innenausstattung stammt hauptsächlich aus der Zeit 1871–1925. Nach einer grundlegenden Renovierung

1970–1973 erscheint das Innere als vornehmer, hoher und heller barokker Raum.

Eine Darstellung auf dem Antependium des Altars (im Hintergrund Burg Flochberg) erzählt uns von einer wunderbaren Begebenheit, die sich 1582 hier zugetragen haben soll: Der zehnjährige Wilhelm Wintzerer leidet infolge der überaus harten Züchtigungen seiner Mutter an epileptischen Anfällen. Nach der Heilung durch Maria auf dem Roggenacker errichtet Vater Wintzerer zum Dank eine eichene Säule mit dem Bild der Erscheinung (hinter dem Hochaltar). 1613 entstand eine Kapelle und, als der Strom der Wallfahrer zunahm, die heutige Kirche. Eine Strahlensonne umgibt das Gnadenbild auf dem Hochaltar. Die Inschrift unter dem Baldachin nennt Hans Edler von Planitz, der für die »wunderbare Rettung seines Sohnes« im Ersten Weltkrieg den Altar 1919 stiftete. In den Nischen hinter dem Altar begegnen uns pathetische Rokokofiguren der hll. Ulrich und Afra, der Heiligen des Bistums Augsburg, zu dem Flochberg bis 1821 gehörte. Neben der Säule gotische Figuren des auferstandenen Christus und der hl. Helene. Das Gemälde »Tod des hl. Josef« auf der rechten Seite des Kirchenschiffes ist ein ausdrucksstarkes Werk Michael Zinks; gegenüber der Tod Mariens. Die Votivtafeln in der Heilig-Kreuz-Kapelle sind erst wenige Jahre alt, sie repräsentieren die Kontinuität der Wallfahrt.

Wander- und Freizeitheim Haus „Ruine Flochberg"

Selbstversorgerhaus
für Vereine, Gruppen usw.

40 Schlafplätze, Aufenthaltsraum,
komplette Küche, Sauna, Grillplatz

Info: Telefon 07 11-8 40 36 98
oder 0 71 53-2 51 48

10   *Ruine Flochberg*

Trochtelfingen

1060 Einwohner, Stadt Bopfingen. – Ein Reihengräberfeld des 6./7. Jh. markiert die Anfänge des Dorfes als alamannische Ansiedlung. Der Besitz der Herren von Trochtelfingen, die sich um 1150 erstmals nachweisen lassen, hatte sich seit dem 13. Jh. in verschiedene Herrschaften zersplittert. Von den fünf Adelssitzen blieb das ehem. Stolchsche Schloß (südlich des Ortes, nahe der Eger) erhalten.

Die Ortsmitte beherrscht die Baugruppe der ev. Andreaskirche, das ehem. Pfarrhaus (Wappen des Kirchheimer Patronatsklosters über dem Eingang) und das Rathaus. In diesem Gebäude sind die *Heimatstuben* untergebracht, in denen bäuerliche Möbel, Handwerkszeug und Trachten ausgestellt sind. Besonders hervorzuheben ist eine Krippe aus dem Anfang des 19. Jh.

Das Langhaus der *ev. Pfarrkirche St. Andreas* ließ die Kirchheimer Äbtissin Violantia Jäger 1732 an den bereits 1690 errichteten Turm anfügen. Aus der Barockzeit haben sich der Altaraufbau mit den Darstellungen des Abendmahls und der Kreuzigung sowie Gemälde an der Empore (Christus, Propheten und Evangelisten) erhalten.

Die *ev. Margarethenkirche* am östlichen Ende des Dorfes, inmitten des Friedhofs gelegen, ist im wesentlichen ein Bau von 1447. Bemerkenswert erscheinen die ikonographisch seltenen gotischen Wandmalereien. Im romanischen Turmchor spannt sich über dem gotischen Kruzifix die Darstellung der Kreuzigung mit der hl. Margaretha. Als Märtyrerin mit Krone und Siegespalme beschützt sie Tiere, die von beiden Seiten herangeführt werden. Fragmente von Fresken finden sich auch an den Langhauswänden: eine Reiterfigur und Szenen aus der Leidensgeschichte.

Pflaumloch, Goldberg, Goldburghausen → **Riesbürg**
Kirchheim a. R. s. S. 85 ff.
Ipf s. S. 39 f.

Unterriffingen

500 Einwohner, Stadt Bopfingen. – Als »Rufingen« erscheint der Ort erstmals urkundlich im 9. Jh. Von den Herren von Schenkenstein gehen Rechte und Güter an den Deutschen Orden und an die Fürstpropstei Ellwangen, die ihren Besitz 1797 an das fürstliche Haus Oettingen veräußert. 1806 kommt Ober- und Unterriffingen an Bayern und 1810 an Württemberg. Mehrere Erzgruben im Umkreis des Ortes weisen auf den früheren Bohnerzabbau hin.

Die *kath. Pfarrkirche Mariä Himmelfahrt* aus dem 14. Jh. erfährt 1740 und 1764 eine barocke Umgestaltung. Aus dieser Zeit stammen Kerkerheiland und Pietà. Der Augsburger Josef Maucher gestaltete 1744 die Deckenfresken: Heimgang Mariens (Schiff), Engel beten die Heilige Dreifaltigkeit an (Chor). Die Altäre in Rokokoimitation, rechts St. Josef, links Madonna (1744), aus der Oberriffinger Kapelle wurden bei der letzten Restaurierung 1967 hinzugefügt.

Die freistehende kleine Kapelle in Oberriffingen ist dem hl. Wendelin geweiht.

FREMDINGEN

812 Einwohner. – Bodenfunde rund um Fremdingen belegen die Anwesenheit des Menschen seit der Jungsteinzeit. Die Siedlung entwickelte sich wohl aus einem Fronhof, der zur Namengebung Fremdingens beigetragen haben mag. Mit Gotefrit von Frometingen wird um 1193 ein Ortsadel genannt. Im Mittelalter besaßen die Güter je zur Hälfte die Grafen von Oettingen und die Edlen von Hürnheim-Hochaltingen (ab 1558 die Freiherrn von Welden). Durch Kauf konnte das Haus Oettingen-Spielberg 1766 auch die Hochaltinger Güter in Besitz nehmen. Als Sitz einer Verbandsschule, mehrerer Gewerbebetriebe und eines Dienstleistungszentrums ist Fremdingen Mittelpunkt für elf Ortsteile und fünf Einzelgehöfte (2200 Einwohner).

11 *Blick auf Fremdingen mit St.-Leonhards-Kapelle und St.-Gallus-Kirche*

Vor dem Hintergrund des Oettinger Forstes überragt als weithin sichtbares Wahrzeichen die *kath. Pfarrkirche St. Gallus* das Dorf. Der Grundriß zeigt eine dreischiffige Basilika, deren äußeres Bild vom mächtigen Turm und verschiedenen, durch Lisenen und Rundbogenfriese gegliederte Baukörper bestimmt wird. Unter Verwendung des romanischen Chorturms baute Leonhard Romeis die Kirche. Er benutzte die von ihm errichtete St. Bennokirche in München-Neuhausen als Vorbild für diesen Bau, allerdings in vereinfachter Form als dreischiffige Basilika mit halbrundem Chor. Der kunstsinnige und tatkräftige Pfarrer Josef Eisele rief Münchner Künstler, die »angesehensten jener Epoche« nach Fremdingen und beauftragte sie mit der Innenausstattung, die im wesentlichen 1905/06 erfolgte. Die Bauarbeiten begannen 1903 und fanden ihren Abschluß durch die Weihe 1907. Von Süden her betritt man unter dem Tympanon mit der Darstellung des siegreichen Christus in der Mandorla den Raum. Auf Würfelkapitellen liegen mit Arabesken geschmückte Arkaden auf, die im Chor zu mächtigen Triumphbögen aufsteigen. Im Zentrum steht der prächtige Hochaltar aus Suevit. Der Aufbau, einem Reliquienschrein nachgebildet, trägt die vergoldeten Reliefs der Glaubensboten, unter ihnen St. Gallus, dessen Lebensstationen Georg Mayer-Franken an den gotisierenden Altarflügeln festhält: Gründung der Galluszelle an der Steinach, Predigt bei den Alamannen, Heilung einer kranken Herzogstochter, Ablehnung der Abtwürde.

Die Apsiskuppel beherrscht das kraftvolle Bildnis des Schöpfergottes von Karl Johann Becker-Gundahl (1906). Zusammen mit der Darstellung des Barmherzigen Heilands und der Krönung Mariens an den Hochwänden des Langhauses hinterließ er in Fremdingen ein wahrhaft bedeutendes Werk. Die Hildesheimer St.-Michaels-Kirche diente Karl Wahler zum Vorbild für die herrliche Holzdecke, an der er Menschwerdung und Auferstehung Christi illustriert. Am nördlichen Seitenaltar verherrlichen Steinreliefs von Alois Miller die Gottesmutter im Sinne des glorreichen Rosenkranzes. Der Taufstein (14. Jh.), eine Halbkugelschale auf abgetrepptem Kegelstumpf und eine tief empfundene Pietà (um 1700) stammen noch von der alten Kirche. Die Fremdinger Galluskirche ist eines der wenigen noch unversehrten Beispiele des Historismus, das die letzte Renovierung als »Zeugnis der Frömmigkeit um die Jahrhundertwende erhalten wollte« (E. Hänle). Sie zählt zu den bedeutendsten neuromanischen Sakralbauten im süddeutschen Raum.

Ein gedeckter Klausurgang verbindet die Pfarrkirche mit dem *Dominikanerinnenkloster Maria vom Sieg*, dessen dreiflügelige Anlage 1730 und 1747 entstanden ist. 1721 von frommen Frauen gegründet, erhielt es 1737 endlich weltliche und geistliche Anerkennung. Als einziges Kloster im Ries überstand es nach den Napoleonischen Kriegen unbe-

schadet die Säkularisation. In der Kräuterstube mit altersdunklen Schränken (um 1740) bekommt man den beliebten Tee, den die Schwestern in der Umgebung sammeln.
Der sich gut ins Ensemble von Kloster und Kirche einfügende Pfarrhof stammt aus dem Jahr 1978. Der Bronzeguß des hl. Gallus als Benediktinermönch mit einem Bären ist ein Werk von Sebastian Fink.
Den Dorfplatz am Fuße des Kirchbergs beherrscht das Rathaus von 1993. Traditionelle Bauelemente verbinden sich mit modernen, wie segmentbogigen Giebelfenstern und gliedernden Gesimsen im Dachgeschoß.
Der von Sebastian Fink geschaffene Leonhardsbrunnen symbolisiert in Figur, Form und Wappenrad die 1978 gebildete Einheitsgemeinde.
Die von Sagen umrankte *Leonhardskapelle* am Westausgang des Dorfes ist im wesentlichen ein Bau aus dem 15. Jh., an den sich nach Zerstörungen im 30jährigen Krieg der stattliche, zwiebelbekrönte Turm lehnt. Die Renovierung 1984/85 versetzte die Kapelle in den Zustand von 1896. Auf dem Hochaltar begegnet uns St. Leonhard, der als Benediktinerabt mit Stab und Kette abgebildet ist. Segnend hebt er seine Hand über die ihm zu Füßen liegenden Tiere und das Dorf. Von der ehem. barocken Ausstattung haben sich die prächtige Kanzel und Bilder mit den zwölf Aposteln an der Emporenbrüstung erhalten. Sieben Votivtafeln verkünden die Wundertaten, die der hl. Leonhard bei Gott erwirkte.
Die Kette, die sich um die Kirche spannt, ist die Votivgabe eines Bauern, der 1723 glücklich von einer Romreise zurückkehrte (Votivtafel). Unter den kettenumspannten Kirchen ist sie wohl die nördlichste. Schon vor dem 30jährigen Krieg fand hier ein angesehener Umritt statt, wobei reiche Opfer für die Kapelle anfielen. In dieser Tradition steht der von Pfarrer Hänle 1985 anläßlich der Kapellenrenovierung wiederbelebte Leonhardsritt, der jährlich Anfang November abgehalten wird.
Den Abschluß der Straße nach Dinkelsbühl bildet die *Josefskapelle,* die man auf alten Grundmauern 1813 neu errichtete. Im Innern eine barocke Statue des hl. Josef mit Jesuskind. An dieser Stelle wurde zur Zeit Napoleons ein französischer Soldat standrechtlich erschossen, zu Unrecht, wie sich später herausstellte.
500 m südlich von Rühlingstetten im Tal der Mauch liegt im *Burgschlag ein Turmhügel,* ein recht gut erhaltenes Beispiel für die Anlage von Adelssitzen des 9./10. Jh. Der runde, etwa 6,5 m aufgeschüttete Hügel hat an der Basis einen Durchmesser von ca. 70 m. Zwei übereinandergestaffelte Grabenringe schützten den Turm, der heute durch tiefgründigen Mauerausbruch vollständig zerstört ist. Man vermutet, daß dieser Turm zur Überwachung der sog. Nibelungenstraße Süd diente, die hier vorbeiführte.

12 Fremdingen. Kath. Pfarrkirche St. Gallus

Freizeit-Tips

Kegeln: Sportheim, Tel. 09086/567
Reiten: Reit- und Fahrverein »Pferdefreunde Uttenstetten«, Tel. 09086/542
Tennis: 2 Freiplätze
Verkehrsamt/Gemeindeverwaltung: Kirchberg 1, 86742 Fremdingen, Tel. 09086/1205, Fax 09086/856

Wanderung Fremdingen

Wanderstrecke: 14 km
Markierung: grüner Punkt (ab Raustetten)
Parken am Sportplatz in Fremdingen – Raustetten (St.-Blasius-Kirche, Gasthäuser) – Ochsenwald (die aus bunten Trümmermassen bestehenden Erhebungen bedecken Fichten-, Laub- und Mischwälder) – Grabhügelgruppe (Hallstattzeit, 750–450 v.Chr.) – Geislingen (St.-Nikolaus-Kirche, Freizeitanlage Stocklen mit Wanderparkplatz und Übersichtstafel) – Enslingen (Marienkapelle, Turmhügel) – Raustetten – Fremdingen

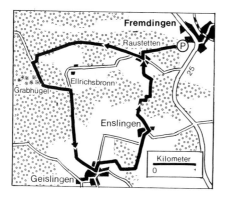

Fremdingen

... zum Wohlfühlen

Besuchen Sie die gastfreundliche Gemeinde
an der Romantischen Straße

- Vielfältige Freizeitmöglichkeiten
(Wandern, Radfahren, Reiten, Kegeln, Tennis)
- Gemütliche Gasthäuser und Pensionen
- Denkmäler aus der Vorgeschichte
- Dominikanerinnenkloster mit Teestube
- Leonhardiritt im November
- Kunstvoll ausgestaltete Kirchen

Ausflug Fremdingen (ca. 32 km)

Fremdingen – Schopflohe – Seglohe – Hausen – Belzheim – Hochaltingen – Herblingen – Utzwingen – Maihingen – Marktoffingen – Minderoffingen – Enslingen – Raustetten – Fremdingen – Bühlingen

Schopflohe

336 Einwohner, Gemeinde Fremdingen. – Als Rodungssiedlung (lohe = Wald) in karolingischer Zeit entstanden, erscheint der Ort 1299 im Besitz der Herren von Hohentrüdingen. Im Mittelalter galt Schopflohe als »Freidorf«, da keiner der zahlreichen Grundherrn die Dorfherrschaft für sich beanspruchen konnte.

Die Baugeschichte der *ev. Pfarrkirche St. Sixtus und Benediktus* führt mit Turmuntergeschoß und Kern des Langhauses in das 14. Jh. zurück. Nach dem 30jährigen Krieg wurde die Kirche den Protestanten zugesprochen. Sehenswert im Innern sind Grabsteine einiger Pfarrer des 16. und 17. Jh., darunter der Gabriel Vetters († 1617) in Amtstracht und Wappen mit Einhorn. Sakristei und Westvorhalle erweitern seit 1908 das Gotteshaus.

Im ummauerten Pfarrgarten befindet sich die 1980 gebaute Tagungsstätte, in der sich vor allem Jugendliche aus den Riesdekanaten zur Fortbildung und Erholung treffen.

Der Wunsch der Katholiken nach einem eigenen Gotteshaus ging erst 1771 in Erfüllung. Das zunächst unscheinbare Kirchlein *St. Trinitatis* erhielt 1880 im Zuge einer Westerweiterung den heutigen Turm. Die derzeitige Ausstattung ist das Ergebnis der Renovierung von 1947–1950. Sie hatte das Ziel, eine »Osterkirche« zu schaffen. Vor dem farbigen Freskenteppich mit Evangelisten und Propheten erhebt sich in edlem Weiß die überlebensgroße Kreuzigungsgruppe, ein beeindruckendes Werk Franz Lorchs, 1947.

An der Chorwand läßt Franz Nagel (München) in freiem Rhythmus verteilt die Ostergeheimnisse erstrahlen: Auferstehung, Emmaus, Gang der Frauen zum Grab, Begegnung Jesu mit Maria Magdalena. Der kunstgeschichtlich geschulte Blick findet hier Anklänge an die modernen französischen Meister Braque und Matisse. Die spätgotische Figur (um 1500) des hl. Papstes Sixtus stand ursprünglich in der heute ev. Kirche. Sebastian Fink schuf 1979 die Abendmahlsszene am Altar und den lehrenden Christus am Ambo.

Zehentscheune aus Bruchsteinen mit hohem, steilem Dach, 15. Jh.
Am Ost- und Südausgang des Dorfes verwitterte *Sühnekreuze*.

Seglohe

130 Einwohner, Gemeinde Fremdingen. – Als »villa Segelowa« erscheint der Ort bereits 1053 in der »Forst- und Wildbannverleihung« an das Bistum Eichstätt durch Kaiser Heinrich III. Von den Ortsadeligen gelangten die Besitzungen in die Hände zahlreicher Grundherren, von denen keiner die Dorfherrschaft für sich beanspruchen konnte, so daß auch Seglohe als »Freidorf« galt. Zusammen mit Eitersberg und Hochstatt ist Seglohe seit 1978 Teil der Einheitsgemeinde Fremdingen.

Der gotische Bau der *kath. Kirche St. Pantaleon,* frühes 15. Jh., wird im 18. Jh. barockisiert, 1912 nach Westen erweitert und mit einem Dachreiter versehen. Auf dem Hochaltar aus Stuckmarmor rahmen korinthische Säulen das Bild mit den 14 Nothelfern, unter denen St. Pantaleon mit an den Kopf genagelten Händen zu erkennen ist. Von den Konsolen blicken die barocken Figuren des Pestpatrons Rochus und des Fürbitters bei Feuergefahren, St. Florian, herab, an der Südwand eine originelle Figur des hl. Pantaleon (um 1500).

Wohl aus der Erbauungszeit haben sich fragmentarische Wandmalereien mit Darstellungen von Heiligen im Chorraum erhalten.

Eines der letzten *Niedermoorgebiete* des Rieses verdankt seine Entstehung den am Fuße der Keuperberge austretenden Quellen. Auf einer Fläche von 5 ha finden seltene Pflanzen und Tiere eine Heimat. Seit der Flurbereinigung bildet der aufgestaute Mühlbach einen Fischweiher, der als Raststätte und Brutplatz für Wasservögel zunehmend Bedeutung erlangt.

Der Naturschutzverein sorgt sich um diese Kostbarkeit und feiert im

Abstand von zwei Jahren (1995, 1997 . . .) ein Weiherfest, das sich als Besuchermagnet erweist.

Seit 1810 gehören zu Seglohe noch Hochstadt und das hochgelegene Eitersberg, das einen herrlichen Blick ins Ries ermöglicht.

Hausen

276 Einwohner, Gemeinde Fremdingen. – Hausen entstand in der jungen Phase der Besiedlung, des sog. Landausbaus. Durch Verdichtung und Wachstum hat sich das Dorf aus einer lockeren Gehöftesiedlung mit einem Meierhof am Hangfuß des Lehrbucks entwickelt. Mit Hilfe des groß angelegten Mühlweihers, von dem noch der Damm erhalten ist, konnte der Mühlbach reguliert werden und so der südliche Ortsrand entstehen.

In der Schenkungsurkunde Kaiser Heinrichs III. an den Bischof von Eichstätt im Jahre 1053 erscheint Hausen als Grenzort des Oettinger Forstes. Das Dorf stand im Mittelalter unter der Herrschaft der Grafen von Oettingen. Sie förderten die Ansiedlung von Handwerkern und Tagelöhnern, die in der Waldarbeit einen Nebenverdienst fanden.

Mehrere Jahrhunderte Baugeschichte lassen sich an der kath. Pfarrkirche St. Rufus ablesen. Um 1600 war ein Wolfgang von Hausen Bischof von Regensburg. Er sorgte für eine Verbesserung des »Gottesdienstes« und war wohl auch für die baulichen Veränderungen an der Pfarrkirche verantwortlich. An der südlichen Außenmauer legte die letzte Renovierung die Jahreszahl 1603 offen. 1724 entstand der Turm mit oktogonem Aufbau. 1870/73 wurden die Seitenkapellen errichtet, die dem Gotteshaus die Form eines Kreuzes geben.

Die vortrefflichen Schnitzwerke der Stuhlwangen mit Akanthusranken und Muschelbekrönung schuf Balthasar Bihler aus Belzheim 1751. Der Kirchenpatron St. Rufus begegnet uns im Hochaltarbild und als zierliche Reiterfigur (um 1750) mit Samtmantel, Helm und Schwert am rechten Seitenaltar. Am Deckengemälde (rechte Seitenkapelle) ist sein Martyrium ins 17. Jh. verlegt: Schwedische Soldaten eröffnen das Feuer auf ihn. In den Seitenkapellen erfreuen zwei künstlerisch interessante Figuren, eine Immaculata (um 1750), die der Sündenschlange den Kopf zertritt, und eine Anna selbdritt, Ausdruck ländlichen Barocks des späten 17. Jh. Die Darstellung in der nördlichen Seitenkapelle erinnert an die Zeit, als Hausen bei Kinderkrankheiten als Wallfahrtsort aufgesucht wurde. Die kranken Kinder seien entweder geheilt worden oder bald gestorben, heißt es.

Etwa 1,3 km hinter dem Ortsende Hausen (Richtung Erlbach) zeichnet sich im Gelände die einstige Römerstraße Munningen – Ruffenhofen ab. In der Waldabteilung »Schanze« befindet sich eine nahezu quadratisch angelegte *Viereckschanze* von 110 x 120 m. Die einstige Zufahrt erkennt man in der Mitte des östlichen Walls, der insgesamt noch gut erhalten ist. Es handelt sich hier um keine Befestigungsanlage, sondern um eine jener Kultstätten, an denen die Kelten ihren Gottheiten opferten. Die Grabhügel nördlich davon deuten auf eine nahe Siedlung.

Belzheim

310 Einwohner, Gemeinde Ehingen. – Die Siedlung entwickelte sich aus einer alamannischen Hofstätte (Reihengräber in der Nähe der Kirche) am Nordufer des Mühlbachs. Ortsadelige hatten wohl schon zur Zeit der ersten Nennung 1053 ihren Ansitz auf dem Turmhügel nördlich der Staatsstraße. Die Herren von Künseck, die Hürnheimer Erben, verkauften das ganze Dorf 1488 an den Deutschen Orden.
An die einstige Kirchenburg, heute *kath. Pfarrkirche St. Michael*, erinnern noch die mit Schießscharten bestückte Friedhofsmauer und die tiefe Torhalle. Die 1153 erstmals genannte Kirche zerstörte 1608 ein Brand. Landkomtur Konrad Schutzbar veranlaßte noch im gleichen Jahr einen vollständigen Neubau. Aus dieser Zeit stammt die ornamen-

13   *Belzheim. Kath. Pfarrkirche St. Michael und ehem. Deutschordensschloß*

tale Malerei unter der Empore. Bei der Renovierung 1682 schenkte der Wessobrunner Meister Matthäus Schmuzer dem Gotteshaus den schönen Stuck mit Blumengehängen und Engelsköpfen. Der Belzheimer Schreiner Balthasar Bihler verzierte die Stuhlwangen mit reichem Akanthus (um 1730). Die herbe, strenge Form wird dem wuchtigen Eichenholz gerecht, aus dem sie geschnitten sind.
Josef Monninger aus Thannhausen schuf die klassizistischen Seitenaltäre (1798) mit je zwei Figuren: die Apostelfürsten Petrus und Paulus (rechts), St. Georg und St. Margareta (links).
Erhöht gegenüber der Pfarrkirche steht das ehemalige Deutschordensschloß, ein repräsentativer Satteldachbau, der nach Aussage des Wappens über der Türe 1779 errichtet wurde.
Im Flurstück »Mähder« südöstlich von Belzheim schützt ein Wäldchen 170 Grabhügel aus der mittleren Hallstattzeit. 1957 wurde hier ein Grabhügel mit einem Durchmesser von 34 Metern aufgedeckt. In diesem Grab fanden sich umfangreiche Keramikbeigaben, auch die Überreste eines Pferdegeschirrs und Eisenteile eines Wagens. Dies sind Hinweise darauf, daß der Tote eine bedeutende Persönlichkeit gewesen sein muß.

Hochaltingen

327 Einwohner, Gemeinde Fremdingen. – Für den Historiker und Kunstkenner hat der Name Hochaltingen einen besonderen Klang. Der Ort spielte in der Vergangenheit eine bedeutende Rolle und beeindruckt durch hochwertige Kunstwerke. Das Dorf, 1153 im Besitz der Haheltinger, gelangte Anfang des 13. Jh. in die Hand der Edlen von Hürnheim-Niederhaus. Wegen des Grundbesitzes und der Nähe zum staufischen Königshaus standen die Hürnheimer in hohem Ansehen. Friedrich von Hürnheim starb 1268 als einer der Paladine König Konradins in Neapel. Die Familie tat sich über mehrere Generationen durch zahlreiche Stiftungen hervor und gründete 1553 ein Spital und 1591 ein Kloster in Hochaltingen. Mitglieder der Familie erreichten hohe geistliche und weltliche Ämter. 1585 starb diese Linie mit Hans-Johann im Mannesstamm aus. Seine Tochter Cordula heiratete den Freiherrn Karl von Welden. 1766 erwarb das Haus Oettingen-Spielberg die Herrschaft mit reichem grundherrlichem Zubehör. Hochaltingen blieb Herrschaftsmittelpunkt. Noch heute spricht man liebevoll vom »Ländle« und meint damit die Dörfer rund um Hochaltingen.
Die *kath. Pfarrkirche Mariä Himmelfahrt,* reich ausgestattet mit profanen und sakralen Kunstgegenständen, ist das Zusammenspiel mehrerer Zeitepochen: Die Grundmauern der Gruftkapelle stammen aus dem 13. Jh., der jetzige Chor und der quadratische Teil des Turmes von

14 *Hochaltingen. Eberhard und Anna von Hürnheim. Renaissancegrabmal in der kath. Pfarrkirche Mariä Himmelfahrt*

1520, das barocke Langhaus nach dem Vorarlberger Wandpfeilerschema von 1730. Die Kirche steht ganz im Zeichen des Rosenkranzes. Die Fresken an der Decke (um 1730) verherrlichen die Geheimnisse des Rosenkranzgebetes: Maria überreicht dem hl. Dominikus den Rosenkranz (über der Empore), Geheimnisse des Freudenreichen und Schmerzhaften Rosenkranzes (Langhaus), Glorreiche Rosenkranzgeheimnisse und Grisaillen mit Vorbilder Mariens im Alten Testament (Chor).

Der *Rosenkranzaltar* In der südwestlichen Seitenkapelle steht ein vielteiliger Flügelaltar im Renaissancedekor von 1565. In der Predella eine Vision vom Jüngsten Gericht: Jesus ruft den auf der rechten Seite Versammelten zu: Kommt her, die ihr von meinem Vater gesegnet seid. Links öffnet sich der Rachen der Hölle für die Verdammten. Engel und Teufel führen in der Mitte den harten Kampf um jede Seele. Darüber hofft der reumütige Stifter auf einen gnädigen Gott durch die Fürsprache der Heiligen, um die sich der Kreis der Blüten schließt. Die Darstellungen aus dem Leben Jesu an den Altarflügeln lassen Dürersche Vorbilder erkennen.

Stilistisch im italienischen Frühbarock beheimatet, inhaltlich von Nürnberger Tradition bestimmt, steht dieser Altar »in einer Reihe bedeutsa-

15 *Hochaltingen. Schloß von 1551, heute Altersheim*

mer Altarwerke der katholischen Kirche im bayerischen und österreichischen Raum« (Feil).
Der barocke *Hochaltar* umfaßt das von K. Baumeister 1875 gemalte Bild der Himmelfahrt Mariens. Die Muschelnischen über den Durchgängen schmücken die Figuren der hll. Wendelin und Sebastian aus dem endenden 17. Jh.
Den kostbarsten Besitz birgt die Gruftkapelle des 13. Jh., das 1523 gestiftete, 1526 vollendete *Marmordenkmal der Edlen von Hürnheim*. Es zählt zu den besten Arbeiten dieser Zeit nördlich der Alpen und begründet das kunstgeschichtliche Ansehen Hochaltingens.
Den grauen Sandsteinrahmen mit Emblemen von Rittertum und Tod schließen oben zwei Skelette, die der Auferstehung entgegenharren. Auf dem Querfries darunter tanzen Totengerippe einen »Dance macabre« um das unerbittliche FINIS. In den Nischen der Rotmarmorplatte erscheinen Eberhard von Hürnheim († 1483) im Maximilianshar-

nisch und ihm zur Seite in nobler Gestalt seine Gemahlin Anna von Rechberg. Die in hellen, leicht farbig getönten Alabaster eingelegten Gesichter atmen lebendige Nähe. Hier war vermutlich Hans Daucher, der »Bildhauer der Fugger« am Werk.
Auf dem Altar der stillen Kapelle eine *Pietà*, eine innig empfundene Tonfigur aus der Zeit des Weichen Stils um 1420, wohl das Gnadenbild des ehemaligen Wallfahrtsortes.
Das dreiteilige *Sakramentshäuschen* aus Sandstein (um 1530) ruht auf einem Pilaster mit zarten Renaissanceranken. Ein Rautengitter verschließt den Tabernakel, über dem Szenen des Abendmahls und der Kreuzigung erscheinen. Chorbogenkruzifix um 1490.
Der frühere bayerische Wirtschaftsminister Anton Jaumann ließ die Gruftkapelle auf eigene Kosten renovieren und richtete eine Stiftung zugunsten der verstorbenen Geistlichen und Ordensleute des »Ländle« ein, für die jährlich im Herbst der Abt von Neresheim eine Messe in der Pfarrkirche zelebriert.
Der älteste Rieser *Pfarrhof* mit kleingestuften Treppengiebeln aus der ausgehenden Gotik (1532) hat seine bauliche Substanz nahezu unberührt erhalten.
1551 errichteten die Hürnheimer unter Verwendung älterer Mauern das dreiflügelige *Schloß;* das, 1591 erweitert, im Jahre 1770 hauptsächlich im Innern seine heutige Gestalt bekam. Die Tatsache, daß man vom zweiten Stock des Schlosses aus an die 70 Städte, Marktflecken und Dörfer sehen kann, zeigt die beherrschende Lage des Gebäudes als Burg. Die Wappen über dem Hauptportal nennen die Besitzer: Haheltinger, Hürnheimer (1551), Welden (1651) und Oettinger (1766). Nachdem das Schloß der fürstlichen Familie Oettingen-Spielberg jahrzehntelang als Sommersitz gedient hatte, erwarben es 1899 die Dillinger Franziskanerinnen und nutzten es zunächst als Haushaltungsschule. Heute verbringen in dieser Schloßanlage alte Menschen ihren Lebensabend.
Vorbei an den Arkaden des Innenhofes gelangt man in die *Schloßkapelle* des 16. Jh. Unter dem Renaissancegewölbe erhebt sich ein Flügelaltar. Er birgt die Figur einer Muttergottes von würdevoller Strenge (Ulmer Schule um 1500). Die Reliefs am Altar haben das Leben Mariens zum Thema: Opferung, Heimsuchung, Krönung und Darstellung. Die Wände des *Festsaales* schmücken 198 farbige Wappen von Adeligen und Städten, die in enger Beziehung zum Hause Oettingen standen. In den Ecken Darstellung der vier Jahreszeiten.
In den umgebauten Mauern des 1523 gestifteten *ehem. Spitals* ist heute ein kath. Evangelisationszentrum untergebracht.
Ein Wäldchen nordöstlich Hochaltingens verbirgt den guterhaltenen langovalen *Ringwall »Tennig«* in den Maßen 150 x 110 m. Er steht wohl

in Verbindung mit den 1153 erwähnten Haheltingern, deren Stammburg sich vielleicht hier befand.

Von mehr als 150 *Grabhügeln in der Flur »Heide«* zeichnen sich nur noch wenige im Gelände ab, alle anderen hat der Pflug verschleift. Die Hügel gehören zu einem umfangreichen Dorffriedhof, wie es nur wenige im süddeutschen Raum gibt. Die bisherigen Fundstücke weisen in die Hallstattzeit, als die Toten mit Waffen, Schmuck und Gefäßen mit Nahrung in diesen Hügelgräbern bestattet wurden. Die unterschiedlichen Größen der Gräber lassen Rückschlüsse auf die soziale Stellung der Toten zu.

Herblingen

225 Einwohner, Gemeinde Fremdingen. – Das Dorf, dessen alamannische Gründung ein Reihengräberfriedhof in der Ortsmitte belegt, schmiegt sich malerisch an den Rand des Rieses. Papst Hadrian IV. bestätigt 1157 Güter in Herblingen, die zur Gründungsausstattung des Klosters Auhausen gehören. Nachhaltig prägten die Herren von Hochaltingen das Schicksal des Dorfes im Mittelalter. In der Langgasse steht ein Kleinbauernhaus aus dem Ende des 18. Jh.: ein eingeschossiger Bau mit Eckquadern und leicht stichbogigen Fenstern. Im rechten Winkel dazu ist die Scheune angeordnet. Das stille Dorf mit einem herrlichen Blick auf das Ries hat zahlreiche Grünflächen und ist locker bebaut. An den gedrungenen Turm aus der Zeit um 1400 lehnt sich das Langhaus der *kath. Kirche St. Michael und St. Lorenz* aus der 2. Hälfte des 17. Jh., das damals die heutige Ausstattung erhielt. Das Altarbild des hl. Michael rahmen im Dreieck stehende Säulen und die Bistumspatrone St. Ulrich und Afra.

Zeugnis ländlichen Barocks ist am Antoniusaltar die Figur des heiligen Leonhard, der sich mit der Kette als Patron für das Vieh und die Pferde ausweist. Die Altarblätter der Seitenaltäre malte August Müller-Warth (1916). Die erhabene Holzstatue der hl. Apollonia weist in die Gotik. Noch älter sind die Freskenreste des kreuzrippengewölbten Chorquadrats: Symbole der Evangelisten, Verkündigung und Leidensgeschichte. Im Deckengemälde des Langhauses verherrlicht der Maler Fröschle (1873) den hl. Laurentius, der sein Martyrium erwartet.

Utzwingen, Maihingen, Marktoffingen → Wallerstein

16 *Minderoffingen. Romanische Pfarrkirche St. Laurentius*

Minderoffingen

355 Einwohner, Gemeinde Marktoffingen. – Die *kath. Pfarrkirche St. Lorenz* in »minor offingen« (kleineres Offingen) ist die älteste erhaltene Kirche (frühes 12. Jh.) der Rieser Landschaft. 1143 wird sie erstmals urkundlich bezeugt als »ecclesia baptismalis« (Taufkirche); sie war mit dem größeren (maior) Offingen verbunden. Beide Orte befanden sich im Besitz des Augsburger Bischofs und standen unter der »Bevogtung« der Grafen von Oettingen auf der nahen Burg Wallerstein. Die durchschnittlich 1,5 m dicken Quadermauern aus unverputztem »Rieser Kalkstein« betonen den Charakter der *kath. Pfarrkirche St. Laurentius*, einer ehem. Kirchenburg, die sich von der fensterlosen West- und Nordseite her besonders abweisend gibt. Ein wuchtiger Sturz mit Rundbogen schließt das eisenbeschlagene Portal auf der Südseite. Die steinerne Westempore mit schmalem Treppenaufgang in der Mauerstärke, der bergfriedartige Turm, den man gesondert absperren

konnte (Riegellöcher am Chorbogen), und die Schießscharten boten erhöhten Schutz bei feindlichen Angriffen. Der Chorturm, dem Sakristei und Apsis bastionsartig vorgelagert sind, war eine kleine uneinnehmbare Festung. Die steinerne Herrschaftsempore bezeugt eindrucksvoll die Bedeutung des mittelalterlichen Kirchenherrn und seines Amtsverwalters. Die Renovierung (1961–66) machte störende Eingriffe rückgängig und stellte die architektonische Klarheit und Einheitlichkeit des romanischen Raumes soweit als möglich wieder her. Mystisch-theologische Zahlenverhältnisse scheinen dem monumentalen Bau zugrundezuliegen.

Das Fresko im Apsisbogen mit den Darstellungen der fünf klugen und fünf törichten Jungfrauen mahnt die Gläubigen zur Wachsamkeit. Der Flechtbandknoten am Chorbogen, dem man in heidnischer Zeit dämonenabwehrende Kräfte zuschrieb, erhielt in Verbindung mit einem geweihten Raum eine christologische Bedeutung: Christus löst den Knoten, durch den die Menschen gefesselt sind.

In mittelalterlichem Latein geschrieben sind die nur schwer deutbaren Verse über Eingangsportal, Chorbogen und Sakristeieingang. Die Wandmalereien konnten nicht mehr wiederhergestellt werden.

Am rechten Seitenaltar erinnert eine Statue des hl. Laurentius mit dem glühenden Rost an sein Martyrium (Nachbildung einer spätgotischen Figur).

Die Bedeutung als Taufkirche unterstreicht die außergewöhnliche Lage des Taufbeckens unter der Westempore nahe dem Kirchenportal.

Enslingen

83 Einwohner, Gemeinde Fremdingen. – Eine Reihe von keltischen Grabhügeln deutet auf die frühe Gründung dieser Siedlung, die zum Urpfarrverband Marktoffingen/Minderoffingen gehörte. Im Mittelal-

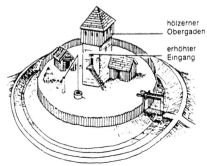

17 *Modell einer Turmhügelburg*

ter teilten sich mehrere Besitzer Güter und Rechte. Seit 1820 ist Enslingen Ortsteil der Gemeinde Fremdingen.
Die *Marienkapelle* an der Wegkreuzung erbauten die Bauern zur Zeit des beginnenden 18. Jh. und fügten etwa 100 Jahre später den Turm hinzu. Auf dem barocken Altar mit der Kopie des Passauer Mariahilfbildes erkennt man das Flachrelief des hl. Vitus.
Turmhügel »Hofwiesberg« Auf einer Wiese des Veithofes (Nr. 13) zeichnet sich ein ovaler Hügel mit einem Durchmesser von etwa 12–15 m ab, der einen Turm aus Holz oder Stein trug. Bereits im Mittelalter hat man diese »Turmhügelburg«, die zu den seit 1000 errichteten Ansitzen Ortsadeliger gehört, wieder aufgelassen.

Raustetten

60 Einwohner, Gemeinde Fremdingen. – Das Stiftskapitel Ellwangen kaufte den kleinen Ort von den Herren von Künseck, den Hürnheimer Erben 1487. Ein Vogtamt verwaltete den Ellwanger Besitz der Umgebung. Durch die Säkularisation kam Raustetten 1802 an das Königreich Württemberg und im Rahmen eines Grenzvertrages 1810 an Bayern. Mit seinen 60 Einwohnern ist Raustetten heute die kleinste Pfarrei der Diözese Augsburg.
An der Stelle eines älteren Baues entstand 1685–1688 die *Pfarrkirche St. Blasius,* die 1696 geweiht wurde. Der Vorarlberger Christian Thumb – er erbaute auch die barocke Ellwanger Wallfahrtskirche auf dem Schönenberg – lieferte die Entwürfe für die Kirche, die hauptsächlich Ellwanger Künstler ausstatteten. Das äußerlich bescheidene Kirchlein überrascht durch seine kostbare Rokoko-Ausstattung aus der Zeit um 1750. Der Aufbau des Hochaltars mit seinen seitlichen Durchgängen, reichem Muschelwerk und puttenumschwebtem Auszug ist stattlich. Die Figur des hl. Blasius im Bischofsornat, zwischen Franz von Assisi und Antonius von Padua, steht im Zentrum. Das Wappen (Vitus in seiner Marter) in der Kartusche nennt den Bauherrn: das Ellwanger Stiftskapitel. Am Antependium zieht die Legende des Kirchenpatrons vorüber: Heilung eines vom Erstickungstod bedrohten Knaben, Folter, Enthauptung. Die Seitenaltäre (1752) von Michael Paulus von Carl Bier aus Ellwangen sind Josef und Maria gewidmet. An der Nordwand erscheint nochmals der hl. Blasius, wie er schützend seine Hand über einen Buben ausbreitet, eine spätgotische Figur (um 1470), die bereits in der vorigen Kirche verehrt wurde. Noch heute kommen zahlreiche Gläubige am 3. Februar nach Raustetten, um Segen und Weihebrote zu empfangen. Nach wie vor ist St. Blasius Schutzherr für Mensch und Vieh, so wie ihn Anton Haffe aus Dillingen im großen Gemälde (1726)

an der Südwand verherrlicht. In den letzten Jahrzehnten hat sich das Blasiuskirchlein zu einer beliebten Hochzeitskirche entwickelt.

Die *Ölbergkapelle* am Waldrand nördlich der Kirche ist eine Stiftung des Ellwanger Jesuitenpaters Philipp Jenningen zur Vorbereitung des hl. Jahres 1700. Dramatisch zeigen die Figuren das Geschehen auf dem Ölberg. Südlich der Kapelle ließen sich zu Beginn des 18. Jh. Einsiedler nieder, die von Erzeugnissen ihres Gartens und den Gaben an Patroziniumstagen lebten, bis 1755 das Stiftskapitel den letzten von ihnen davonjagte.

18   *Raustetten. Kath. Pfarrkirche St. Blasius*

Gasthof Pension Waldeck mit Hallenbad

Besitzer: Familie Langenwalder • 86742 Fremdingen, OT Raustetten
Telefon (0 90 86) 2 30

moderne 2 x 8 Fremdenzimmer mit Dusche/WC ab 32,– DM inkl. reichhaltigem Frühstück ·
Hallenbad 28 °C · Familienbetrieb · Der Junior-Chef – gelernter Koch mit mehreren
Auszeichnungen · Sehr ruhige Lage · Ideal für Fuß- und Radwanderungen · Räumlichkeiten bis
120 Personen · Garagen und Parkplätze · Das Haus liegt zwischen Nördlingen und Dinkelsbühl

---

Urlaub auf dem Lande

Waldgasthof **„Jägerblick"**
Familie Stempfle
Raustetten, Telefon (0 90 86) 3 14

Gastraum mit Nebenzimmer, Saal und
Terrasse, gut bürgerliche Küche
Fremdenzimmer mit Naßzelle
Dienstag Ruhetag

Wallersteiner Fürstenbiere

Bühlingen

60 Einwohner, Gemeinde Fremdingen. – Bühlingen, 1316 erstmals urkundlich genannt, ist seit 1818 Ortsteil von Fremdingen. An der Stelle eines älteren Baus, von dem sich wohl noch eine Sakramentsnische an der Ostwand erhalten hat, entstand die dem hl. Laurentius geweihte Andachtsstätte um 1750. Rebenumrankte Säulen flankieren ein Bild der Muttergottes mit Jesuskind (2. Hälfte des 19. Jh.). Auf den Konsolen begegnen uns gotische Figuren des hl. Laurentius und der hl. Barbara (Ende des 15. Jh.).

HARBURG

2396 Einwohner. – Das Kleinzentrum Harburg nimmt heute eine wichtige Brückenfunktion zwischen den 1972 zusammengefügten Landkreisen Donauwörth und Nördlingen ein. Durch Eingemeindungen wuchs die Zahl der Einwohner von 2200 auf etwa 6000.
Ein eindrucksvoller Industriebau ist das Märker Zementwerk. Die aus den nahen Steinbrüchen herausgesprengten Rohstoffe Kalkstein und Ton werden hier zu Zement, Baukalk, Fertigmörtel, Düngekalk u. a. verarbeitet. Der jetzige Zustand der Anlage ist das Ergebnis eines zwanzigjährigen Planens und Bauens nach einheitlichem Formkonzept: Reduzierung der Baukörper auf einfache geometrische Formen (Zylinder, Quader) bzw. Errichtung der Anlagen als unverkleidetes Großgerät. Beton, Faserzementplatten und Stahl sind die vorherrschenden Baumaterialien – Architektur des 20. Jh. im Kontrast zur mittelalterlichen Burg. Neben dem Zementwerk bestimmen kleine und mittlere Gewerbebetriebe sowie die Landwirtschaft, insbesondere in den Ortsteilen, das Wirtschaftsleben.
Bis 1958 zwängte sich der Verkehr der »Romantischen Straße« durch die verwinkelten Straßen der Altstadt. Ein 240 m langer, zehn Millionen Mark teurer Tunnel, der 36 m unter der Burg hindurchführt, löste das drängende Verkehrsproblem.

Die Burg

Auf einem schroff abfallenden Felsen bewacht die Harburg den östlichen Eingang zum Ries. In ihrer Unberührtheit zählt sie zu den besterhaltenen Burganlagen Bayerns, in ihrer Ausdehnung übertrifft sie sogar die größte deutsche Kaiserpfalz der Staufer in Wimpfen.
Erstmals erwähnt wird die Burg in der Mitte des 12. Jh., als die Staufer ihre machtpolitischen Aktivitäten dem Ries zuwandten. Von der Harburg aus zog der 13jährige Staufer Heinrich, Sohn König Konrads III., gegen Welf VI., der das staufische Flochberg belagerte. In der Schlacht bei Neresheim fügte er ihm eine entscheidende Niederlage zu. 1299 kommt die Burg als Pfandschaft an die Grafen von Oettingen, die als treue Gefolgsleute der Kaiser und Könige das staufische Erbe im Ries verwalten. Mehrmals wird die Pfandschaft über dieses alte Reichsgut verlängert; schließlich geht die Harburg in den uneingeschränkten Besitz der Grafen von Oettingen über, die – seit 1774 fürstlichen Standes – sie noch heute innehaben (Linie Oettingen-Wallerstein)

Schloß Harburg
Tel. 0 90 03/14 46 und 12 11

- Führungen durch die Burganlage (Kirche, Wehrgang, Kastenbau, Gefängnisräume, Festsaal) vom 16. März – 31. Oktober, täglich außer Montag von 9 – 17 Uhr (letzte Führung 17 Uhr)
- Burgladen für Souvenirs, Postkarten, Gläser u.v.a.m.
- Kunstsammlung (Besichtigung auch ohne Führung möglich, täglich außer Montag von 10 – 12 Uhr und 14 – 17 Uhr) Elfenbeinarbeiten, Bildteppiche und Holzplastiken des 15. und 16. Jahrhunderts, oettingische Münzen und Gemäldeporträts.

Der Plan zeigt die Zweiteilung der Burganlage deutlich: Auf etwas tieferem Niveau breitet sich die Vorburg mit den Wirtschaftsgebäuden aus. Auf dem Felsplateau reihen sich dann um einen inneren Hof die Bauten der Kernburg. Zum ältesten Baubestand aus staufischer Zeit gehört die Ringmauer der Kernburg, die im 15. Jh. einen gedeckten Wehrgang erhielt. Beinahe unüberwindlich waren die Hindernisse, die sich einem Angreifer in den Weg stellten. Es wundert deshalb nicht, daß um diese Burg in ihrer langen Geschichte nie ernsthaft gekämpft wurde. Doch wer diesen Raum beherrschte, der versicherte sich auch der Burg.

Die letzte kriegerische Handlung, die der Burg galt, spielte sich im 2. Koalitionskrieg (1800) ab. Mit Kanonen beschossen Franzosen österreichische Soldaten, die sich auf der Burg verschanzt hatten. Als die Burg durch Sprengmunition in Flammen aufzugehen drohte, ergaben sich die Österreicher. Diesen Tag der Rettung feiern die Harburger seitdem auf dem »Bock«, einer Anhöhe nordwestlich der Burg.

1 Das äußere Tor Das äußere Tor ließ Graf Gottfried von Oettingen 1594 als Vorwerk zu einem älteren staufischen Torbau errichten. Oettingisches Wappen und Monogramm erinnern an den Bauherrn. Über den Graben führte eine Zugbrücke (»Schwungrutenbrücke«), die seit 1807 eine steinerne Brücke ersetzt. Wer das Tor überwunden hatte, gelangte in einen Zwinger, den das Untere Tor verriegelte.

2 Zwerchgiebelhäuser der Roten Stallung Wenn das Untere Tor durchschritten ist, bietet die Rote Stallung, in der Pferde und Schweine untergebracht waren, einen reizvollen Anblick. Nicht die trutzige Burg, sondern diesen malerischen Winkel zeichnete Carl Spitzweg, als er 1858 durch Harburg kam. Die Stallung lehnt sich an die alte staufische Mauer an, die zum Unteren Tor führt und die Vorburg von Westen her sicherte. Die Vorderfront beleben reizende Zwerchgiebelhäuschen, die den Heuboden über den Stallungen zugänglich machten.

3 Turmknechthaus und Weißer Turm Die Harburg war auch Mittelpunkt eines Gerichtsbezirks. In der zweiten Hälfte des 18. Jh. wurden hier noch vier Todesurteile vollstreckt. Die Straftäter, gelegentlich auch Schwerverbrecher, verbüßten ihre Freiheitsstrafen in den vier Verliesen des Weißen Turms unter Aufsicht des Turmknechts und seiner Frau. Als der Platz nicht mehr ausreichte, wurde das Gebäude 1782 um ein Geschoß erhöht.

4 Oberes Tor Am Eingang zum Schloßhof hängt über dem Oberen Tor ein Fallgitter, das mit eisernen Stacheln beschlagen ist. Der Harburger Johan Michael Vogt zimmerte es 1752 als Ersatz für ein unbrauchbar gewordenes. Das zweieinhalb Meter breite und fünf Meter hohe Gatter konnte an zwei Ketten herabgelassen werden und damit den Anprall der angreifenden Feinde abwehren. Als in einem bitter

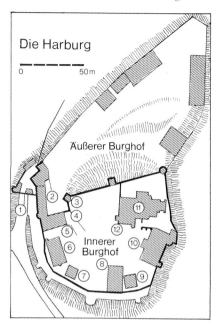

kalten Winter ein Wolf in die Burg einzudringen versuchte, erlegte man das ausgehungerte Tier und nagelte den Schädel als Trophäe an einen Querbalken.

5 *Burgvogtei* Der Burghof bietet ein über Jahrhunderte hin unverfälschtes Bild. Im Gebäude (rechts westlich des Tores, 1562 erbaut) wohnte der Vogt, der mit der Aufgabe des Schutzes und der Vertretung des Burgherrn betraut war. Heute lädt dort ein Gasthof mit Hotel die Besucher ein.

6 *Kastenbau und Marstall* Der Burgvogtei folgt südostwärts das Kastenhaus (1594, 1595), ein Lagerhaus für Getreide. Später diente es als Marstall (Pferdestall) und Rüstkammer. Über dem dreischiffigen Erdgeschoß befinden sich Säle und Zimmer, z. T. mit Holzkassettendecken. Hier waren bis 1852 die Justizbehörden untergebracht.

7 *Westlicher Bergfried* Die durch feindliche Angriffe am meisten gefährdete südwestliche Seite der Burg schützen zwei wuchtige Wehrtürme hart an der Ringmauer. Von ihnen aus konnte der Gegner be-

kämpft werden. Die 16 m hoch aufragenden Bergfriede dienten aber auch den Bewohnern als letzte Zufluchtstätte. Die drei Meter mächtigen Mauern im Untergeschoß konnte kein Rammbock brechen. Nur eine schwankende Leiter führte vom Hof her zum (heute bis auf einen Fensterschlitz zugesetzten) Eingang in fünf Meter Höhe. Vorräte im Keller ließen auch eine längere Belagerung überstehen. Der Turm ist aufgeführt mit Weiß-Jura-Quadern, Buckelquadern, die bevorzugt in der 2. Hälfte des 12. Jh. Verwendung fanden. Die Buckelquader haben auch eine psychologische Wirkung. Sie rufen heute noch die Vorstellung grimmiger Gewalt und eines nicht zu brechenden Widerstandes in uns wach, um so mehr mußten sie »einem Belagerer aufs Gemüt schlagen, der dies vor Augen hatte und der selbst nur notdürftig geschützt war vor Wind und Wetter und den Geschossen der Verteidiger« (v. Volckamer).
Die volkstümliche Bezeichnung »Diebsturm«, »Hungerturm« oder »Faulturm« weisen auf die Verwendung als Gefängnis hin (ab 1607). Die Zellen in den oberen Stockwerken, Folterkammern und Schwitzkammer bestehen seit 1782, als der Bergfried seine Bedeutung als letzter Zufluchtsort längst verloren hatte.

8 Saalbau In dem kräftig gemauerten Erdgeschoß des Gebäudes von 1496 war die Burgmannschaft untergebracht. Ab 1717 ließ es Ernst Albrecht II. aufstocken und einen geräumigen, stuckierten Saal einrichten, wie er sich sonst nicht in der Burg fand. Die Deckengemälde auf Leinwald (vom abgebrochenen Schloß Tiergarten bei Schrattenhofen) zeigen Darstellungen aus der griechischen Mythologie (Perseus und Andromeda, Minerva, Amor und Merkur). Embleme von Krieg und Frieden schmücken die Kamine. Der Saal verwahrt eine Sammlung von Graphiken und alten Stichen, die in wechselnden Ausstellungen gezeigt werden.

9 Östlicher Bergfried (»Roter Schneckenturm«) Die Stärke der Mauern und die Buckelquader weisen diesen Turm als Bergfried aus. Im 18. Jh. erhielt er seine originelle »Schneckenhaube« und seine Funktion als Treppenhaus.

10 Fürstenbau Die Ostseite des oberen Burghofes schließt der Fürstenbau, in dem Reste des staufischen Palas (Hauptwohnbau der Burg) stecken. Hier hauptsächlich residierte im 16. Jh., zusammengenommen nur etwa 80 Jahre, die gräfliche Familie. Später diente der Bau als Quartier für Jagdgesellschaften und als Witwensitz.
Fürst Eugen ließ 1948 die in Maihingen aufbewahrte Bibliothek (heute in der Universität Augsburg) und die Kunstsammlung hier unterbringen. Bunte Akzente erhielt der renovierte Fürstenbau durch die Fensterläden in den oettingischen Hausfarben: goldener Schragen auf rotem Grund.

19 Harburg. Das Obere Tor mit hölzernem Fallgitter

11 Schloßkirche St. Michael Die Kirche, die älteste Harburgs, ist ein einschiffiger Bau, den ein Querhaus durchdringt. Sie erwuchs aus einer romanischen Kapelle (südlicher Arm mit ehem. Ost-Apsis). 1720/21 erhielt sie ihr heutiges, barockes Gepräge. Der Eichstätter Künstler Mathias Zink malte die von Stuckwerk umgebenen Gemälde. An den Seitenwänden des Chorraumes begegnen uns herausragende Schnitzwerke der Spätgotik (1480): eine Muttergottes und der Erzengel Michael, der Patron der Kirche, und Schutzheilige der Burgen. Unter dem Chorbogen die hebräischen Zeichen des Gottesnamens Jahwe.
Als bedeutende Leistungen der Bildhauerkunst gelten die Grabmäler aus der Renaissance. Die drei überlebensgroßen Figuren in den Nischen am Eingang schuf Michael Kern aus Forchtenberg 1620. Sie gedenken des Grafen Gottfried († 1622) und seiner beiden Gemahlinnen Johanna († 1585) und Barbara († 1618). Unter der Orgelempore stehen die Grafen Ludwig XV. († 1557) mit seiner Gemahlin Salome († 1548) sowie Karl Wolfgang († 1549) mit seiner Gemahlin Elisabeth von Leuchtenberg († 1560). Der Augsburger Paul E. Mair schuf diese hochwertigen und lebensnahen Kunstwerke 1562.
Zwei Kriegergestalten halten Wache am Eingang der (heute unzugänglichen) Gruft, die Graf Gottfried 1619 erneuern ließ. In ihr ruhen Mitglieder der im Jahre 1731 ausgestorbenen ev. Linie Oettingen-Oettingen.
12 Pfisterbau Der Pfisterbau, der sich der Schloßkirche anfügt, ist ein einfacher Renaissancebau mit quadratischem und rundem Turm (1558) an den Ecken. Das im Kastenhaus abgelieferte Getreide hat man hier zu Brot verbacken.
Wehrgang Die Ringmauer trägt noch ihren hölzernen Wehrgang, der im 15./16. Jh. auf die staufische Mauer gesetzt war. In gleichmäßiger Folge sind die verschieden geformten Schießöffnungen angeordnet: Fußscharten für den steil nach unten gerichteten Schuß, Kugelscharten, in denen für den Lauf der Gewehre nach allen Seiten drehbare Kugeln gelagert sind, und rechteckige Öffnungen.
Brunnen Die Wasserversorgung war lebensnotwendig für die Burgbewohner. Da das in Zisternen gesammelte Wasser nicht ausreichend Sicherheit bot, trieb man einen Brunnen durch den Felsen. Mit Hilfe von Treträdern holte man Grundwasser aus einer Tiefe von etwa 100 m herauf. Der heute weitgehend eingestürzte Brunnen reicht noch etwa 50 Meter tief.
Fürstlich Oettingen-Wallersteinsche Sammlungen Führungen durch die Burganlage (Kirche, Wehrgang, Kastenbau, Gefängnisräume, Festsaal) vom 16. März – 31. Oktober, tägl. außer Mo. 9.00 – 17.00 Uhr. Kunstsammlung: 16. März – 31. Oktober, tägl. außer Mo. 10.00 – 12.00 und 14.00 – 17.00 Uhr.

Dauerausstellung der Kunstsammlung Mittelalter und frühe Neuzeit: Goldschmiede-, Email- und Elfenbeinarbeiten und als Kostbarkeit ein Kruzifix aus ottonischer Zeit.
15./16. Jh.: oettingische Münzen, fränkische Bildteppiche und Holzplastiken, Grafische Sammlung/»Oettingana« (Bibliothek mit nahezu 2000 Bänden zur Landeskunde der ehem. Grafschaft und zur Genealogie des Fürstenhauses).
Auf der Burg befindet sich das oettingische Zentralarchiv, das für die landesgeschichtliche Forschung von großer Bedeutung ist.

Bock

Die Anhöhe über der Burg (542 m NN) bietet ein weites Panorama: im Norden blickt man das Wörnitztal hinauf bis hin zum Hesselberg, im Westen zum Schloß Baldern, Ipf und Härtsfeld; gegen Nordosten werden Hahnenkamm und Wemding sichtbar, gegen Südosten über Donauwörth hinweg die Hochebene zwischen Lech und Isar mit der Stadt Augsburg und bei klarem Wetter die Kette der Alpen. Seit dem Jahre 1800 feiern die Harburger jährlich auf der Anhöhe ein Fest und gedenken jener glücklichen Umstände, die eine Brandschatzung der Burg verhinderten.

Großer Hühnerberg

Die Bergkuppe des Großen Hühnerberges ist aus massigen Malmkalken des Jura aufgebaut. Hier steht die Sendeanlage des Bayerischen Rundfunks Hühnerberg, ein 212 m hoher Sendemast für ARD und vier UKW-Programme und daneben das Funkhaus im Wald. Unterhalb der Sendeanlage befindet sich ein jüdischer Friedhof.

Die Stadt

Im Schutze der Burg entwickelte sich die Stadt entlang einer bedeutenden Heer- und Handelsstraße am Wörnitzübergang. 1251 verpfändete König Konrad IV. die »Civitas Horburc« dem Grafen Ludwig III. von Oettingen.
Der Ort, »stets abhängig vom Schicksal der Burg und vom Willen des Burgherrn«, erlangte 1849 die erneute Erhebung zur Stadt. Die Befestigungsanlage, die mit ihren fünf Toren Belagerern wohl keinen ernsthaften Widerstand entgegenzusetzen vermochte, wurde im Dreißigjährigen Krieg beschädigt und begann zu zerfallen.
Damit »hiesiger Ort an Schönheit gewinnt« fielen 1861 die Mauern. Nur noch Tafeln bezeichnen die ehem. Standorte der Tortürme.

Harburg

Rundgang

1 Rathaus Um die zum Marktplatz erweiterte Straße gruppieren sich Geschäfte und Gasthäuser. Das Rathaus aus dem 15. Jh., ein stattlicher Bau mit Dachreiter, ist dem Oettinger nicht unähnlich. Westlich des Rathauses entstand im Zuge der Restaurierung (1975–1977) ein stilistisch der Altstadt angepaßter Neubau, in dem die Verwaltung untergebracht ist. Ein neugeschaffener Platz zwischen Rathaus und Verwaltungsgebäude schuf eine Ruhezone mit reizvollen Ausblicken auf die umgebenden Bürgerhäuser, die Kirche und die Burg.

2 Ev. Pfarrkirche St. Barbara Wegen des beschwerlichen Weges hinauf zur Burgkirche erbaute man mit Unterstützung der Grafen 1426 am Fuße des Berges eine Kapelle. Wie eine Inschrift im Altarraum verkündet, ließ Graf Gottfried an gleicher Stelle 1612 die heutige Pfarrkirche errichten, deren Turm aus Platzgründen in den Burgfelsen hineingezwängt werden mußte. Aus der abgebrochenen Schloßkapelle in Schrattenhofen kam 1744 das Deckengemälde (auf Leinwand), das die Himmelfahrt Christi zeigt. Die Renovierung von 1947 bis 1952 bewahrte das »gute Alte« (Stuckdecke, Temperabilder mit Darstellungen aus dem Alten Testament, 1612) und erneuerte Altar, Kanzel, Taufstein und Gestühl.

3 Kath. Herz-Jesu-Kirche Durch große Opferbereitschaft entstand die kath. Herz-Jesu-Kirche in den Jahren 1901 bis 1905. Der Hoppinger Pfarrer betreute die Gläubigen, bis 1957 die Erhebung zur Stadtpfarrei erfolgte. Das Gotteshaus ist ein einschiffiger Raum mit eingezogenem Chor und seitlich gestelltem Turm, der von Zinnen bekrönt wird. Im spätgotischen Altaraufbau stehen die Figuren der hll. Augustinus und Magdalena. Den Chorbogen bemalte 1922 W. Orth nach einem Entwurf von Theodor Baierl aus München (Anbetung des Lammes, Wunderberichte, Dreifaltigkeit). Sternzeichen bilden an der Decke einen Kreis um die Krönung Mariens.

4 Eh. Synagoge Es wird berichtet, daß im 14. Jh. auch in Harburg Juden ums Leben gekommen seien, die man für den Ausbruch der Pest verantwortlich machte. 1671 hatte der oettingische Landesherr einen Schutzbrief ausgestellt und Juden die Niederlassung in Harburg erlaubt. Dies geschah wohl nicht nur aus Nächstenliebe, denn die Abgaben und Schutzgelder der Juden waren für den Grafen wichtige Einnahmequellen. Ihre Toten durften die Juden oberhalb der Burg auf dem Hühnerberg bestatten. 1754 errichteten die Israeliten eine Synagoge, die nicht nur Mittelpunkt des gemeinsamen Gebetes war, sondern auch ein Stück Heimat in der Fremde bedeutete. In der 1. Hälfte des 19. Jh. zählte man noch etwa 300 jüdische Seelen; 1936 hatte der Nationalsozialismus die Kultusgemeinde zerschlagen und die Synagoge geschändet.

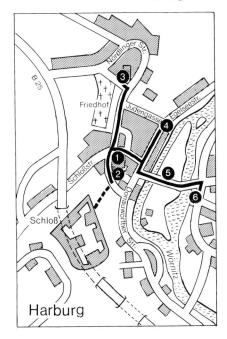

5 *Steinerne Brücke* Auf sieben Bögen führt die alte steinerne Brücke von 1729 über die Wörnitz. Nach einer Sprengung aus vermeintlich strategischen Überlegungen noch kurz vor Ende des Zweiten Weltkrieges entstand sie wieder in ursprünglicher Gestalt (Inschrift). An der Brücke gewährte einst das »Brucktor« Einlaß in die Stadt.

6 *Bruckmühle* Links an der Brücke treibt die Wörnitz ein heute verborgenes altes Mühlrad. Ein Volutengiebel ziert das eindrucksvolle Gebäude von 1762.

Freizeit-Tips

Angeln: Tageskarten am Ort erhältlich, Tel. 09003/546
Stadtbücherei: Grasstraße, Tel. 09003/530
Bootfahren: auf der Wörnitz
Camping auf dem Bauernhof: Fam. Schröppel, Ronheim, Tel. 09003/581

Eislauf: auf der Wörnitz
Eisstockschießen: Asphaltbahn, Schießhausstraße
Kegeln: Gasthaus »Zum Straußen«, Marktplatz 2, Tel. 09003/1398; Gasthaus »Grüner Baum«, Oskar-Märker-Straße, Tel. 09003/2728
Leseraum: Stadtbücherei, Grasstraße, Tel. 09003/530
Museum: Fürstliche Kunstsammlung, Schloß Harburg, Tel. 09003/1446 und 1211; Besichtigungen auch ohne Führung, 16. März – 31. Oktober, tägl. außer Mo. von 10.00 – 12.00 Uhr und von 14.00 – 17.00 Uhr
Sauna: beim Hallenbad, Schulstraße 2, Tel. 09003/530
Schießsport: Königlich Priviligierte Schützengesellschaft 1673 und Wörnitztaler, Tel. 09003/2686
Schwimmen: Ozon-Hallenbad, Grasstraße, Tel. 09003/530
Ski-Langlauf: Loipenbeginn: Edelmannstal
Solarium: Hallenbad, Grasstraße, Tel. 09003/530
Tennis: Freiplätze, Tel. 09003/700
Waldlehrpfad: Ebermergen (in Ebermergen Richtung Mauren)
Verkehrsamt/Stadtverwaltung: Schloßstraße, 86655 Harburg, Tel. 09003/96990, Fax 09003/969930

Wanderung von Harburg nach Mönchsdeggingen

Wanderstrecke: 22 km
Markierung: rotes Dreieck (Theodor-Weidner-Weg), numerierter Wandervorschlag 6 (Rückweg)
Harburg (Parkplatz an der Burg) – Hühnerberg (Judenfriedhof, Sendeanlage) – Bockberg (Aussichtspunkt) – Waldschenke Eisbrunn Mönchsdeggingen (Klosterkirche, Freizeitzentrum Almarin 2000) – Richtung Ziswingen – Burgberg bei Möggingen – Eisbrunn – Harburg

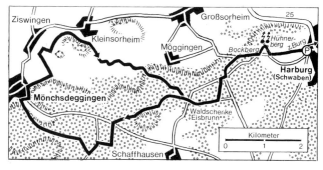

Die Stadt mit der Romantik von gestern
und der Gastlichkeit von heute

Ein Maleridyll
an der Wörnitz

Stadt Harburg
... an der Romantischen Straße

Zu Gast in Harburg
- Stadt Harburg – Einwohner: 6 000
- Burg aus dem 12.– 18. Jahrhundert
- Kunstsammlung der Fürsten von Oettingen-Wallerstein
- Romantische Ortslage
- Sportmöglichkeiten: Tennis, Ozon-Hallenbad mit Sauna, Freisportanlagen, Stockschießen, Wandern
- Gut geführte Gaststätten

Anschrift und Information: Städt. Verkehrsamt Harburg,
Schloßstraße 1, 86655 Harburg, Telefon (0 90 03) 9 69 90
Fax: (0 90 03) 96 99 30

Ausflug Harburg (ca. 35 km)

Harburg – Mündling – Huisheim – Schrattenhofen – Heroldingen – Hoppingen – Großsorheim – Mauren – Ebermergen – Brünsee – Harburg – Ronheim

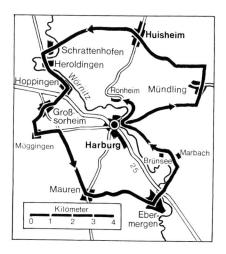

Mündling

598 Einwohner, Stadt Harburg. – Seine Besitzungen in Mündling schenkt der Adelige Christian um 800 an das Kloster Lorsch, das diese 868 an König Ludwig den Deutschen veräußert. Im Mittelalter prägte das Kloster Heilig Kreuz in Donauwörth die Geschichte des Ortes.
Kath. Pfarrkirche St. Johannes d. Täufer Das Kloster Heilig Kreuz in Donauwörth als Patronatsherr läßt die in fränkische Zeiten zurückreichende Kirche St. Johannes in den Jahren 1623 bis 1625 neu errichten. Von diesem Bau stehen lediglich noch die rechteckigen Turmuntergeschosse, die in den Neubau von 1753 übernommen wurden. Der Donauwörther Künstler I.-B. Enderle malte 1786 die Altarbilder: Johannes der Täufer (Hochaltar), 14 Nothelfer (rechter Seitenaltar) und Christus am Kreuz mit Maria Magdalena (linker Seitenaltar). Über den seitlichen Durchgängen des Hochaltars mit seinem viersäuligen Rokokoaufbau begegnen uns die Eichstätter Diözesanpatrone St. Willibald und St. Walburga. Das Deckenbild (1752) im Chor von Johann Bene-

dikt Reismüller zeigt die Anbetung der Hirten, das des Langhauses ein Jugendstilgemälde Theodor Baierls (München) von 1916. Johannes tauft Christus im Jordan, eine Engelschar trägt das abgeschlagene Haupt des hl. Johannes in den Himmel.
Das Pfarrhaus ist ein stattlicher zweigeschossiger Bau von 1690 mit geschweiften Giebeln.

Huisheim → Wemding

Schrattenhofen

127 Einwohner, Stadt Harburg. – In einer Schenkungsurkunde an das Kloster St. Ulrich und Afra in Augsburg aus dem Jahre 1160 tritt ein Udalrich von »Scratinhouen« als Zeuge auf. Von diesen Ortsadeligen übernehmen die Grafen von Oettingen die Mehrzahl der Besitzungen, die sie vom Oberamt Alerheim aus verwalten.
Fürst Albrecht Ernst II. ließ auf einer flachen Anhöhe zwischen Schrattenhofen und Lierheim um 1690 inmitten eines Parkes das Lustschloß »Tiergarten« anlegen. Dazu kam eine Kaserne und 1712 eine Kapelle. Bald nach seinem Tod stellte die in Oettingen 1735 gegründete und 1737 nach Tiergarten verlegte gräfliche Fayence-Manufaktur künstlerisch z. T. sehr wertvolle Fayencen (Töpferwaren mit Glasurüberzug) her. Hochrangige Künstler, vorwiegend aus dem fränkischen Raum, führten die Manufaktur 1737–1745 zu einer kurzen Blüte. Walzenkrüge und Geschirr, mit reizenden Motiven verziert, sind heute unter Kennern begehrte Sammelobjekte. Aufgrund hoher Kosten und mangelnden Absatzes stellte das gräfliche Haus die Produktion jedoch wieder ein. August Friedrich Köhler gründete 1757 im Dorf seinen eigenen Betrieb, der bis 1846 arbeitete. Ein großer Mahlstein vor der ehem. Glasurmühle steht vor dem Haus Nr. 9, »ein letztes Zeugnis handwerklicher Kunst, die dem rationell hergestellten billigeren Steingut weichen mußte« (Frei). Heute sucht man vergeblich die Sommerresidenz der Fürsten. Die Gebäude sind längst abgetragen, die Gärten verschwunden. Nur noch ein Gedenkstein erinnert an das »Lustschloß« Tiergarten und seine kurze Geschichte.

Heroldingen

441 Einwohner, Stadt Harburg. – Funde aus spätkeltischer Zeit belegen die vorgeschichtliche Besiedlung. Hier überquerte die nach Munningen führende Römerstraße die Wörnitz. Als »Hergoltingen« erscheint der Ort erstmals 1193. Im Mittelalter besaßen die Oettinger Grafen die Mehrzahl der Höfe und übten die Dorfherrschaft aus.

Die *ev. Pfarrkirche St. Martin* zerstörte 1546 während des Schmalkaldischen Krieges ein Brand. Vom folgenden Neubau ist nur noch der quadratische Unterbau des Turmes erhalten, dem gegen Ende des 17. Jh. das oktogone Obergeschoß aufgesetzt wurde. Das jetzige Langhaus entstand 1849. Die Renovierung von 1977 gab dem Innenraum sein schlichtes Aussehen.

Der *Zehentstadel* mit dem abgewalmten Dach ist 1730 an der Stelle eines älteren zur Lagerung der Getreideabgaben oettingischer Untertanen entstanden. 1978 umfassend renoviert und mit Nonnen-Ziegeln gedeckt. Hier entsteht eine Außenstelle des Maihinger Bauernmuseums zur Präsentation von landwirtschaftlichem Gerät.

Die vorgeschichtliche *Wallanlage auf dem Burgberg* läßt sich wegen der Bewaldung nicht ohne weiteres erschließen. Vom Westen her betritt man die Anlage (Länge 600/700 m, größte Breite 400 m) durch das alte Tor und folgt entgegen dem Uhrzeigersinn den Resten des Walles, der sich im Norden bis zu sieben Meter vom äußeren Gelände absetzt. Im Osten bilden Felsen und der steil abfallende Hang einen natürlichen Schutz. Wie Zufallsfunde vermuten lassen, befand sich hier eine Höhensiedlung der Urnenfelderkultur (1000–750 v. Chr.). Der Burgberg scheint später auch ein keltisches Oppidum, eine stadtartige Siedlung, getragen zu haben.

Hoppingen

317 Einwohner, Stadt Harburg. – Zwischen dem kahlen Rollenberg mit seiner charakteristischen Heidevegetation und der Wörnitz breitet sich die Ortschaft Hoppingen aus. Reihengräber sind Zeugen einer alamannischen Gründung des Ortes. Ein Ortsadel erscheint in den Urkunden vom 13. bis 15. Jh. Wolfgang von Hoppingen war 1467 erster kurbayerischer Pfleger in Wemding (Grabmal in St. Emmeram). Nach dem Aussterben der Herren von Hoppingen fielen die Rechte und Güter an die Grafen von Oettingen, an die katholisch bleibende und damit die Reformation verhindernde Linie Wallerstein.

Die *kath. Pfarrkirche zur Mutterschaft Mariens,* die zwischenzeitlich auch den Namen des hl. Leonhard trug, ist wohl im Kern jene der hl. Jungfrau Maria geweihte Kapelle, die 1385 genannt ist. Chor und Turmanlage reichen in romanische Zeiten zurück, wie die 1958 aufgedeckten Fresken aus dem 14. bzw. 15. Jh. beweisen. Vor den schwach erkennbaren Darstellungen des Weltgerichts an der Ostwand des Chors steht im Strahlenkranz eine spätgotische Marienstatue. Das Gesicht des Jesusknaben drückt die Freude über die Güte seiner Mutter aus. Die Decke des Langhauses von 1730 überzieht bunter Stuck mit Bandwerk

20 *Hoppingen am Fuße des Rollenberges*

und Muscheln. Das Gemälde widmet J. M. Zink (1750) dem hl. Leonhard, der bei Maria Hilfe für die Notleidenden erfleht.
Die Eckmedaillons erzählen aus der Legende des hl. Leonhard, des großen Schutzpatrons des Bauernstandes.
Die Kreuzwegstationen in schönem Muschelwerkrahmen an der Empore entstanden um 1760.
Dort, wo das Wörnitztal einen leichten Zugang zum Ries ermöglicht, liegen auf beiden Seiten des Flusses vorgeschichtliche Ringwälle: der *Rollenberg bei Hoppingen* und der Burgberg bei Heroldingen. Die Weißjurascholle des Rollenbergs mit typischer Steppenheidevegetation ist heute Landschaftsschutzgebiet. Auf dem Gipfelplateau finden sich Reste eines Ringwalls, der an der Ostseite die Innenfläche noch drei bis vier Meter überragt. Die kleine Erhebung an der Ostseite ist ein Platz, an dem Brandopfer dargebracht wurden. In einer kreisrunden Brandschicht barg man viele Tierknochen und mehr als sechs Zentner Scherben. Am West- und Nordfuß des Berges vorbei führt die alte Trasse der Römerstraße, die über die Wörnitz zum Kastell Munningen und von dort zum Limes zog.

Großsorheim

436 Einwohner, Stadt Harburg. – Durch die Fluren Großsorheims führte eine Römerstraße vom Bockberg ins Ries. In ihrer Nähe errichteten die Römer mehrere Gutshöfe. Reste eines Grabmonuments deuten auf eine hohe soziale Stellung der Besitzer hin. 1987/88 kam auf den »Steppachäckern« eine römische Villa mit Badeanlage zum Vorschein. In der Nachbarschaft der Gutshöfe ließen sich im 6./7. Jh. alamannische Siedler nieder. Im 13. Jh. belegt eine Oettinger Urkunde eine Burg in Großsorheim, die wahrscheinlich südlich des Ortes auf dem Utzberg stand. Zusammen mit Harburg verpfändete der Hohenstaufer Konrad IV. 1251 den Ort an die Grafen von Oettingen.

Der wuchtige Chorturm der *ev. Galluskirche*, der wohl aus dem 15. Jh. stammt, wurde in den Neubau von 1922/23 einbezogen. Gustav von Betzold errichtete das saalförmige Kirchenschiff und verwendete auf der Nordseite des alte romanische Bogenfries. Bis fast hinauf zum gotischen Kreuzrippengewölbe reicht das ausdrucksstarke Kruzifix, das Anton Fischer (Harburg) 1923 aus Stein gehauen hat. Karl Hemmeter bildete aus einem Eichenstamm das Lesepult mit Darstellungen von Jesus, Maria und Martha. Es ist eine Stiftung K. Reinhardts, die am 13. April 1944 Angehörige verlor, als Flugzeuge auf dem Rückweg Bomben über der Mögginger Flur abwarfen.

Der *Kleine Hühnerberg* (503 m NN), südlich der Straße zwischen Klein- und Großsorheim, ist eine ortsfremde Juraschölle, die die Rieskatastrophe hierher versetzte. Der etwa 60 m die Riesebene überragende Hügel war bereits in vorgeschichtlicher Zeit befestigt, wie Spuren eines Walles und Scherbenfunde vermuten lassen.

Südlich von Möggingen in der Waldabteilung »Burg« zeichnet sich ein *Ringwall* ab. Das 335 m lange Oval ist von einem Steinwall umgeben. Silexgerät aus der späten Steinzeit sowie viele bronzezeitliche Tonscherben sprechen für eine kontinuierliche Besiedlung über einen längeren Zeitraum hinweg. Wenn die Bäume kein Laub mehr tragen, hat man von diesem Ausläufer der Alb einen weiten Blick ins Ries hinein.

Mauren

514 Einwohner, Stadt Harburg. – In der Nähe eines römischen Gutshofes entstand die Siedlung, die man nach ihrer Lage »ad muros« (bei den Mauern) nannte. Die Edelfreien von Mauern, 1330 erstmals genannt, gehörten zum Oettinger Lehensadel. Die Grafen führten 1539 die Reformation durch. Schwer zu leiden hatten die Einwohner während der Kriege des 17. und 18. Jh. Die der hl. Walburga geweihte Kirche war 1604 baufällig und wurde mit Hilfe des Grafenhauses wiedererrichtet.

Ebermergen

1031 Einwohner, Stadt Harburg. – 1994 feierte Ebermergen sein 850jähriges Ortsjubiläum und erinnerte an König Konrad III., der 1144 mit dem Kloster Lorch die Kirche zu Ebermergen gegen die königliche Kirche in Welzheim tauschte. Die Güter im Ort erwarben sich u. a. das Kloster Heilig Kreuz, die Grafschaft Oettingen, das Reichsstift Kaisheim, der Deutsche Orden und das Spital von Nördlingen. Die Grafen von Oettingen setzten 1557 die Reformation endgültig durch, obwohl der Deutsche Orden das Patronatsrecht über die Kirche innehatte.
Inmitten des Dorfes erhebt sich die den Aposteln *Petrus und Paulus geweihte ev. Pfarrkirche,* deren Turmuntergeschoß ins 14. Jh. zurückreicht. Das ausgehende 17. Jh. brachte die Erweiterung des Langhauses nach Norden. Die stukkierte Decke stellt die Einheit des aus verschiedenen Baukörpern zusammengewachsenen Gotteshauses her. Der Münchner Bildhauer Karl Hemmeter (1947) schuf die ausdrucksstarken Holzplastiken: der Auferstandene begegnet Maria Magdalena im Chor, Gleichnis vom barmherzigen Samariter, Figuren der Kirchenpatrone Petrus und Paulus sowie an der Empore die sieben Werke der Barmherzigkeit und Petrus und Saulus vor den Toren zu Damaskus. Grabsteine erinnern an drei norddeutsche Offiziere, die zur Zeit des Spanischen Erbfolgekrieges während der Schlacht auf dem Schellenberg »anno 1704 ihr Leben gelassen ... knall und fall eines gewesen«. Die 1743 von Franzosen gesprengte Wörnitzbrücke wurde – wie die Inschrifttafel berichtet – 1747 wiederaufgebaut.
Ein vier Kilometer langer *Vogellehrpfad* informiert über die einheimische Vogelwelt (Parkplatz an der Straße Richtung Mauren).

Brünsee

77 Einwohner, Stadt Harburg. – 1262 erscheint ein Marquard von »Brunnese«, der zu den Ministerialen der Oettinger Grafen zählte. Die Grundherrschaft übernahm allmählich das Kloster Kaisheim, während die Landeshoheit bei Oettingen verblieb, das auch bei den Bauern der kath. Grundherren die Reformation einführte.

Ronheim

116 Einwohner, Stadt Harburg. – Bereits um 800 ist eine Siedlung nachweisbar. Das Reichsstift Kaisheim läßt 1277 auf klostereigenem Grund eine Afrakapelle errichten, die im 30jährigen Krieg abbrennt und 1848 vollständig abgetragen wird. Die 1542 evangelisch gewordenen Ronheimer besuchen seitdem die Gottesdienste in Harburg.

GASTHAUS
„ZUR GEMÜTLICHEN EINKEHR"

Inhaber: Karl Heiss m. Familie
86655 Ronheim 13 – Harburg
Telefon (0 90 03) 12 60

Fremdenzimmer • Mittagessen
Eigene Hausschlachtung

Museumsstadt Donauwörth

*Kulturelle Vielfalt
einzigartig präsentiert*

Käthe-Kruse-Puppen-Museum
*Pflegstr. 21a, Apr.–Okt.:
tägl. 14–17 Uhr (Mo. geschl.)
Nov.–Apr.: Mi., Sa., So., Fei.,
14–17 Uhr*

Werner-Egk-Begegnungsstätte
*Pflegstr. 21a, Mi., Sa., So., Fei.,
14–17 Uhr*

Archäologisches Museum
*im Tanzhaus, Reichsstr. 34,
Sa., So., Fei., 14–17 Uhr*

Haus der Stadtgeschichte
*im Rieder Tor, Sa., So., Fei.,
14–17 Uhr*

Heimatmuseum
*Hindenburgstr. 15, Mai–Sept.:
Sa., So., Fei., 14–17 Uhr*

*Die Museen sind geschlossen:
24. 12.–26. 12., 31. 12./1. 1., Karfr.*

Tel. 09 06/78 91 48 oder 78 91 45

KIRCHHEIM AM RIES

1359 Einwohner. – Am Fuße des Blasienberges wuchs Kirchheim im Laufe von Jahrhunderten aus drei Teilen zusammen: Unterkirchheim, Oberkirchheim und Kloster. Römer und Alamannen haben hier ihre Spuren hinterlassen. Die Martinskirche in Unterkirchheim gründet auf römischen Fundamenten, ein ausgedehntes Gräberfeld im Bereich der neuen Schule beweist eine alamannische Ansiedlung. Die meisten Güter erwarb das 1270 von Graf Ludwig III. gestiftete Zisterzienserinnenkloster Mariä Himmelfahrt. Während das Kloster unter seinem Schutzherrn, dem Grafen Friedrich V., katholisch blieb, setzten die Grafen von Oettingen-Oettingen Ludwig XV. und XVI. im Dorf die Reformation als Landesherrn durch. 1806 kam Kirchheim an Bayern und 1810 an Württemberg. In der Gemeinde mit den Ortsteilen Benzenzimmern und Dirgenheim leben heute etwa 1878 Einwohner.

Ehem. Zisterzienserinnenabtei St. Maria (1267–1802)

Dank seiner Bauten und Kunstwerke verschiedener Epochen zählt die ehem. Zisterzienserinnenabtei St. Maria (1267–1802) zu den erstrangigen Kunstdenkmälern im Ries. Der Tradition nach erfolgte die Gründung des Klosters 1267. Graf Ludwig III. von Oettingen schenkte 1270 umfangreiche Güter zum Bau des Klosters. Diese großzügige Grundausstattung erlaubte eine schnelle Ausdehnung des Besitzes in zahlreichen Riesdörfern. Versuche Graf Ludwigs XV. von Oettingen als Landesherr, das Kloster, das unter der Schutzherrschaft der kath. Linie Oettingen-Wallerstein stand, zu reformieren, scheiterten am entschiedenen Widerstand der Nonnen. Das Dorf dagegen mußte evangelisch werden. Nach der Heimsuchung durch den 30jährigen Krieg erlebte das Kloster eine neue Blüte, die sich in reger Bautätigkeit ausdrückte. Das Haus Oettingen-Wallerstein, das im Zuge des Friedens von Lunéville 1801 das Kloster zugesprochen bekam, wandelte es in eine fürstliche Domäne um. Viele Bauten verschwanden, andere erhielten eine neue Nutzung. Klosterkirche (seit 1818 Pfarrkirche), Abtei- und Konventflügel schenkte Fürst Eugen 1948 der kath. Pfarrgemeinde. In den Klostergebäuden betreut die Caritas heute alte Menschen. Der Gutshof wurde im Zuge der Bodenreform 1953 aufgeteilt; die alten Wirtschaftsgebäude dienen als Bauernhöfe und Gewerbebetriebe.
Ein malerischer *Torturm* mit reichem Figurenschmuck läßt den Besucher in den ausgedehnten, mauerumwehrten Klosterbezirk ein. Unter Äbtissin Violantia Anger (vgl. Bauinschrift) entstand 1723/24 dieser

21 Kirchheim a. R. Torturm der ehem. Klosteranlage

viergeschossige, von Jesuitenpater Jakob Amrhein geplante Bau. Die sich anschließenden Wirtschaftsgebäude sind nur noch teilweise erhalten. Der Abteiflügel (heute Altersheim) ist ein Werk des Vorarlbergers Valerian Brenner von 1682/83. Sandsteinportale und Statuen beleben die Front.

Die schlichte Architektursprache der ehem. Zisterzienserinnen-Klosterkirche, heute kath. Pfarrkirche Mariä Himmelfahrt, steht in der Tradition des Reformordens, zu dessen Regeln strenge Armut und harte Arbeit zählten. Den langgestreckten Bau um 1300/1310 gliedern abgetreppte Strebepfeiler, ein schlichter Dachreiter bekrönt sein hohes Dach.

Vom barocken Kirchenportal führt eine Treppe hinab zu der um 1500 geweihten *Münsterkapelle*. Den Rokokoaltar ließ Äbtissin Bernarda

Schneid 1742 (vgl. Inschriftkartusche und Wappen) errichten. Die Pietà, eine ergreifende Alabasterarbeit aus der Zeit des Weichen Stils um 1420, ist von den Figuren der hll. Josef und Antonius von Padua eingerahmt.

Dem hohen, kreuzgewölbten Bau der Kirche haben Gotik und Barock sein Gepräge gegeben. Die im äußeren Prunk sich sonst zurückhaltenden Zisterzienserinnen barockisierten den Innenraum der gotischen Kirche nach 1662 ein zweites Mal 1720. Eine in edlem Weiß gehaltene Stuckzier überspielt die vier westlichen Joche des Schiffes, über die sich ursprünglich die Nonnenempore ausdehnte. Ein bemerkenswerter Uhrturm mit der Jahreszahl 1678 auf der Empore mahnt den Menschen an sein begrenztes Leben.

Den prachtvollen *Hochaltar* von 1756 paßte Michael Schmid aus Kaisheim dem polygon gebrochenen Chorraum an. Zwischen den Säulen erscheinen die Figuren der hll. Benedikt (mit dem zersprungenen Giftbecher) und Bernhard (mit den Leidenswerkzeugen des Herrn). Über der spätgotischen Madonna öffnet sich der herrlich barocke Himmel zur Aufnahme Mariens. Die beiden *Seitenaltäre* in schwarz-goldener Fassung sind Werke des Frühbarock, um 1720.

Johann Pichler malte das Bild des linken Seitenaltars mit der Anbetung der Hirten. Die von Weinreben umrankten Säulen rahmen die hll. Joachim und Anna ein. Der Schrein birgt die Reliquien der Märtyrerin Seraphia. Der rechte Seitenaltar zeigt das Bild der Kreuzigung, daneben die Statuen der Apostel Petrus und Paulus. Die Reliquien des hl. Clemens kamen aus den römischen Katakomben hierher. An beiden Altären verewigte sich die baufreudige Äbtissin Violantia Anger (1706–1731) mit ihrem Wappen.

Zwei großartige Gedenksteine aus gelbem Sandstein erinnern lt. Umschrift an alle in Kirchheim bestatteten männlichen und weiblichen Angehörigen des Hauses Oettingen. Die posthum 1358 errichteten sog. »Stiftergräber« (Graf Ludwig III., † 1279, und seine zweite Gemahlin Adelheid, † 1274) waren 1662 hierher versetzt worden. Die Kirchenmodelle weisen auf die Stiftungen zugunsten des Klosters hin. Graf Ludwig trägt ein Kettenhemd mit enganliegendem Überrock. Den Kopf schützt der Helm, Nacken und Hals die Brünne. Als Helmzier erscheint ein Bracke, der Spürhund der mittelalterlichen Jagd. Seine Gemahlin Adelheid trägt ein Gewand ihrer Zeit mit Rüschenhaube (Krüseler). Die Denkmale von 1358 repräsentieren das Idealbild eines adeligen Paares in der Mitte des 14. Jh. Rechts steht das Grabdenkmal Ludwigs XI. im Bart († 1440). Als Hofmeister Kaiser Sigismunds spielte er eine wichtige Rolle in der Reichsgeschichte.

Neben der Madonna des Hochaltars birgt die Kirche weitere hochwertige *Holzplastiken* aus der Zeit um 1500: Eine *Anna selbdritt* – die auf-

22 Kirchheim a. R.
Adelheid von Oettingen.
Grabmal von 1358
in der ehem.
Klosterkirche

fallend jugendliche Mutter Anna trägt auf ihren Armen Maria und das Jesuskind – und die *Krönung Mariens* durch Gott Vater und Christus, ein Holzrelief, dessen stille Eindringlichkeit man nicht so leicht vergessen wird. Mit der Aura der Legende umgeben ist das *Wunderbare Kreuz von Maria Kirchheim* aus dem 14. Jh. Es war auf der Sechta angeschwommen und wurde von einem Bauern dem Kloster gebracht, wo man es als wundertätig verehrte.

Durch ein Altarziborium aus dem 14. Jh. betritt man die *Stephanskapelle* (unter der Nonnenempore), die derzeit einer Renovierung unterzogen wird. Die Grabplatten dort gedenken Graf Friedrichs III. (gest. 1423) und seiner Gemahlin, mehrerer Äbtissinnen, darunter Margarethe von Oettingen († 1535) und Anna von Woellwart († 1553). Auf dem Ölbergrelief erkennt man Äbtissin Apollonia Schrotel (1584–1631), die Stifterin der Kapelle. Gotisch ist die Bemalung an der Ostwand (Krönung Mariens, Steinigung des hl. Stephanus und des hl. Christophorus) und am Ziborium (St. Martin und Anbetung der Könige). Durch die Pforte gelangt man hinaus in den Bereich der früheren Konventbauten, von denen sich nur der Westflügel erhalten hat.

Kirchheim am Ries 89

Am südlichen Ende des Gebäudetraktes liegt die *Stiftskapelle,* der Klostertradition nach die »uralte Stiftskirche« aus dem 13. Jh. Auf einem Achtkantpfeiler ruht das Kreuzrippengewölbe des quadratischen Raumes, der sich nach Osten in ein dreiseitig geschlossenes Chörchen öffnet. Die beiden Altäre waren im 18. Jh. entstanden. Der eine trägt eine Muttergottesstatue mit sieben Schwertern im Herzen (Nachbildung des Oberelchinger Gnadenbildes), die nach dem Zeugnis der Votivtafeln als wundertätig verehrt wurde, der andere das Relief einer Madonna (spätes 15. Jh.). Das gestickte Antependium beweist die hohe Kunstfertigkeit der Nonnen.

Zwei Maßwerkfenster verbinden die Kapelle mit dem höher liegenden *Frauenchor (Nonnenchor),* der seit dem 14. Jh. »Allerheiligenkapelle« genannt wird. An den Wänden beeindrucken Darstellungen von Aposteln und Heiligen sowie Szenen aus dem Leben Christi. Das Doppelgrabmal inmitten des Raumes dankt der Äbtissin Kunigunde von Heideck († 1403) und ihrer Schwester Anna († 1399) für ihre Verdienste um die Ausgestaltung der Kapelle 1398.

An der Südseite der *ev. Pfarrkirche St. Jakob* bezeichnen Wappen aus Sandstein den Bauherrn und das Jahr der Fertigstellung 1497. Durch das romanische Portal der Vorgängerkirche (Türbogenfeld) betritt man den einschiffigen Raum, der sich nurmehr durch ein Vesperbild und die Figur des hl. Jakobus als gotisch zu erkennen gibt.

Die *Friedhofskapelle St. Martin* im unteren Dorf gilt als eine der Urkirchen des Rieses, wurde aber im Lauf der Geschichte zu einer Kapelle. Sie steht vielleicht an der Stelle eines römischen Tempels, denn bei der Renovierung 1981 entdeckte man einen römischen Weihealtar. Den Sockel nach oben gekehrt, fand er auch in christlicher Zeit Verwendung – ein Symbol des christlichen Sieges über den heidnischen Sonnengott, dem der Altar lt. Inschrift ursprünglich geweiht war. Archäologen vermuten weitere römische Spolien im Mauerwerk des im 13. Jh. gebauten Kirchleins. Geheimnisumwittert sind die Wetzrillen am Eingangsportal. Der an heiliger Stätte gewonnene Steinstaub spielte einst eine wichtige Rolle in der Volks- und Heilkunde.

Auf dem Areal der heutigen Schule dehnt sich ein alamannischer *Reihengräberfriedhof* mit etwa 1000 Bestattungen aus dem 6. bis 8. Jh. aus. Der etwas abseits gelegene Adelsfriedhof mit überdurchschnittlich reich ausgestatteten Gräbern belegt die soziale Rangordnung der Bevölkerung.

Alemannenmuseum* im Foyer der Alemannenschule. Geöffnet während der Schulzeit, sonst Besichtigung möglich nach Rücksprache mit der Gemeindeverwaltung, Tel. 07362/7430.

* *archäologisch: Alamannen*

90 Kirchheim am Ries

Bestände: Originalfundstücke (Skelette, Grabbeigaben) aus dem alemannischen Adelsbestattungsplatz und dem Reihengräberfriedhof; Bilddokumentation der wertvollsten Fundstücke, insbesondere aus dem Adelsgrab der »Dame von Kirchheim«, die heute im Württembergischen Landesmuseum Stuttgart ausgestellt sind; Texttafeln erschließen Zeit und Lebensart der Alamannen.

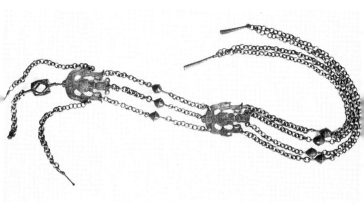

23 *Kirchheim a. R. Schmuck aus dem alamannischen Gräberfeld*

Der 600 m hohe *Blasienberg,* der unter Naturschutz steht, wird als »kleiner Bruder des Ipf« bezeichnet. Er ist ebenfalls ein Zeugenberg aus dem autochthonen Weißen Jura, den die Erosion vom Albtrauf löste. Den kahlen Höhenrücken bedeckt Heidevegetation mit großer Artenvielfalt: im Frühjahr Hornklee, Küchenschelle, Steinbrech und Kartäusernelke, im Herbst Silberdistel und Deutscher Enzian. Schafherden verhindern die Verbuschung und sichern so den Lebensraum für viele Pflanzen und Tiere.

Freizeit-Tips

Museum: Kleines Alemannenmuseum in der Schule, Tel. 07362/3028 u. 3029
Skilift: Am Blasienberg, Tel. 07362/3028
Tennis: 2 Sandplätze und 1 Hartplatz
Verkehrsamt/Gemeindeverwaltung: 73467 Kirchheim, Tel. 07362/3028, Fax 07362/3069

Wanderung von Kirchheim am Ries nach Jagstheim und zum Ipf

Wanderstrecke: 6 km bzw. 8 km
Kirchheim a. R. – Dirgenheim (St.-Georgs-Kirche – Annakapelle) – Jagstheim (Marienkapelle, Keltenschanze) – Kirchheim a. R.
oder: Kirchheim a. R. – Heerhof – Osterholz – Ipf – Blasienberg – Kirchheim a. R.

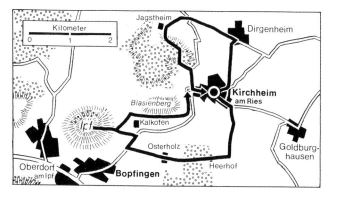

Ausflug Kirchheim am Ries (ca. 35 km)

Kirchheim a. R. – Jagstheim – Itzlingen – Kerkingen – Zöbingen – Walxheim – Unterschneidheim – Nordhausen – Geislingen – Unterwilflingen – Zipplingen – Dirgenheim – Benzenzimmern – Kirchheim a. R.

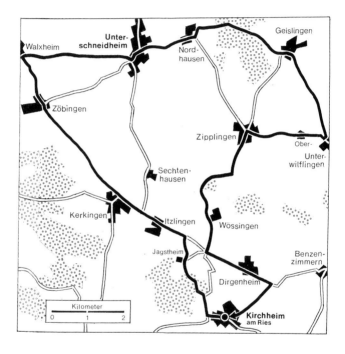

Kirchheim am Ries
mit den Teilgemeinden Benzenzimmern, Dirgenheim, Heerhof, Jagstheim und Osterholz

lädt herzlich zum Besuch und zum Verweilen ein.

Bedeutende Kunstdenkmale, das ehemalige Zisterzienserinnenkloster, die Martinskapelle und das Alemannenmuseum zeugen von der reichen Vergangenheit. Erholsame Wanderferien in schöner Landschaft, günstige Bauplätze vorhanden. Auskünfte erteilt das Bürgermeisteramt, Telefon (0 73 62) 30 28 oder 30 29.

HACKER-PSCHORR
MÜNCHEN
Das Bier fürs Leben

Brauerei und Gasthaus

Walter Fischer
Hacker-Pschorrbräu-Niederlassung

73467 Kirchheim/Ries
Telefon (0 73 62) 75 07

Jagstheim

40 Einwohner, Gemeinde Kirchheim a. R. – Die Jagstheimer *Marienkapelle,* die erstmals 1399 urkundlich erscheint, gelangte 1694 in die Obhut der Kirchheimer Zisterzienserinnen. Seit dem 15. Jh. läßt sich eine Marienwallfahrt nachweisen, die 1706 durch eine Herz-Jesu-Bruderschaft ihre Ergänzung fand. Als 1870 der Turm einstürzte, wurde er nicht wiedererrichtet und das gotische Kirchenschiff wegen des schlechten baulichen Zustandes um ein Drittel verkürzt. Die einheitlichen Barockaltäre sind Werke Kaisheimer Künstler. Das Gemälde des Hochaltars stellt die Aufnahme Mariens in den Himmel dar. Mit offenem Herzen empfängt Christus seine Mutter. Das zierliche Gnadenbild, eine thronende Madonna mit Kind und Votivtafeln weisen in die Epoche der Wallfahrten zurück. Am linken Seitenaltar begegnen uns Zisterzienserinnen, die zusammen mit ihrem Ordensgründer Bernhard von Clairvaux das Salve Regina singen. Am rechten Seitenaltar Hl. Familie mit der Dreifaltigkeit. Eine volksnahe, vom Geist der Mystik geprägte Anna selbdritt (um 1500) hinterläßt einen unvergeßlichen Eindruck.

Das Wäldchen etwa 100 m südlich von Jagstheim versteckt eine *Keltenschanze,* ein keltisches Heiligtum aus dem 1. Jh. v. Chr. Trotz teilweiser Zerstörung sind Verlauf von Wall und Graben und die charakteristische Überhöhung der Ecken gut erkennbar. Das einzige erhaltene antike Tor mit einer Breite von 7 m liegt in der Mitte der Ostseite.

Itzlingen, Kerkingen → Bopfingen

Zöbingen

810 Einwohner, Gemeinde Unterschneidheim. – Keltische Grabhügel und alamannische Reihengräber beweisen die Existenz der Siedlung lange vor der ersten urkundlichen Erwähnung 1239. Die Grafen von Oettingen erscheinen gegen Ende des 14. Jh. als Herren dieses ehem. Marktortes.

Eine gemalte Tafel in der *Wallfahrtskirche St. Maria* berichtet, daß vor 1261 ein Pfleger von Hohenbaldern mitsamt seinem Pferd in den Boden gesunken und steckengeblieben sei. An dieser Stelle (in späterer Darstellung die Behausung eines Einsiedels) fand man einen »Totenbaum« mit Gebein, Geld und frischen Äpfeln. So entstand hier eine Kapelle, in der durch viele Jahre hindurch »der allmächtige Gott unterschiedliche Wunder gewirket hat«. Weitere Funde weisen das Gelände im Umkreis der Kirche als alamannischen Friedhof aus. Um das zur Hohenbaldener Herrschaft gehörige Dorf als Wallfahrtsort auszuzeichnen, ließ

24 Zöbingen. Wallfahrtskirche St. Maria, Deckengemälde
von Anton Wintergerst mit Ansichten von Zöbingen
und Hohenbaldern

Graf Kraft Anton Wilhelm 1718 den Grundstein zum Neubau einer Kirche legen. Nach den Entwürfen der Gebrüder Gabrieli aus Graubünden wurde von 1718 bis 1738 der Zentralbau auf griechischem Kreuz erbaut. Die Kuppel der Rotunde bemalte 1783 der Wallersteiner Maler Anton Wintergerst. Das riesige Gemälde zeigt die Himmelfahrt Mariens und die Entdeckung des »Totenbaums« mit den Ansichten Zöbingens und Balderns. Populär ist die Darstellung des hl. Petrus, der über das himmlische Geschehen offensichtlich so erstaunt ist, daß er seinen Schlüssel auf den Betrachter herabfallen läßt.

Das Deckenfresko im Chor gilt der Vision des hl. Johannes: das Apokalyptische Weib und der Sturz des Drachens. Die Madonna auf dem 1788 von Thomas Schaidhauf (Neresheim) entworfenen klassizistischen Gnadenaltar stammt wohl aus dem Ende des 15. Jh. Die Sakristei verwahrt den legendären Totenbaum (alamannischer Baumsarg), zwei weitere befinden sich in den Museen von Nördlingen und Stuttgart. Baumsärge bestehen aus halbierten, trogartig ausgehöhlten Eichenstämmen, deren Durchmesser bei etwa 50 cm liegt. Der Sargdeckel trägt eine doppelköpfige Schlange, die den Toten symbolisch bewacht und Böses von ihm fernhält. Die Totenbäume sind über 1300 Jahre erhalten geblieben. Grund dafür ist die Lage der Gräber im feuchten Lettenton des Lias und ein hoher Grundwasserstand. Durch den Luftabschluß blieben selbst Äpfel im Grab vor dem Zerfall verschont.

Die *St. Mauritiuskirche* geht auf einen romanischen Wehrbau zurück, von dem noch das Untergeschoß des Turmes erhalten geblieben ist. 1,5 m dicke Mauern und der alte Einstieg in den Turm, der vom Chor der Kirche aus in einer Höhe von 5 m erfolgte, betonen die Wehrhaftigkeit der ehemaligen Kirchenburg. Unter Einbeziehung des Turmes wurde 1394 das Langhaus errichtet. Ein gotisches Fenster, Malereien im Sockelbereich des Chores und eine vermauerte Spitzbogenpforte an der Südseite sind Relikte dieser Zeit. Die innere Gestalt mit den jetzigen Altären erhielt die Kirche um 1760. Johann Michael Zink verherrlicht an der Decke das Leben des hl. Mauritius, der als römischer Offizier mit Schwert und Lanzenfahne auch im Zentrum des Hochaltares steht. Zu Beginn unseres Jahrhunderts erfolgte eine Erweiterung nach Westen hin, wobei auch das Türmchen errichtet wurde, das zur Empore führt.

Walxheim

220 Einwohner, Gemeinde Unterschneidheim. – Auf windoffener Hochfläche 527 m NN liegt Walxheim. Die Straße nach Stödtlen markiert in etwa die Wasserscheide zwischen Rhein und Donau. 500 m westlich der Ortsmitte entspringt die Jagst, die dem Neckar zufließt.

Der 1156 erstmals genannte Ort gehörte hauptsächlich der Propstei Mönchsroth. Nach der Reformation unterstand Walxheim den Oettinger Grafen, kam 1806 an Bayern und 1810 an Württemberg. Die dem *hl. Erhard geweihte ev. Kirche* geht auf gotische Zeit zurück und erhielt 1769 ihr heutiges Aussehen.

Unterschneidheim

1559 Einwohner. – Im 8./9. Jh. erscheint »Sniten« im Schenkungsverzeichnis des Klosters Fulda. Der Deutsche Orden konnte im Mittelalter den Großteil der Besitzungen erwerben. Unterschneidheim ist heute Mittelpunkt für 4400 Einwohner der Ortschaften Geislingen, Nordhausen, Unterwilflingen, Zipplingen und Zöbingen. In den Betrieben

25 Unterschneidheim. Ehem. Deutschordensschlößchen

des Gewerbegebietes finden über 600 Bewohner der näheren Umgebung Arbeit. Durch den Bau der Haupt- und Realschule, durch Sportanlagen und eine große Sporthalle wurden die Voraussetzungen für ein ländliches Bildungszentrum geschaffen.
Als Patronatsherr ließ der Deutsche Orden (Wappen am Chorbogen) die *Kirche St. Peter und Paul,* heute kath. Pfarrkirche, 1458 (Jahreszahl am Südportal) errichten. Durch die Renovierung 1954 erhielt sie Elemente ihrer ursprünglichen Schönheit zurück. Im polygonal geschlossenen Chor, der allerdings die Maßwerkfenster verlor, kommt das herrliche spätgotische Netzrippengewölbe, das sich an den Wänden überschneidet, baldachinartig zur Wirkung. Ein Spitzbogen öffnet den Chor zur Seitenkapelle, die ebenfalls ein spätgotisches Netzrippengewölbe besitzt. An der Westseite des Turmchors zeigt ein 1988 freigelegtes frühgotisches Fresko den auf dem Regenbogen sitzenden Christus als Weltenrichter in der Mandorla. Unter dem Kreuz des Hochaltars stehen die dramatisch bewegten Figuren der Apostel Petrus und Paulus. Allein die spätgotische Madonna auf dem linken Seitenaltar, »ein edles Werk schwäbischen Charakters«, lohnt den Besuch des Gotteshauses. Am rechten Seitenaltar beeindruckt die barocke Figur des Bauernheiligen St. Leonhard.
Unweit der Kirche steht an der Sechta ein Denkmal für den Unterschneidheimer Franz Bühler (1760–1823), der noch in vielen Kirchenliedern weiterlebt (z. B. »Es kam die gnadenvolle Nacht«). Bühler war Augsburger Domorganist und hinterließ ein umfangreiches Chor- und Orchesterwerk.
Das *Deutschordens-Schlößchen* aus der Spätrenaissance, von Wall und Graben geschützt, findet sich an der Sechta an der Stelle einer alten Turmhügelburg. Es dient heute als Rathaus. – Beachtenswerte Nepomukstatue von 1731.

Freizeit-Tips

Kutschfahrten: Hans Kurz, Zöbingen, Tel. 07966/380
Reiten: Reit- und Fahrverein, Tel. 07966/380; Pferdehof Zöbingen, Tel. 07966/2617
Schießsport: Schützenverein Walxheim, Tel. 07966/1255
Tennis: Freiplätze
Verkehrsamt/Gemeindeverwaltung: Mühlweg 5, 73485 Unterschneidheim, Tel. 07966/1810, Fax 07966/18130

Nordhausen

333 Einwohner, Gemeinde Unterschneidheim. – Mit dem Ortsadeligen Burkhard tritt Nordhausen 1153 erstmals in das Licht der Geschichte. Seit Beginn des 14. Jh. brachte der Deutsche Orden die Mehrzahl der Güter an sich und bestimmte ihr Schicksal. Auch die *St.-Veits-Kirche* verdankt dem Orden ihre Entstehung, wie Portal- und Chorwappen ausweisen. Der barocke Saal mit halbrund geschlossenem Chor von 1751 lehnt sich an den romanischen Wehrturm, der eine gestaffelte Bedachung erhielt. Der in neuerer Zeit eingefügte Altar zeigt zwischen barocken Figuren der hll. Ulrich und St. Borromäus ein Bild mit der Beweinung Christi. Einen schönen kunsthandwerklichen Besitz stellen die barocken Stuhlwangen dar. Das Pfarrhaus bildet mit dem Gotteshaus ein stattliches Ensemble. – Freizeitanlage beim Dorfweiher mit Grillhaus und Bademöglichkeit.

Geislingen

348 Einwohner, Gemeinde Unterschneidheim. – Auf dem Weg von Nordhausen nach Geislingen kommt man an einer guterhaltenen Burgstelle vorbei. Der sechs Meter hohe, von einem Graben umgebene Hügel trägt seit 1890 eine Ölbergkapelle. Hier hatte der 1153 genannte Ortsadel Geislingens wohl seinen Sitz. Das Dorf kam 1485 an den Deutschen Orden, 1509 durch Kauf an die Grafen von Oettingen, 1806 an Bayern und 1810 an Württemberg.
Die *St.-Nikolaus-Kirche* nahm als romanische Chorturmkirche ihren Anfang. 1768 unter Einbeziehung des alten Turmes erbaut, verlor sie durch die Erweiterung 1906 an Einheitlichkeit. Die Nikolausfiguren an den Langwänden und die Kreuzigungsgruppe im Hochaltar sind gelungene Werke der Barockzeit. Das Gemälde im flachgedeckten Kirchensaal verherrlicht den hl. Nikolaus, der durch Gebet und Segen einem Meeressturm Einhalt gebietet. Das Bild im Chor signierte Hermann Siebenrock 1908. Gott Vater zeigt seinen Sohn, der für die Menschen jeden Standes sein Blut vergossen hat.
Die Freizeitanlage Stocklen westlich von Geislingen ist Ausgangspunkt für Wanderungen in die reizvolle Umgebung (Wanderparkplatz mit Übersichtstafel).

Unterwilflingen

354 Einwohner, Gemeinde Unterschneidheim. – Ein bronzezeitlicher Hortfund und Reste eines römischen Gutshofes sind aus den Fluren bekannt. Das erstmals 1153 erwähnte »Wulvelingen« (seit 1330 unter-

schieden in Unter- und Oberwilflingen) war im Mittelalter mehrheitlich im Besitz der Grafen von Oettingen. Den Hauptakzent im Dorf setzt die *kath. St.-Andreas-Kirche* von 1977. Nach dem ursprünglichen Plan sollte lediglich das alte Kirchenschiff abgebrochen werden und der kunsthistorisch wertvolle romanische Turm aus dem 13. Jh. erhalten bleiben. Dieser stürzte jedoch nach Abbruch des Schiffes ein. Der neuerrichtete Turm lehnt sich in seiner Gestalt an die Formen des alten an. Die einräumige Zeltdachkirche mit ihren stimmungsvollen Glasfenstern hat ihr Blickzentrum im romanischen Kreuz aus dem früheren Gotteshaus. Beeindruckend sind spätgotische Figuren der hl. Katharina und eine Pietà, die man aus der Vorgängerkirche übernahm. – *Kinderspielplatz* am Riedbach.

Die 1756 auf alter Grundlage erbaute *Leonhardskapelle* in Oberwilflingen war jahrhundertelang Mittelpunkt eines Pferderittes. Das Deckengemälde von 1909 widmete der Ellwanger Maler Hermann Siebenrock dem hl. Leonhard, dem Patron der Gefangenen und des Bauernstandes.

Zipplingen

776 Einwohner, Gemeinde Unterschneidheim. – Zu den bedeutendsten Vertretern der adeligen Familie der Herren von Zipplingen, die 1153 urkundlich genannt wird, gehören ein Bischof von Eichstätt, ein Abt von Neresheim und mehrere Deutschordenskomture. Die Güter kamen seit dem Ende des 13. Jh. in den Besitz des Deutschen Ordens und der Grafen von Oettingen. Nach dem Mord an zehn schwedischen Soldaten wurde der Ort 1632 aus Rache niedergebrannt; die fliehenden Bauern hat man erschossen. Die Darstellung auf einer Fahne im Kirchenschiff berichtet von diesem dramatischen Geschehen.

Die stolze *Bergkirche St. Martin*, heute kath. Pfarrkirche, hat Zipplingen dem Deutschordenskomtur General Reuchlin-Meldegg zu verdanken, der sie 1761–1766 an der Stelle eines wohl ins frühe Mittelalter zurückreichenden Gotteshauses erbauen ließ. Durch den Westturm, der eine Vorhalle bildet, betritt man den beschwingten, sich dem Spätbarock zuneigenden Raum mit Doppelempore im Westen und Komturloge im Chor.

Ordensbaumeister Mathias Binder aus Burghausen strebte einen zentralen Kirchenraum an, den er durch ausgerundete Ecken und schräggestellte Seitenaltäre zu erreichen suchte. Die Pilaster führen hinauf zur flachen Decke, die der Mittenwalder Meister Georg Dieffenbrunner 1765 mit Szenen der Martinslegende illustrierte. Auch das farbenfrohe Gemälde des mit Deutschordenswappen bekrönten Hochaltars widmete Dieffenbrunner dem hl. Martin, wie er gerade mit einem Bett-

26 Zipplingen. Kath. Pfarrkirche St. Martin

ler den Mantel teilt. Die danebenstehenden Figuren der Deutschordensheiligen St. Georg und St. Elisabeth sowie des Moses auf dem Schalldeckel der Kanzel gelten als Werke des Deutschordensbildhauers Leonhard Meyer aus Ellingen. Eine spätgotische, in den Marienaltar eingebaute Pietà und zwei ebenfalls gotische Heiligenfiguren, die hll. Barbara und Katharina, am Josefsaltar fügen sich harmonisch in das Konzert des Barock. Die Kirche ist ein markantes Wahrzeichen in der Landschaft und ein hervorragendes Beispiel für den Barock des Deutschordens.

Das stattliche Pfarrhaus am Fuße des Kirchbergs mit doppelt abgewalmtem Dach und Deutschordenswappen soll der Franzose Michel d'Ixnard 1774 entworfen haben.

Wer die Landschaft aufmerksam betrachtet, erkennt die Folgen der Rieskatastrophe vor etwa 15 Millionen Jahren, die buchstäblich Berge versetzte. Der »heimische Berg« ist eine ortsfremde Jurascholle mit charakteristischer Steppenvegetation. An der Straße nach Geislingen bildet Suevit, Rieser »Mondgestein«, die Böschung.

102 *Kirchheim am Ries*

Dirgenheim

305 Einwohner, Gemeinde Kirchheim a. R. – Der 1299 erstmals erwähnte Ort hat sich aus einer alamannischen Hofstätte entwickelt, wie Reihengräber beweisen. Die Besitzungen des Spitals von Bopfingen und des Klosters Kirchheim fielen während der Reformation an das

27 *Dirgenheim. Sitzende Madonna (um 1420) in der ehem. Pfarrkirche St. Georg*

Haus Oettingen, das durch weitere Erwerbungen die Mehrheit der Güter an sich brachte. Die Einführung der Reformation scheiterte am Widerstand der Ortsherrschaft. 1806 kam Dirgenheim an Bayern und 1810 an Württemberg.

Die *ehem. Pfarrkirche St. Georg* verlor in der Neujahrsnacht 1834/35 bei einem heftigen Unwetter den oberen Teil ihres romanischen Chorturms. Ein paar Schritte entfernt entstand 1966/67 eine »Fertigbaukirche« aus dem Architekturbüro Reuter/Wernau. Die bunten Fenster haben Abendmahl, Kreuzigung und die Erscheinung des Auferstandenen zum Thema. Eine sitzende Madonna von zartem Gesichtsausdruck aus der Zeit des Weichen Stils (um 1420) übernahm man von der alten Kirche. – Am Südende des Dorfes eine Annakapelle von 1557, verändert 1696.

Benzenzimmern

210 Einwohner, Gemeinde Kirchheim a. R. – Auf der Flur entdeckte man 1989 einen Grabhügel aus dem 7. Jh. v. Chr., der aufgrund seiner Größe auf ein hallstattzeitliches Fürstengrab schließen läßt. Die erste Nennung des Ortes erfolgte 1197. Im Mittelalter herrschten komplizierte Besitzverhältnisse, bis das Dorf mit allen Rechten 1481 durch Kauf an das Kloster Kirchheim kam. 1552 führte das Haus Oettingen-Oettingen die Reformation ein und errichtete 1565 eine Pfarrei. 1802 fiel der Ort an Oettingen, 1806 an Bayern und schließlich 1810 an Württemberg.

Im wehrhaften Friedhof erhebt sich die 1197 erstmals genannte, dem *hl. Johannes geweihte Kirche*. Die Renovierung von 1957 förderte frühgotische Wandmalereien (1250/75) mit der Legende des hl. Johannes zutage, Tanz der Salome und Enthauptung des Täufers. Das Untergeschoß des Chorseitenturmes wölben gotische Kreuzrippen. Deckengemälde von 1727.

Am Dorfplatz erhebt sich ein interessanter *Brunnen*, der mit zwei aus Stein gemeißelten Pappeln das Gemeindewappen von Benzenzimmern darstellt. Der Brunnentrog ist barocken Ursprungs und kam vom Kloster Kirchheim hierher.

LAUCHHEIM

3000 Einwohner. – Funde aus allen Epochen seit der Steinzeit belegen eine kontinuierliche Besiedlung des Stadtgebietes an Jagst und Rohrbach. Als römische Station am Limesweg zwischen den Kastellen Buch und Oberdorf, spätestens jedoch als fränkische Siedlung im Virngrund am Rande des alamannischen Härtsfeldes erhält Lauchheim seinen Namen (Locha = Grenzmarke). Den strategisch wichtigen Punkt im oberen Jagsttal sicherten die Römer mit einem Kleinkastell (am Galgenberg), als Vorposten des Kastells Heidenheim. In der Frühzeit des Christentums war die einstige »Marienkirche« (Urkirche) Mittelpunkt eines ausgedehnten Pfarrsprengels mit Filialen in Westhausen, Waldhausen und Lippach.

Der Ort kam noch im 13. Jh. von den Herren von Gromberg an die Grafschaft Oettingen. Der Deutsche Orden, der 1363 das Patronatsrecht für die Lauchheimer Pfarrkirche samt Filialen und 1364 die Burg erwarb, baute Lauchheim zu einem Zentrum des »Ländchens« Kommende Kapfenburg aus. 1431 erhielt Lauchheim die Stadtrechte.

Nach der verheerenden Brandschatzung im 30jährigen Krieg gelingt mit Hilfe des Deutschen Ordens der Wiederaufbau. Im Zuge der Säkularisation des Deutschen Ordens wurde Lauchheim dem Königreich Württemberg zugeschlagen.

Begünstigt durch die Lage und durch Zuzug von Heimatvertriebenen verdreifachte sich die Bevölkerung nach dem Zweiten Weltkrieg von 1000 Einwohnern auf 3000. Seit 1975 bildet Lauchheim mit Röttingen (690 Einwohner) und Hülen (470 Einwohner) eine Gemeinde. Als Sitz einer Grund-, Haupt- und Realschule, eines Altenpflegeheims, eines Amtsnotariats sowie einer Sozialstation besitzt Lauchheim zentralörtliche Bedeutung für 15 000 Menschen.

Funde aus der Merowingerzeit

In der Flur »Wasserfurche« ergräbt das Landesdenkmalamt seit 1986 ein Gräberfeld aus der Merowingerzeit (5–8. Jh.), das etwa 1500 Bestattungen umfaßt. Nur selten blieb ein Gräberfeld dieser Größe nahezu vollständig erhalten. Spektakulär sind auch die Funde, die auf ein überregional bedeutsames und reiches Adelsgeschlecht hinweisen, das hier seinen Sitz hatte. Neben eigens angefertigten Gegenständen entdeckte man auch Pferdegräber – Beigaben, die auf den Adel beschränkt waren. Ab 600 erscheinen christliche Symbole (Kreuzdarstellungen, Alpha und Omega) neben heidnischen Amuletten, als wollten sich die Menschen nach zwei Seiten absichern. Zu Beginn des 8. Jahrhunderts verschwinden die Beigaben, das Christentum hat sich endgültig durchgesetzt. In der Folgezeit werden die Reihengräber aufgelassen und die Toten auf dem Friedhof bei der Kirche beigesetzt.

Unmittelbar unterhalb des Gräberfeldes fand man beim Bau der Umgehungsstraße 1989 auf der Flur Mittelhofen die dazugehörige Siedlung. Die Wohnstallhäuser aus Holz waren zu Hofarealen gruppiert und mit einem Zaun eingefaßt. Hinweise auf die Wirtschaftsform geben die Speicherbauten und Webhäuschen, die wegen der notwendigen Luftfeuchtigkeit in den Boden eingetieft waren. Man entdeckte hier auch Einzelgrabstellen mit Goldblattkreuzen und Goldbrokat sowie Holzbeigaben. Nach Aussage von Keramikfunden existierte die Siedlung bis ins 12. Jh. Die archäologische Auswertung und anthropologische Untersuchung verspricht viele neue Erkenntnisse über das Leben in der Merowingerzeit.

Mitten auf dem *Marktplatz,* der die belebte Straße rechteckig erweitert, erhebt sich ein Brunnen, der die Steinfigur des hl. Petrus trägt.

Die ältesten »Kunstzeugnisse« der Stadt birgt die *St.-Barbara-Kapelle.* Sie steht neben Farbhaus und Bleichbrunnen. Um 1400 errichtet, erfährt die Kapelle 1610/20 durch Festungsbaumeister Walberger eine Umgestaltung, wobei das große Portal dem Eingang vorgesetzt wird. Nach 1780 dient die Kirche als Lazarett und Magazin der Stadt. Turm und Chor werden wegen Einsturzgefahr abgebrochen. Während des Baues der St.-Peter-und-Pauls-Kirche wird sie als »Notkirche« benutzt. Anschließend, bis zur Wiederverwendung als ev. Gotteshaus 1951, ist sie »Spritzenhaus« der Stadtgemeinde.

Die Renovierungen 1951 und 1978 stellten die Wandmalereien von 1520 wieder her. An der Chorwand ziehen in erzählender Reihung Passionsgeschehen und Barbaralegende vorüber. Weitere Abbildungen beziehen sich auf die hll. Georg, Dorothea, Andreas und Jakobus, Petrus und Paulus sowie Judas und Thaddäus.

Die Empore mit den sieben Apostelbildern kam von der St.-Peter-und-Pauls-Kirche hierher.

Die *kath. Pfarrkirche St. Peter und Paul* tritt im Stadtbild charakteristisch hervor. Sie ist im wesentlichen ein Neubau, der 1869/70 nach Entwürfen des Stuttgarter Oberbaurates v. Morlok im Stile des Neoklassizismus entstand.

Der Westturm mit spätgotischen Fenstern im oktogonen Oberbau blieb von der Kirche des 15. Jh. erhalten. Ein niederer, ebenfalls achteckiger Turm mit Laternenaufsatz erhebt sich im Osten. Den dreischiffigen Bau gliedern Säulenpilaster; Risalite mit Dreiecksgiebel deuten die Kreuzesform des Grundrisses an.

Der Innenraum ist in vornehmem Weiß gehalten. Das Plafondgemälde, Christus über dem Volk schwebend, malte Prof. Offterdinger (1870)

28 Lauchheim. Oberer Torturm mit Wappentafel

aus Stuttgart ebenso wie die Kreuzwegstationen im Obergaden des Langhauses.

Den Platz des Hochaltars nimmt seit der Renovierung 1972/73 ein gotisches Kruzifix ein, das sich durch echte Haare auszeichnet. Daneben die Apostelfürsten Petrus und Paulus von 1870. Den Abschluß der gewölbten Seitenschiffe bilden zwei hervorragende Figuren aus der Zeit um 1520: Josef und Maria, die Himmelskönigin. Die Kirche ist ein gelungenes Werk des Historismus und erinnert durch die große Helle und Weite an italienische Barockkirchen.

Friedhofskapelle St. Christophorus   In den Friedhof führt ein großes steinernes Renaissanceportal mit der Jahreszahl 1619 und einem Relief: Christus am Kreuz mit Maria und Johannes. Die Kapelle, die Wolfgang Walberger 1584 baute, ist heute Aussegnungshalle. An der Südwand und im Chor erblickt man Deutschordenswappen in schöner Renaissancemanier.

Zwischen Friedhof und Stadttor befindet sich eine Rokokokapelle (um 1760) mit Christus im Kerker. Eine ähnliche Kapelle steht auch am westlichen Eingang der Stadt.

Oberer Torturm   1397 erhält Lauchheim das Befestigungsrecht durch die Deutschordenskommende auf der Kapfenburg. Trotz Verstärkungen durch den Nördlinger Wolfgang Walberger (1612–1621) konnte der Mauerring einer Belagerung keinen entscheidenden Widerstand entgegensetzen, wie die Brandschatzung der Stadt 1645 beweist. Während 1862 das untere Tor samt Bastei abgebrochen wurde, blieb das obere als Wahrzeichen Lauchheims erhalten. Der quadratische Unterbau geht im ersten Stockwerk in ein Achteck über, das eine Kuppelhaube bekrönt. Die sich anschließenden Reste der Stadtmauern sind in Hausbauten einbezogen. Unweit steht ein alter Eckturm. An der Außenseite des Oberen Tores: Wappen des Deutschen Ordens sowie mehreren Stadtwappen, darunter das von Lauchheim.

Wegen des zunehmenden Verkehrs wurde während des Dritten Reiches ein zweiter Torbogen eingebrochen und der alte vergrößert. Im Torturm, in dem sich einst das Gefängnis befand, ist heute das Stadtmuseum eingerichtet.

Heimatmuseum Hauptstraße 1 (Oberes Tor). Geöffnet: Nach Vereinbarung mit der Stadtverwaltung Rathaus, Hauptstraße 19, 73466 Lauchheim, Tel. 07363/850, Fax 8516.

Das Museum ist in den Geschossen des unter Denkmalschutz stehenden Oberen Tores (1621) untergebracht. Bestände: landwirtschaftliche Geräte; vor- und frühgeschichtliche Funde; Urkunden und Bilder zur Stadtgeschichte und der Deutschordenskommende Kapfenburg; Stoffdruckmodel der ehem. Färberzunft; Uniformen und Requisiten der Bürgerwehr; Keramik und Möbel.

29 Lauchheim. Barockes Hausportal nahe dem Oberen Torturm

30 Lauchheim. Goldblattkreuze, Fibel und Siegelring der Alamannenzeit

Kalvarienberg (nordöstlich der Stadt)   Hier standen drei Kreuze, bevor der Kapfenburger Komtur von Sparr 1681 einen gemauerten Bildstock aufführen ließ. »Bei großem Besuch des Ortes, welcher wegen der hier empfangenen göttlichen Wohltaten mit Votivtafeln geziert wurde«, kam um 1750 die Kapelle dazu.

110 *Lauchheim*

Stadt Lauchheim

4000 Einwohner mit den Stadtteilen Röttingen und Hülen

- **Tradition verpflichtet:**
  - historisches Stadtbild, Oberes Tor mit Heimatmuseum
  - Schloß Kapfenburg, Röttinger Kirche, Barbarakapelle
  - 600jährige Bürgerwehr mit Musikzug

  - **Fortschritt erhält:**
    - kleines Bildungszentrum
    - gute Infrastruktur
    - idealer Gewerbe- und Wohnstandort

    - **Ziel für Urlaub und Naherholung**
      - in herrlicher, stark bewaldeter Landschaft bei gesunder Höhenlage (490–650 m ü. M.)

    **Auskünfte: Stadtverwaltung
    73466 Lauchheim
    Tel. (0 73 63) 8 50**

    Mitglied im Fremdenverkehrsverbund Ries-Ostalb u. Touristikverband Ries.

Ausführung der Heizungs- und Sanitäranlage

WILHELM HASSLER

DIPL.-ING. (FH) **Heizungstechnik**

Sanitär – Lüftung – Flaschnerei

**Mittelhofer Weg 12
73466 Lauchheim
Telefon (0 73 63) 54 86**

Hülen

470 Einwohner, Stadt Lauchheim. – Hülen, das 1235 erstmals urkundlich erscheint, zählte immer zur Kapfenburg und teilte deren Schicksal. Hier ließen sich viele Handwerker und Tagelöhner nieder, die im Umkreis der Burg Arbeit und Lohn fanden. Die beiden einstigen Ortskerne, um mehrere »Hülben« angelegt, sind zum großen Straßendorf zusammengewachsen. Erst 1823 wurde Hülen zu einer selbständigen Gemeinde zusammengefaßt. Die kath. Kirche von 1901 hat man dem hl. Franziskus geweiht.
Von den Andachtsstätten im Ortsbereich verdient vor allem die Vierzehn-Nothelfer-Kapelle von 1658 Beachtung.

Mohrenstetten

1240 erscheint ein Volkard von Murestan, der seinen Ansitz auf einer sich heute noch abzeichnenden Burgstelle hatte. Seit 1686 ist Mohrenstetten Besitz der Kapfenburg.
Anton Weizmann baute die kleine achteckige Votivkapelle, Christus im Kerker darstellend, 1738 zum Dank für die Befreiung von der Haft, in die er wegen eines Jagdstreites geraten war.

Ruine Gromberg

Nordöstlich von Lauchheim lag auf einer steilen Felsenklippe die Burg der Herren von Gromberg, die im 13. Jh. Besitzer der Stadt waren. Ein tiefer Graben umläuft die Kernburg, von der Mauerreste an der südwestlichen Ecke erhalten geblieben sind.

Königsbühl

Auf einer nach Westen vorspringenden Bergzunge liegt eine rechteckige Anlage im Ausmaß von 59 × 12 m, die durch Wall und Graben gesichert ist. Es handelt sich hier um eine Fluchtburg aus der Zeit der Ungarneinfälle oder aber – nach Aussage des Namens – um eine herrschaftliche Burg an einer wichtigen Straßenverbindung.
In der Flur »Burstel« bei Hettelsberg zeichnet sich nur noch schwach eine keltische Viereckschanze mit einer Fläche von 0,625 ha ab.

Kapfenburg

Hoch über dem Jagsttal thront auf einem steil abfallenden Bergrücken des Härtsfeldes die imposant aufgetürmte Anlage der Kapfenburg. Die staufische Reichsburg am Eingang zum Ries erhielt ihr heutiges Gepräge im 16./18. Jh., als sie zu einem repräsentativen Deutschordensschloß umgebaut wurde.

Die 1240 erstmals erwähnte Burg kam zwischen 1319 und 1322 durch König Friedrich v. Österreich an Graf Ludwig VI. von Oettingen. Der Deutsche Orden kaufte die Kapfenburg mit den Orten Hülen und Westhausen 1364 von Graf Ludwig VIII. von Oettingen. Er erhob die Kapfenburg zum Verwaltungsmittelpunkt für die Ordensgüter auf dem Härtsfeld und im oberen Jagsttal. Die Kommende (seit 1379/84) zählte zu den einträglichsten der Ballei Franken.

Mit der Säkularisation des Ordens ging die Burg in den Besitz des Königreiches Württemberg über und war zunächst Residenz für Prinz Paul, danach Sitz der »Kameralverwaltung« des Oberamtes Ellwangen und des Forstamtes. Das Schloß dient heute Wirtschafts- und Wohnzwecken, steht aber in großen Teilen leer. Der Schwäbische Albverein richtete hier 1994 ein Wanderheim ein.

Von der Burg aus hat man einen herrlichen Ausblick (kapfen/gaffen = schauen): Ipf und dahinter im Osten der Rieskrater, die Höhenzüge des Härtsfeldes im Südosten und im Nordwesten Ellwangen und die Wallfahrtskirche auf dem Schönenberg. Im Außenbereich der Burg Freizeiteinrichtungen (Grillplatz, Rastanlagen, Tafel mit Rundwanderwegen).

Rundgang

Bastei Der Rundgang durch das Schloß beginnt vor dem östlichen Zugang bei der Statue des hl. Nepomuk, die auf dem Weg zur Domäne (heute Strafvollzugsanstalt) steht. Sie erinnert daran, daß hier einst der äußere Graben den Zugang zur Burg als erstes Hindernis versperrte. Wie ein unbezwingbarer Schild wirkt die Bastei aus wuchtigen Quadern mit gerundeten Zinnen. Unter dem Eindruck des Bauernkrieges entstand sie 1532 nach den zu der Zeit modernsten italienischen Festungsbaumethoden.

Schloßhof Den leicht ansteigenden Burghof rahmen Wirtschafts- und Wohngebäude aus der Zeit um 1720: Rechts das Brauhaus mit Schnapsbrennerei, der Marstall (Pferdestall), der kurz nach 1800 als Forstmeisterei umgebaut wurde, und die Lorenzkapelle; gegenüber Braukeller mit Bandhaus, Fruchtkasten und Meiereigebäude sowie – an das Hochschloß angelehnt – die Trysolei, das ehem. Finanzgebäude.

Lorenzkapelle 1716 erbaut diente sie als Begräbniskapelle der Deutschordenskomture. Im 19. Jh. als Lagerraum zweckentfremdet, blieben nur die schönen Stuckwerke an Decke und Fensterrahmen, die

31 *Lauchheim. Kapfenburg*

Baumeister Franz Roth aus Wien fertigte. Den geschwungenen Westgiebel zieren Sandsteinfiguren der Deutschordenspatrone Elisabeth, Georg und Maria. Seit der Renovierung 1969–1972 wird die ev. Kirche insbesondere für Trauungen und Tauffeiern benutzt.

Hochschloß Durch ein Torhaus, das pavillonartig 1743 vor den inneren Graben gesetzt wurde, führt der Weg steil hinauf zu den auf blanken Fels gestellten Hauptgebäuden, die sich auf den Grundmauern der stauferzeitlichen Burg erheben. Die drei nach Osten gerichteten Giebel setzen sich wirkungsvoll in Szene.
Grombergbau (Saletbau, Kaplaneibau, »Altes Schlößle«) An der Südostecke des schlichten, spitzgiebligen Baues wölben sich Reste eines mittelalterlichen Turmes (Vogelturm, Burgverlies). Die Jahreszahl 1545 am Renaissance-Erker bezieht sich auf den Umbau im 16. Jh.
Hohenlohebau Das 1538 von Graf Johann von Hohenlohe erstellte Gebäude mußte 1717 einem Neubau weichen, dem Baumeister Franz Keller durch den schwungvollen Giebel seine barocke Erscheinung gab. Im Erdgeschoß befindet sich heute eine Gastwirtschaft mit Fremdenzimmern. Darüber hatte einst der Ordenskomtur seine repräsentativen Wohnräume.
Westernachbau Komtur Johann Eustach von Westernach gab den Auftrag für das Gebäude, das der Lauchheim Baumeister Reißer (1591–1593) errichtete. Die reiche Gestaltung des Giebels, die beiden Rundtürme (Teile der ersten Befestigungsmauer) und die Maßwerkfenster der Burgkapelle sind markante Kennzeichen des Baues.
Über dem kräftigen Renaissance-Portal mit großen Bossen-Pilastern prangen in der Supraporte drei Deutschordenswappen. Hier führt der Weg hindurch zum obersten Burghof, den der zweiflügige Küchenbau (erneuert 1717) und der Westernachbau umstellen. Mehr als zwei Meter dicke Grundmauern und die exponierte Lage sind Hinweise darauf, daß sich über dem kreuzgewölbten Gang der Bergfried erhob, die letzte Zufluchtstätte der Burgbewohner.
An der Südostecke des Westernachbaus liegt die *Schloßkapelle,* deren starke Mauerung ins Mittelalter zurückreicht. Kräftige Fresken (von 1596) beleben Wände und Decke: Christus und die zwölf Apostel verkünden das Glaubensbekenntnis. Im gotisierenden Sterngewölbe mit wappenbesetzten Schlußsteinen sind Evangelisten und Propheten abgebildet. Die Scheinarchitektur (1596) kommt entsprechend zur Geltung, da eine zweite Empore abgebrochen worden ist.
Mehrere Grabdenkmale erinnern an Komture der Kapfenburg, darunter an Eustach von Westernach und Wilhelm von Bubenhofen († 1619); er kniet als Ritter vor einer Kreuzigungsgruppe mit Moses, David, Paulus und Johannes d. T.
Der 200 m² große *Rittersaal,* den man durch ein Renaissanceportal betritt, hat die Form eines unregelmäßigen Vierecks. Runde Säulenschäfte, die in ihrer gedrückten Art an den mittelalterlichen Burgsaal erinnern, stützen das Kreuzrippengewölbe. Inmitten des von Gerhard Schmidt 1591 lebhaft stuckierten Raumes erscheinen an der Decke von

weiblichen Genien gehaltene Deutschordenswappen, umgeben von Medaillons mit allegorischen Darstellungen der Lebenselemente (Feuer, Wasser, Luft, Erde) und der damals bekannten Erdteile in fast vollplastischer Darstellung.
Bilder von Tieren, Jagdszenen und Ritterfresken am Turmeingang bereichern neben den großen Porträts ehem. Hochmeister den Raum.
Der Bereich zwischen Kapelle und Rittersaal beherbergt ein kleines Museum. Hier werden Dokumente zur Geschichte des Deutschen Ordens und der Amtsstadt Lauchheim gezeigt.
»Ein Wendelturm führt in das erste und zweite Stockwerk, wo sich die ehem. ›Fürstensäle‹ befinden. Die Mosaikböden und schönen Stuckdecken bezeugen den hohen Lebensstandard des beginnenden 18. Jh., in dem das Schloß nach der Plünderung des 30jährigen Krieges eine nochmalige Blütezeit erleben durfte« (Kowarsch).
Die ehemaligen Fürstenzimmer bilden den Rahmen für jährlich wechselnde, staatliche Ausstellungen.

Freizeit-Tips

Öffentliche Katholische Bücherei, Tel. 0 73 63/51 34
Fahrradverleih: Gertrud Bieg, Hauptstraße 53, Tel. 0 73 63/54 30
Heimatmuseum: im Oberen Tor, Tel. 0 73 63/41 26
Kegeln: Landgasthof »Alte Post«, Hülen, Tel. 0 73 63/51 39
Schießsport: Schießanlage des Schützenvereins 1922 (für alle Schußwaffen zugelassen), Tel. 0 73 63/62 92 oder 42 70
Schloß Kapfenburg: mit Zweigmuseum, Besichtigung von Schloß und Schloßmuseum, Tel. 0 73 63/56 08
Ski-Langlauf: Loipen auf dem Härtsfeld
Ski-Lift: Kapfenburg-Lift mit Flutlichtanlage, Ski-Kurse für Anfänger und Fortgeschrittene, Skiclub Kapfenburg, Tel. 0 73 63/61 70
Solarium: Liane Allocca, Bahnhofstraße 4, Tel. 0 73 63/53 47
Tennis: 6 Sandplätze und 1 Hartplatz
Wandern mit Führungen: Schwäbischer Albverein, Tel. 0 73 63/63 52
Verkehrsamt/Stadtverwaltung: Hauptstraße 28, 73466 Lauchheim, Tel. 0 73 63/8 50, Fax 0 73 63/85 16

Wanderung Lauchheim

Wanderweg: ca. 14 km
Markierung: Kapfenburg – Schöner Stein ◦, Schöner Stein – Röttingen
—⊸, Röttingen – Kapfenburg ▶
Lauchheim – Kapfenburg (ehem. Deutschordensschloß) – Röttingen
(St.-Gangolfs-Kirche, ehem. Burganlage, Wendelinskapelle) – Ruine
Gromberg – Lauchheim

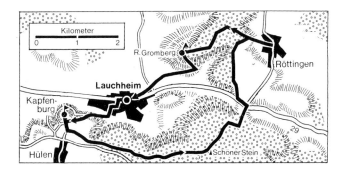

Ausflug Lauchheim (ca. 32 km)

Lauchheim – Röttingen – Baldern – Kerkingen – Dirgenheim – Kirchheim a. R. – Ipf – Bopfingen – Aufhausen – Lauchheim

Röttingen

650 Einwohner, Stadt Lauchheim. – Der Name des jenseits der europäischen Wasserscheide liegenden Ortes deutet auf eine alamannische Niederlassung, der wohl eine ältere Besiedlung vorausging.

Um 1120 erstmals erwähnt, war Röttingen im Besitz mehrerer Herrschaften, deren Wasserburgen sich noch nachweisen lassen. Eine davon ist noch sehr gut als Bodendenkmal erhalten. Es handelt sich um das sog. »Ipfle« mit Vor- und Hauptburg, wohl eine jener Turmhügelburgen des 9./10. Jh.

Die Geschichte des Ortes prägten maßgeblich die Schenken von Schenkenstein, die als oettingische Lehensleute hier das Zentrum ihrer Herrschaft aufbauten und die Kirche als Grablege des Geschlechtes wählten. Hans IV. Schenk, der letzte dieses Stammes, vermachte 1548 seine ganzen Ländereien der Gemeinde und ihren Bürgern. Eine Waldgenossenschaft hütet noch heute dieses Erbe und gedenkt ihres Stifters. Nach dem Aussterben der Schenken kam Röttingen in den Besitz von Brandenburg-Ansbach und Oettingen. 1676 erwarb die Grafschaft Oettingen-Baldern den ganzen Ort, der 1806 an Bayern und 1810 an Württemberg überging.

In der kath. *Pfarrkirche St. Gangolf* begegnet uns eine besondere Kostbarkeit. Unter Verwendung romanischer Bauteile entstand in der Zeit von 1480 bis 1519 die Kirche, die »im Umkreis alle übertraf«. Die Schenken, die sich hier eine würdige Grabstätte schaffen wollten, beauftragten Meister aus den Bauhütten in Nördlingen und Dinkelsbühl. Als Bauführer gilt Mathis Rosenthaler d. J. von Nördlingen, dessen Bildnis wir am östlichen Gewölbedienst des Chores finden. Eine Fülle von Zierformen und plastischen Steinmetzarbeiten an Getier, Standfiguren und Baldachinen über den Wappenschildern belebt die Chorpartie, die zu den »poesievollsten Schöpfungen kirchlicher Gotik unseres Landes« zählt (F. Gebhardt). Der Turm, in dem Reste der ehem. Wehranlage stecken, hat sein großes Vorbild im Nördlinger »Daniel«. Eine Galerie, mit Kreisen, Fischblasen und Vierpässen geziert, leitet zum oktogonalen Oberbau, den eine barocke Zwiebelhaube bekrönt. Der einschiffige *Innenraum,* der in den drei Seiten des Achteckes schließt, erhielt durch Graf Josef Anton von Oettingen-Baldern 1769 (Alliance-Wappen am Chorbogen) sein heutiges Gesicht.

Das spätgotische Netzrippengewölbe zu zwei Jochen verschwand unter einer Holzverkleidung.

Ein Kruzifix (um 1430) und eine Holzstatue des hl. Ulrich (um 1500) zählen zu den ältesten Ausstattungsstücken. An einem Gebetsstuhl überraschen zwei interessante Büsten (nach 1500): ein Frommer mit Rosenkranz und ein nachdenklich-skeptischer Mann.

Die beiden Figuren (St. Johannes und St. Stephanus) neben dem frühklassizistischen Hochaltar mit der St.-Gangolfs-Statue kamen 1913 hierher. Die herausragenden Werke (um 1665) verraten die Meisterhand Martin Zürns aus Überlingen.

Höhepunkt des Röttinger Rokokoraumes sind die Fresken, die Anton Wintergerst aus Wallerstein dem Leben des hl. Gangolf widmet.

Das *Deckengemälde*, umgeben von Medaillons mit den zwölf Aposteln zeigt, wie Gangolf seine Gattin durch ein Gottesurteil der Untreue überführt. Über der Szene thront die Allwissenheit Gottes. Der Zyklus setzt sich im Chor fort: Nach dem gewaltsamen Tod, den seine Frau ihm zugefügt hat, verherrlicht St. Gangolf die heiligste Dreifaltigkeit. Darunter versammeln sich am Gangolfsbrunnen Bittsteller und Hilfesuchende (Deckengemälde). Der hl. Gangolf, der auch bei der Ritterschaft in hohen Ehren stand, wird von der Landbevölkerung als Brunnen- und Pferdepatron verehrt.

Die *Seitenaltäre* sind Werke des Rokoko. Auf dem südlichen Altar steht der Bauernheilige St. Wendelin, flankiert von den hll. Antonius und Judas Thaddäus, gegenüber ein neugeschaffenes Marienbild zwischen St. Dominicus und St. Katharina von Siena.

Die Nischen beleben St. Sebastian und eine Pietà von Anfang des 17. Jh. Die Empore im Westen, die auf acht Pfeilern mit fünf Kreuzgewölben ruht, trägt schöne Totenschilder, Erinnerungen an die Herren von Schenkenstein, die großen Wohltäter der Kirche.

Ein Kreuzweg führt hinauf zur *St.-Wendelins-Kapelle* (um 1720), die sich westlich Röttingens in einer Heidelandschaft erhebt. Der Sage nach steht sie an der Stelle eines heidnischen Tempels und war einst vielbesuchter Wallfahrtsort.

Die *St.-Gangolf-Kapelle* von 1728 bezeichnet die Quelle eines »Gangolfbrunnens«, zu dem früher ebenfalls Wallfahrten stattfanden. Man versprach sich dort Heilung insbesondere von Hautkrankheiten.

Baldern, Kerkingen → Bopfingen
Dirgenheim → Kirchheim a. R.
Kirchheim a. R. s. S. 85 ff.
Ipf, Bopfingen, Aufhausen → Bopfingen

MÖNCHSDEGGINGEN

832 Einwohner. – In Mönchsdeggingen mit seinen fünf Ortsteilen Merzingen, Rohrbach, Schaffhausen, Untermagerbein und Ziswingen leben zusammen etwa 1700 Einwohner. Dank der reizvollen landschaftlichen Lage – teils am Riesrand, teils in den Ausläufern der Schwäbischen Alb gelegen – hat sich Mönchsdeggingen zu einer bekannten Fremdenverkehrsgemeinde entwickelt und die entsprechenden Sport- und Freizeiteinrichtungen geschaffen. Gastzimmer in Privathäusern (»Ferien auf dem Bauernhof«) und Gasthöfen sowie zahlreiche Ferienwohnungen stehen zur Verfügung.

In der Nachbarschaft römischer Gutshöfe ließen sich im 6./7. Jh. alamannische Siedler nieder (zwei Gräberfelder). Älteste Nachricht erreicht uns aus der Zeit König Heinrichs II. des Heiligen. Er vermachte 1007 den Ort »Tecgingun«, im Riesgau gelegen, dem Bistum Bamberg als Gründungsausstattung, und vor 1016 auch das Kloster. Die Mehrheit der Güter und die Landeshoheit besaßen im Mittelalter die Grafen von Oettingen.

32 *Blick auf Mönchsdeggingen*

Die prot. Linie setzte im Dorf die Reformation durch, das Kloster aber, das unter der Schirmvogtei der kath. gebliebenen Grafen stand, konnte mit seinen Untertanen den alten Glauben behalten. Nach den Zerstörungen im 30jährigen Krieg führte eine 1648 zugewanderte jüdische Kultusgemeinde das Dorf zu einer neuen Blüte.

Das Kloster

Den vorspringenden Jurahügel oberhalb der alten Alamannensiedlung beherrscht die ehem. *Benediktinerabtei St. Martin,* das älteste Kloster im Ries. Die Überlieferung im Kloster (wie sie die Inschrift auf der Innenseite des Chorbogens zusammenfaßt) beruft sich auf Otto den Großen als Stifter und nennt das Jahr 959. Kaiser Heinrich II. schenkte vor 1016 das Kloster dem von ihm gegründeten Bamberger Bistum. Zwischen 1139 und 1142 erfolgte eine Umwandlung in ein Männerkloster, dessen erster Abt der tüchtige, in Hirsau geschulte Mönch Marquard war. Lehensträger der Vogtei über Mönchsdeggingen waren im 13. Jh. die Edelfreien von Hürnheim-Hochhaus und ab 1347 die Grafen von Oettingen. Unter dem Schutz der kath. Grafen Martin von Oettingen-Wallerstein konnte die Abtei die Reformation unbeschadet überstehen. Schweres Unheil brachte der 30jährige Krieg.
Die Mönche flohen mit ihrer Habe auf die Burg Wallerstein, die 1648 in Brand geschossen wurde. Dabei gingen die ältesten Urkunden und die wertvollsten Bücher der Abtei fast restlos zugrunde. Der Reichsdeputationshauptschluß sprach 1803 das Kloster dem Fürstentum Oettingen-Wallerstein zu als Ersatz für den Verlust seiner linksrheinischen Besitzungen. Der letzte Abt Willibald Zinsmeister verließ 1807 das Kloster und versah bis zu seinem Tode die Pfarrei in Bollstadt.
Vom umfangreichen Klosterkomplex haben sich noch große Teile erhalten: der Kreuzgang (1716) an der Südwand der Kirche, das obere Hoftor und der »Studentenbau«. Der Südflügel mit der Bibliothek fiel im 19. Jh. der Spitzhacke zum Opfer. Am 16. 1. 1950 erwarb die Mariannhiller Missionskongregation das Kloster samt Kirche, Studentenbau, Torhaus und den umliegenden Obstgärten. Der Ostflügel beherbergt heute ein Gäste- und Erholungsheim.
Die *ehem. Benediktiner-Klosterkirche St. Martin, die »Wies« im Ries,* reicht im Kern ins romanische Mittelalter zurück. Abt Volkmar legte 1161 den Grundstein zur Klosteranlage nach dem Hirsauer Bauschema: im Norden ein basilikales dreischiffiges Münster mit Turm über dem Westwerk und drei Apsiden im Osten. Die 12 Pfeiler schmückten Fresken, von denen einige 1960 freigelegt und wieder zugedeckt wurden. Sie zeigen Pflanzenornamente und den Reichsapfel mit Monogramm H K (Heinrich und Kunigunde).

33 Mönchsdeggingen. Pfarrkirche St. Martin, ehem. Benediktinerkirche

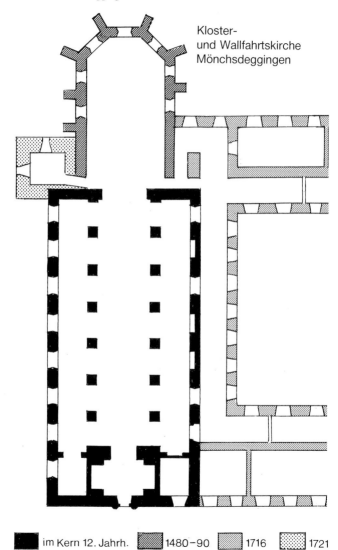

Kloster- und Wallfahrtskirche Mönchsdeggingen

■ im Kern 12. Jahrh.   ▨ 1480–90   ▢ 1716   ▦ 1721

Ende des 15. Jh. ließ Abt Georg Flos den heutigen spätgotischen, lichtdurchfluteten Chor errichten. Dieser Teil überstand als einziger den Brand von 1513, der Kirche und Kloster vernichtete. Mit Hilfe erbettelter Gaben ging Abt Alexander Hummel an den Wiederaufbau, der 1517 vollendet wurde. 1693–1702 erfolgte die Barockisierung. 1721–1733 entstand der fünfstöckige, 60 m hoch aufragende Turm und die von Johann Balthasar Zimmermann gestaltete Westfassade. Der kunstverständige Abt Michael Dobler (1743–1771) beauftragte den Dillinger Bildhauer Johann Michael Fischer mit der Neugestaltung der Abteikirche (1751/52). Fischer hatte bereits 1745 im Klosterhof den herrlichen Brunnen mit der Figur des hl. Michael als Drachentöter geschaffen.

Wenn man im Westen die dämmrige Vorhalle (Untergeschosse der früheren Türme) mit dem Leidensweg Christi durchschritten hat, ist man gebannt von der Pracht des blühenden Rokoko. Die Ausstattung, zu verschiedenen Zeiten des 18. Jh. entstanden, verbindet sich mit dem romanisch-gotischen Raum zu einer feierlichen Harmonie. Pilaster gliedern die Wände, die in halber Höhe mit Kartuschen und zierlichem Rahmenwerk besetzt sind.

Die *Deckenbilder* stammen von Vitus Felix Rigl, er bemalte die Gewölbe 1751. Im Chor verherrlicht er den Patron der Kirche. Engel, die Insignien des Heiligen haltend, geleiten den hl. Martin hinauf zum Dreifaltigen Gott. Links vorne hat sich wohl der Künstler selbst verewigt; als Bettler verfolgt er das bewegte Geschehen. Die Deckengemälde im Langhaus berichten aus dem Leben und Wirken des Ordensgründers Benedikt. Im zentralen Gemälde verehrt er, in die Glorie des Himmels aufgenommen, das Gotteslamm. Unter dem triumphbogenartigen Baldachin präsentieren die beiden Kaiser, Otto der Große und Heinrich der Heilige, das Modell von Kirche und Kloster. Rechts kniet der Bauherr Abt Michael Dobler, links strebt der hl. Bischof Otto auf die Gründer zu, eine Reminiszenz an die bambergische Oberhoheit über das Kloster. Über der Orgelempore: Benediktinermönche taufen Indianer, andere Missionare werden umgebracht. Im Osten: Abt Augustin missioniert Britannien. Die Bevölkerung reißt heidnische Figuren herab, Tempel stürzen ein, in Drachengestalt verlassen die bösen Geister das Land. Unter der Empore: Jesus treibt die Händler aus dem Tempel. Die Fresken in den tieferliegenden Seitenschiffen runden den Bildzyklus aus dem Leben des hl. Benedikt ab. Josephus Wannenmacher signiert 1773 auf dem ersten Fresko über dem Marienaltar im linken Seitenschiff. Nach dem Einsturz des Gewölbes erneuerte Johann Fröschle aus Augsburg 1867 die Fresken im »Nazarener Stil«, mit Ausnahme des östlichsten Freskos. Die Szenenreihe beginnt im linken Seitenschiff vorn: 1. Mönch Romanus versorgt Benedikt in einer Felshöhle mit Brot und Wasser; 2. Benedikt siegt über die Versuchung des Fleisches, indem er sich nackt in Dornen wälzt; 3. ein Lieblingsschüler Benedikts, Maurus, wandelt auf Geheiß übers Wasser und rettet seinen Mitbruder Plazidus; 4. Benedikt befiehlt einem Raben, vergiftetes Brot, das ihn töten sollte, in eine unbewohnte Gegend zu tragen; 5. Benedikt heilt einen aussätzigen Knaben; 6. Benedikt betet während der Hungersnot. Daraufhin findet der Pförtner Mehl und Brot vor dem Kloster; 7. Benedikt erkennt die Arglist des Gotenkönigs Totila und sagt ihm sein nahes Ende voraus.

Die Fresken im südlichen Seitenschiff (von hinten): 1. Benedikt befreit einen Geistlichen von sieben Teufeln; 2. Benedikt erweckt einen Buben zum Leben; 3. in großer Dürre entspringt auf das Gebet Benedikts hin eine Quelle; 4. der Heilige befreit durch Blick einen Bauern von seinen Fesseln; 5. Benedikt im Gespräch mit seiner Schwester Scholastika; 6. Benedikt sieht die Seele seiner Schwester in Gestalt einer Taube entfliehen. Der Leichnam wird zum Kloster gebracht; 7. Benedikt empfängt die letzte Wegzehrung.

Vorbei an den vor die Arkadenpfeiler gesetzten Seitenaltären gelangt man zum *Hochaltar,* einem kunstvoll gestalteten Rokoko-Säulenaltar von Dominikus Bergmüller. Vitus Felix Rigl, der Maler des Bildes, stellt die Kirche Christi mit ihren Hauptvertretern und den Schutzheiligen der Abtei in das Zentrum seiner Aussage. Im unteren Teil des Bildes triumphiert »Mutter Kirche« über den aus dem Höllenschlund hervorsteigenden siebenköpfigen Drachen. Die beiden Stifter, Kaiser Heinrich und Kaiserin Kunigunde, von Johann Michael Fischer, begegnen uns auf den Konsolen neben den Säulen. Wie am Chorbogen, so verweist auch am Auszug des Hochaltars ein Wappen auf den Bauherrn Abt Michael Dobler. Der kleine Choraltar ist nochmals dem hl. Martin gewidmet. Die aus C-Bögen aufgebauten Pfeileraltäre im Langhaus schufen Joh. Michael Fischer und Dominikus Bergmüller.

Die Bilder der Mittelschiffaltäre zeigen paarweise: von Ost nach West: 1. Johannes tauft Jesus im Jordan (von Joh. Mich. Zink, Neresheim); Tod des hl. Josef (von Joh. Bapt. Enderle, Donauwörth); 2. Tod Benedikts. Seine Seele entflieht in Gestalt eines verklärten Leibes. Als Gegenstück: Tod der hl. Scholastika; ihre Seele entschwindet als weiße Taube. Beide Bilder sind Werke Joh. Mich. Zinks. 3. die zwölf Apostel mit Jesus beim Letzten Abendmahl; die 14 Nothelfer mit Symbolen. Beide Bilder wohl von Felix Rigl; 4. Martyrium des hl. Sebastian, des Patrons des Rieses; die hl. Agatha, die vor heidnischen Richtern verstümmelt wird (beide Bilder von V. F. Rigl); 5. der hl. Antonius von Padua, der große Wundertäter, erscheint dem Jesuskind; Anna-Altar: St. Joachim, Anna und Maria. Das Jesuskind schwebt hernieder und kündet seine Menschwerdung an (beide Bilder von V. F. Rigl). Die

34 *Mönchsdeggingen. Figur des hl. Michael von Johann Michael Fischer (um 1760) in der Pfarrkirche St. Martin*

Altäre symbolisieren den Pilgerweg des Christen, der sich am Beispiel der Heiligen orientiert, um in den Himmel zu kommen, dessen Abbild im Chor aufleuchtet.

Das Ostende des nördlichen Seitenschiffes schmückt der Marienaltar. Das gotische Gnadenbild in der Mitte, zu Füßen zwei Schutzsuchende, darüber Gott Vater mit dem jubelnden Engelschor. Die kunstvolle Intarsienarbeit fertigte der Utzmemminger Schreinermeister Franz Henle 1726–1730. Das reich mit Gold und Perlen besetzte Gewand der Gottesmutter wurde 1756 geraubt (vgl. Votivtafel). Die Mariannhiller Missionare haben die ehem. Wallfahrt wieder belebt. Viele Gläubige des Rieses und seiner Umgebung strömen heute an den Fatima-Tagen (13. der Monate Mai bis Oktober) zu Unserer Lieben Frau von Deggingen. Im gegenüberliegenden Seitenschiff steht der barocke Wendelinsaltar des Anton Rissi, datiert 1694. Seitlich die Holzfiguren der Diözesanpatrone Ulrich und Afra. Besondere Beachtung verdienen die Werke Joh. Mich. Fischers: die Figuren an den Altären, die beiden etwa drei Meter hohen Stukkaturen (hll. Benedikt und Scholastika) im Chor, die ausdrucksstarke Kreuzigungsgruppe von 1747 in der Taufkapelle sowie der Satansbezwinger St. Michael.

Ein Anziehungspunkt für Musikfreunde und Forscher ist die sehr seltene, liegende Orgel im Chor, erbaut von dem Lausitzer Paul Prescher 1693.

Das Dorf

Über das Dorf am steilen Südrand des Rieskraters erhebt sich im mauerumgebenden Geviert die *ev. Pfarrkirche St. Georg*. Der Chorturm aus dem 12. Jh. wurde 1568 um das vorkragende Glockengeschoß mit dem spitzen Turmhelm erhöht.

Nach dem Verfall des Kirchenschiffes erbaute 1780 Johann Balthasar Zimmermann das flachgedeckte saalartige Langhaus.

Mehrere Renovierungen ließen Altäre und Kanzel verschwinden. Nur die Kreuzigungsgruppe auf dem Hochaltar aus dem Jahre 1662 ist bis heute erhalten.

An die israelitische Gemeinde (1684–1879) erinnert das *Judenbad (Alemannenstraße)* von 1841, das einzige im Ries äußerlich unverändert erhalten gebliebene Zeugnis dieser Art. Die hochliegenden, paarig angeordneten Fenster des eingeschossigen Häuschens umgeben maurische Stilelemente. Das Wasser wurde aus dem sog. »Badersbrunnen« in hölzernen Rinnen in das Bassin geführt und von dort in den Dorfbach abgeleitet.

Diese Bäder (Mikwe) waren nicht nur »besondere Anstalten für die Juden in den mittelalterlichen Städten, da ihnen die Benützung öffent-

35   *Mönchsdeggingen. Ehem. jüdisches Badhaus*

licher Bäder versagt war«, sondern sie dienten auch der kultischen Reinheit. Für die jüdischen Männer ist die Verpflichtung der »Mikwe« schon früh weggefallen, die Frauen jedoch mußten vor der Hochzeit, nach der Geburt eines Kindes und überdies monatlich im Ritualbad untertauchen. Heute verwahrt der Raum heimatgeschichtliche Gegenstände.

Mönchsdeggingen

der nette Ferienort am südlichen Riesrand!

- Barocke Wallfahrtskirche (die Wies im Ries)
- über 100 km Wanderwege
- Wassertretanlage
- „Haus des Gastes" mit Fernsehraum und Bibliothek
- preisgünstige Zimmer und Ferienwohnungen

Freizeitzentrum mit Schwimmbad, Liegewiese, Sauna, Solarien, Minigolfplatz, Bierstüberl und Biergarten tägl. geöffnet 10–22 Uhr

Auskünfte: Gemeindeverwaltung, 86751 Mönchsdeggingen, Tel. 0 90 88 / 2 10
Verkehrsverein Tel. 0 90 88 / 4 34, Telefax 0 90 88 / 4 27

Gasthaus Martinsklause

Familie Wolfgang Bayer
86751 Mönchsdeggingen
Klosterstraße 6
Tel. 0 90 88 / 2 28 · Fax 13 00

Wir bieten gutbürgerlich feine Küche mit Spezialitäten

Übernachtungen in Klosterzellen des Ostflügels für 23 Personen

Merzingen – Rohrbach – Schaffhausen – Untermagerbein 129

Merzingen

81 Einwohner, Gemeinde Mönchsdeggingen. – Merzingen, das kirchlich zum Kloster Mönchsdeggingen gehörte, erscheint erstmals im Fuldaer Schenkungsverzeichnis des 8. Jh. Den Grundbesitz teilen sich im Mittelalter die Grafen von Oettingen und das Kloster Deggingen. Trotz neuer Bausubstanz haben sich im Dorf die Dreiseithöfe erhalten: Wohnstallhaus, rechtwinklig angeführte Scheune, Austragshaus bzw. Maschinenschuppen. – *Kinderspielplatz* am Ortsrand.

Rohrbach

143 Einwohner, Gemeinde Mönchsdeggingen. – Auch Rohrbach wird im Fuldaer Schenkungsverzeichnis erstmals erwähnt. Im 14. Jh. befanden sich die meisten Güter im Besitz der Oettinger Grafen.
Mit Rohrbach verbunden ist der Weiler Thurneck. Hier hatten die Herren von »Turnekke« (1251) auf einem Bergvorsprung ihre Burg, die Ende des 13. Jh. an die Späte von Vaimingen und 1396 an die Grafschaft Oettingen kam. Als die Feste nach 1523 nicht mehr bewohnt war, verfiel sie allmählich. In der Nähe der alten Anlage errichteten die Grafen ein Jagdschloß. Nach einer Erweiterung wurde es 1730 bis auf wenige Reste abgetragen.
Die waldreiche Umgebung des Ortes ist ein herrliches Wandergebiet (4 km zum Kurort Bissingen).

Schaffhausen

152 Einwohner, Gemeinde Mönchsdeggingen. – »Schafhusen«, erstmals 1277 urkundlich bezeugt, war zunächst im Besitz der Herren von Thurneck und ab 1396 der Grafen von Oettingen. 1328 geht das Patronatsrecht an das Kloster Zimmern über. Im ummauerten Friedhof erhebt sich die prot. Pfarrkirche St. Lorenz, Turm 13. Jh., Langhaus und achteckige Obergeschosse des Turmes 18. Jh. Bemerkenswert ist die große zweimanualige Orgel des Kirchleins.

Untermagerbein

229 Einwohner, Gemeinde Mönchsdeggingen. – Am Ortsrand fanden sich Spuren eines römischen Gutshofes. Das benediktinische Reformkloster St. Georgen im Schwarzwald besaß nach einer päpstlichen Besitzbestätigung 1139 Güter in »Magerbein«. Im Laufe des Mittelalters erwarben die Grafen von Oettingen alle Höfe bis auf zwei, die zum Besitz des Kloster Heilig Kreuz in Donauwörth gehörten. Graf Ludwig

der Jüngere führte 1558 als Patronatsherr über die Kirche die Reformation ein.

Der Turmunterbau der *prot. Pfarrkirche St. Nikolaus* stammt aus dem frühen 14. Jh., das Langhaus aus der Zeit um 1400. Die Jahreszahl inmitten eines Degginger Wappens bezieht sich auf die Erhöhung des Turmes 1587. Der gotische Chor umfaßt den Altar mit einem Kruzifix zwischen zwei Holzfiguren aus der 2. Hälfte des 15. Jh.: hl. Barbara und Madonna mit Kind, die als »Maria der Verlassenheit« bei den Katholiken der Umgebung Verehrung findet. – Am Dorfausgang nach Bissingen steht der alte Meierhof. Inmitten einer stuckverzierten Decke der großen Stube im oberen Stock ist die Darstellung des letzten Abendmahles zu sehen – ein »Kleinod alter Bauernkultur« (G. A. Zipperer).

Beim Umbau wurde 1993 ein Silberschatz mit 650 Münzen gefunden, den ein Vorbesitzer zwischen 1510 und 1615 vergraben hat.

Ziswingen

260 Einwohner, Gemeinde Mönchsdeggingen. – Zahlreiche vor- und frühgeschichtliche Funde kennzeichnen die Gunst der Fluren. Urkundlich erscheint »Cisewingen« erstmals 1147. Da sich die Klöster Deggingen und Kirchheim und die Grafschaft Rechte und Güter teilten, brachte die Reformation die konfessionelle Trennung des Dorfes. Hier stand im Mittelalter eine dem hl. Thomas geweihte Kapelle, die als Simultankirche diente. Nach ihrem Verfall baute man aus den Steinen der Ruine die Brücke über den Bautenbach kurz vor der Einmündung in die Eger. – Am Ortsrand: *Kinderspielplatz* mit Grillplatz.

Weithin sichtbar als »Wunde in der Landschaft« zeigt sich der Steinbruch. Die durch den Meteoriteneinschlag ineinander verkeilten Malmschollen sind so zertrümmert, daß man sie ohne Sprengung abbauen konnte.

Am Fuße des Kreuzbergs findet man typische Juralandschaft.

Freizeit-Tips

Bücherei: Haus des Gastes
Fahrradverleih: Karl Korhammer, Raiffeisenstraße 2, Tel. 0 90 88/7 44
Haus des Gastes: Albstraße 30, Tel. 0 90 88/4 34
Kneippanlage: Richtung Merzingen
Leseraum: Haus des Gastes
Minigolf: Freizeitzentrum Almarin 2000
Sauna: Freizeitzentrum Almarin 2000, Tel. 0 90 88/4 44
Schießsport: Schützenverein, Tel. 0 90 88/4 51

Schwimmen: Hallenbad im Freizeitzentrum Almarin 2000, Tel. 0 90 88/4 44
Ski-Langlauf: Kesseltalloipe
Solarium: Freizeitzentrum Almarin 2000, Tel. 0 90 88/4 44
Tennis: Freiplatz
Verkehrsamt/Verkehrsverein: Albstraße 30, 86751 Mönchsdeggingen, Tel. 0 90 88/4 34, Fax 0 90 88/4 27

Wanderung Mönchsdeggingen

Wanderstrecke: ca. 10 km
Markierung: rotes Dreieck (bis Ursprung) – Wanderweg 3 (ab Prälatenweiher)
Der Verkehrsverein Mönchsdeggingen hat etwa 160 km in einer reizvollen Wald- und Hügellandschaft markiert, die auf einer übersichtlichen Wanderkarte ausgewiesen sind (Verkehrsamt). Zwei durchgehende Wanderwege von Ost nach West (roter Pilz und Theodor-Weidner-Weg/rotes Dreieck auf weißem Grund) sind mit einer Reihe von Querwegen miteinander verbunden.
Parkplatz am Freizeitzentrum Almarin – Hungerbrunnen (soll nur sprudeln vor Hungersnöten und Katastrophen) – Ursprungsweiher (Quelle des Bautenbaches – Grotte am »Ursprung« von Wilhelmine Friederike v. Oettingen-Wallerstein, geb. Prinzessin von Württemberg, 1805 errichtet – Najade von Bildhauer Haff) – Prälatenweiher jahrhundertealte Eichen – Wildenten, Bläßhühner und Zwergtaucher – in der Waldlichtung unter einer uralten Eiche Gedenkstein – der Weiher, bis 1803 im Besitz des Klosters Deggingen, lieferte den Mönchen Fische für die Fastenzeit) – Plossenberg (575 m NN) – Judenfriedhof – Mönchsdeggingen. – Wandern mit Führung: Tel. 09088/434

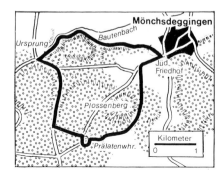

Ausflug von Mönchsdeggingen nach Christgarten und ins Kesseltal (ca. 35 km)

Mönchsdeggingen – Hohenaltheim – Niederaltheim – Hürnheim – Ruinen Niederhaus und Hochhaus – Christgarten – Forheim – (Kloster Neresheim) – Aufhausen – Amerdingen – Bollstadt – Mönchsdeggingen

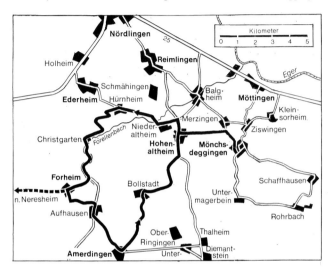

Hohenaltheim

452 Einwohner. – Schon sehr früh spielt »Altheim« in der deutschen Geschichte eine Rolle. In der karolingischen Kirche Johannes des Täufers fand 916 eine Reichssynode statt. Die deutschen Bischöfe, die das schwache Königtum Konrads I. gegenüber den Stammesfürsten stärken wollten, verurteilten hier die nach Selbständigkeit strebenden alamannischen Grafen Erchanger und Berthold zu lebenslanger Klosterhaft. Beide wurden auf Befehl König Konrads I. 917 enthauptet. Andere Beschlüsse, insgesamt 38, betrafen geistliche Angelegenheiten. Der Tagungsort außerhalb eines Bischofssitzes läßt vermuten, daß Hohenaltheim königlicher Besitz war. Die Patronatsrechte an der Kirche lagen ursprünglich beim Kloster Ellwangen und seit 1328 beim Augsburger Domkapitel.

36 *Hohenaltheim. Schloß*

Um 1540 wurde durch Graf Karl Wolfgang von Oettingen die Reformation eingeführt. Schwer zu leiden hatte das Dorf während des 30jährigen Kriegs, allein 1633 wurde es dreimal geplündert.

Von der karolingischen Kirche, in der sich die deutschen Bischöfe versammelten, ist nichts mehr erhalten. An ihrer Stelle erhebt sich der einschiffige Raum der *prot. Pfarrkirche St. Johannes* (um 1360), der 1755 nach Westen erweitert wurde. Der 1617/18 abgebrochene Turm entstand neu unter Verwendung der alten gotischen Grundmauern. Nur ein 20 Zentner schwerer Taufstein (11. Jh.) und das Kapitell einer Säule mit byzantinischem Rankenwerk (Ende 12. Jh.) haben sich aus früheren Bauten erhalten. Unter Einbeziehung des ehem. Fronhofes (heute Straußenhof) war die Kirche einstmals stark befestigt. Eine Mauer mit Wehrgang und fünf Mauertürmen führte um die Anlage (Reste auf der Ostseite).

Vor dem Osttor beschattete einst eine über 250 Jahre alte Thinglinde den Kreis zwölf stark verwitterter Steine, Reste ehem. Ratssitze. Nachdem der alte morsche Baum zugrunde gegangen war, steht dort inzwischen eine neugepflanzte Linde.

Schloß   Seit dem 13. Jh. ist ein Adelsgeschlecht bezeugt, das sich nach dem Ort nannte. Das kleine Wasserschloß erwarb 1508 Graf Wolfgang I. von Oettingen. 1711 errichtete Fürst Albrecht Ernst II. einen Neubau, der 1725/26 und 1741 Nebengebäude erhielt. Baumeister Johann Christian Lüttich fertigte vermutlich die Pläne. Das Hauptgebäude, gleich dem alten abgebrochenen Bau einst mit einem Wassergraben umgeben, bildet zusammen mit den beiden Kavaliershäuschen und dem Verwaltungsgebäude einen stimmungsvollen Ehrenhof. Gegen Norden breitet sich der Schloßpark aus, dessen Achse den Mittelrisalit des Hauptbaus mit dem Gartenhaus verbindet. Alle Wohngebäude haben die damals üblichen Walmdächer mit Zwerchgiebel. Der Park ist im vorderen Bereich im französischen Stil gestaltet, d. h. ornamental geordnet mit geschnittenen Hecken und Bäumen. Den Hintergrund bilden hohe Bäume, die das Schloß umrahmen. 1777 war hier der junge Mozart zu Gast und bot seine Dienste als Hofmusikus an. Das Schloß vermittelt noch unverfälscht die Idylle des höfischen Lebens im 18. Jh. und ist eine »Zierde des Rieses«. Es befindet sich heute im Besitz des Fürsten von Oettingen-Wallerstein und ist für die Öffentlichkeit nicht zugänglich.

Niederaltheim

220 Einwohner, Gemeinde Hohenaltheim. – Niederaltheim ist wohl ein Filialort von »Altheim«, der in alten Urkunden als »minor Altheim« oder »Minderaltheim« genannt wird. Dorf- und Gemeindeherrschaft hatten die Grafen von Oettingen inne. Das Ortsgefüge des Rieser Bauerndorfes hat sich im wesentlichen erhalten: eingeschossige Bauernhäuser mit einheitlicher Traufen- und Ortganggestaltung und dazu rechtwinklig die angebauten Scheunen. Nur ehem. Amtshaus und Gasthaus stechen durch Größe und Dachform hervor.

Hürnheim

317 Einwohner, Gemeinde Ederheim. – Die Edlen von Hürnheim, die neben den Oettinger Grafen zu den angesehensten Adelsfamilien des Rieses zählten, sind erstmals 1153 nachgewiesen. Im 13. Jh. teilten sie sich in drei Linien und nannten sich nach ihren Burgen: Hürnheim-Niederhaus-Hochaltingen, Hürnheim-Hochhaus, Hürnheim-Rauhaus-Katzenstein. Das Dorf kam an die Linie Hochhaus und nach deren Aus-

sterben 1377 an die Grafen von Oettingen. Graf Ludwig setzte 1555 den kath. Pfarrer ab und verfügte die Reformation. Die Schlacht von 1634 brachte großes Elend. »Der Albuch und das Tal von Hirnheim waren besät von Leichen«, berichtet ein Chronist.

Der Bau der *prot. Pfarrkirche St. Veit* von 1756 gründet auf den Mauern des 15. Jh., der oktogonale Turm kam 1782 hinzu. Um den Spitzbogen des Chores gruppieren sich die zwölf Apostel mit ihrem Meister Jesus Christus (Originale im Nördlinger Museum). Schäden, die durch Tiefflieger verursacht worden waren, führten zur Abtragung der Decke 1978. Der Münchner Künstler Hubert Distler bemalte sie neu: Erschaffung der Welt und der Menschen – Erlösung durch die Auferstehung Christi – Das neue Jerusalem. Die Trilogie fügt sich trotz der modernen Gestaltung gut in den Raum des 18. Jh. ein. Ein Bild erinnert an Pfarrer Georg Kaspar Mang, der 1634 nach dem Gottesdienst in der Kirche von Landsknechten ermordet wurde. – Sehenswertes Fachwerkhaus (Gasthaus Sonne) aus der 1. Hälfte des 18. Jh.

Ruine Niederhaus

Die Burg, heute ein steinerner Zeuge vergangener Ritterherrlichkeit, gilt als die Stammburg der Hürnheimer. Noch vor 1270 verlegte die Niederhauser Linie ihren Sitz nach Hochaltingen. Der letzte aus diesem Geschlecht, Hans Johann von Hürnheim-Niederhaus-Hochaltingen, starb 1585. Karl von Welden, der die Erbtochter geheiratet hatte, verkaufte 1597 Niederhaus mit Zubehör an den Grafen Gottfried von Oettingen. Während des 30jährigen Krieges kam es zu Brandschatzung. Seit 1709 im Besitz des Deutschen Ordens (Komturei Ellingen), kam die Burg 1806 an das Königreich Bayern. Bis dahin als Amtsgebäude genutzt, verfiel Niederhaus zur Ruine. Die Höhenburg, einstmals Herrschaftssitz, Wohnung und Befestigung zugleich, liegt auf einem Bergrücken, der im Süden durch den schroffen Abfall zum Tal des Forellenbachs einen natürlichen Schutz bot. Im Westen verhindert ein gewaltiger Doppelgraben die Annäherung. Am besten erhalten hat sich der 23 m hohe quadratische Bergfried, der zusammen mit der Zugbrücke den Eingang zu sichern hatte und als letzte Zufluchtsstätte diente. Der Turm ist im Untergeschoß ohne Zugang und aus massiven Buckelsteinquadern aufgeführt. An seine Südwestecke stößt der dreigeschossige Palas (20 x 28 m), von dem nur noch die Außenmauern stehen. Gegen Süden öffnen sich schmale Schießscharten im unteren Geschoß, darüber weite, meist segmentbogige Fenster. Vom Palas gedeckt führte der innere Burgweg auf einem schmalen Felsvorsprung nach Westen zu einem nicht mehr erhaltenen Tor oder Turm. Zur Talseite hin steht der runde Wasserturm, der wohl eine Gangverbindung

37 *Ruine Niederhaus*

zur Talsohle hatte. Durch ihn drangen 1633 Soldaten ein und plünderten die Burg. Von den übrigen Gebäuden finden sich nur noch spärliche Reste. An der nördlichen Mauer des Burghofes ist eine Tafel aus Granit eingelassen: mit Helm und Schild der Hürnheimer erinnert sie an den treuen Gefolgsmann Friedrich von Hürnheim-Hochaltingen, der mit dem letzten Staufer Konradin 1268 auf dem Marktplatz zu Neapel enthauptet wurde.

Ruine Hochhaus

Von bewaldeter Höhe grüßt die malerische Palaswand der Ruine Hochhaus. 1236 erstmals urkundlich erwähnt, verkaufte 1347 Konrad von »Hohenhuse« Burg und Vogtei über Deggingen an die Grafen von Oettingen, die hier den Sitz eines gräflichen Amtes einrichteten. Reste der im frühen 13. Jahrhundert entstandenen Burg stecken in den Ruinen des Palas. Im 16. Jh. wird Hochhaus ausgebaut und erweitert; runde Geschütztürme an den Ecken und Kasematten treten hinzu. Ein Ölgemälde zeigt die stattliche Anlage mit fünfstöckigem Hauptbau, Türmen, einer Kapelle und mehreren Nebengebäuden. 1749 brannten der Herrschaftsbau, Turm und Schloßkapelle nieder. Ähnlich Niederhaus ließ man nach 1807 auch Hochhaus verfallen.
Der nach zwei Seiten steil abfallende Höhenzug und ein tiefer, teilweise ausgemauerter Halsgraben schützten die Anlage. Vom Karlshof her-

kommend zieht sich die Burgauffahrt hinauf zum Berg. Über den Halsgraben gelangt man durch die Torgasse (Holzfüllungen in den Schießscharten) und durch das innere Burgtor in den Vorhof der Kernburg. Links erhebt sich der ehem. Palas mit Spuren von Gewölben im Untergeschoß. Vom nördlich sich anschließenden Gebäude sind nur noch die Grundmauern übriggeblieben. Durch den Torbogen erreicht man den inneren Burghof. An der Südostecke stehen noch Reste des Geschützturmes und des schlanken Eckturmes des ehem. Herrschaftsbaues, der 1749 in Flammen aufging. Trotz des starken Verfalls läßt sich ein noch recht anschauliches Bild der einst weitläufigen, stolzen Burg gewinnen. Einige 100 m östlich der Ruine finden sich Spuren eines Ringwalles mit teilweise noch erhaltenem Graben und Außenwall, wohl das Areal für eine geplante Burgsiedlung. Fünf Jahre war Ludwig Wekherlin, einer der geistreichsten Satiriker des 18. Jh., auf der Burg in ött.-wall. Schutzhaft, weil ihm die Stadt Nördlingen seine »beißende Kritik an Verhältnissen und Personen« übelnahm und ihn ihrerseits gefangen genommen hätte.

Christgarten

27 Einwohner, Gemeinde Ederheim. – Weit über das Ries hinaus bekannt ist das Kartäusertal. Wie nur selten konzentrieren sich hier auf engem Raum Stätten aus der Vor- und Frühgeschichte und dem Mittelalter. Die Zeugnisse reichen von den steinzeitlichen Funden bis zur hochmittelalterlichen Burg. Die weltabgeschiedene Talenge erhielt ihren Namen von dem 1383 bei einer Peterskapelle gestifteten Kartäuserkloster, das sich »hortus Christi« nannte. An dieser Gründung waren neben den Grafen Ludwig XI. und Friedrich III. von Oettingen auch Nördlinger Bürger beteiligt: Fritz Töter und Hans von Hall. Schenkungen und viele eigene Erwerbungen vermehrten den Besitz. 1402 wurde das ehemalige Chorherrenstift, die später reichsunmittelbare Kartause Maria Saal zu Buxheim, die bis zur Säkularisation 1803 bestehen sollte, den Mönchen zu Christgarten übergeben. Christgarten war keine so lange Blütezeit gegönnt. Nach der Plünderung im Schmalkaldischen Krieg wurde es 1557 säkularisiert. Das Restitutionsedikt von 1629 allerdings gab das Kloster dem Orden zurück. 1632 vertrieben schwedische Soldaten die Mönche. Der Westfälische Friede schließlich besiegelte das Schicksal des Klosters, das 1648 endgültig in die Hände der Grafen von Oettingen-Oettingen überging.

Prot. Kirche St. Peter Im Laufe der Zeit sind die Klostergebäude verfallen. Von der ursprünglichen zweiteiligen Anlage der Kirche von 1390 stehen nur noch der Mönchschor und der nun als Orgelempore dienende Lettner, welcher Chor und Laienschiff trennte. Der kahle

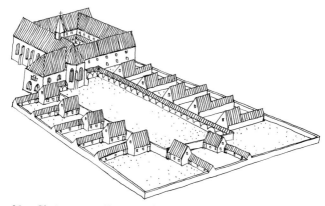

38 *Christgarten. Kartause (Versuch einer Rekonstruktion)*

Mönchschor zu drei Jochen mit Kreuzrippengewölbe schließt in den drei Seiten des Achteckes. Der Hochaltar und das Chorbogenkruzifix sind Kopien. Die Originale aus der Zeit um 1500 befinden sich auf der Harburg. Das Chorgestühl entstand um 1400. Die Vertiefungen in den Betstühlen hat das lange Knien der Kartäuser verursacht. Die auffallend niedere Brüstung erklärt sich aus dem Anheben des Bodens um etwa 30 cm. Es fällt heute schwer, aus den wenigen Resten die Kartause zu rekonstruieren. Von den kargen Zellen aus, die um den Chor angeordnet waren, hatten die »schweigenden Mönche« einen direkten Zugang zur Kirche. In der Ruine südlich der Kirche befand sich vermutlich eine Kapelle, in deren Obergeschoß einer der Gemeinschaftsräume untergebracht war. Das Haus der Klosterbrüder stieß an das Laienschiff. Um 1084 gründete der hl. Bruno bei Grenoble diesen strengen Büßerorden. Jedes Mitglied lebt allein in einem Häuschen, ist zum Schweigen verpflichtet und unterwirft sich härtesten Entbehrungen. Mehrmals unterbricht der Kartäuser den Schlaf zum Gebet. Er verzichtet auf Fleisch und tierisches Eiweiß. Einmal pro Woche wird gefastet bei Wasser und Brot, ebenso in der Advents- und in der Fastenzeit. Lediglich ein Teil des Stundengebets, die Sonntagsmahlzeit und ein beschränkter Spaziergang werden gemeinsam durchgeführt. Die Kartäuser tragen die weiße Kutte der Aussätzigen, die ihnen auch als Sterbekleid dient: mit über das Gesicht gezogener Kapuze werden sie ohne Sarg ins Grab gesenkt. Nur ein namenloses Kreuz ruft die Mitbrüder zum Gebet.

Wildgehege Zwischen Christgarten, Forheim, Schweindorf und Ederheim großräumiges Gehege; hauptsächlich Wildschweine.
Hagburg Spuren eines Ringwalls und einer frühmittelalterlichen Wallburg im Wald nordöstlich von Christgarten.
Weiherberg Reste eines Ringwalls und einer frühmittelalterlichen Burganlage (Ungarnfliehburg) südlich von Christgarten.

Forheim

366 Einwohner. – Die frühmittelalterliche Siedlung Forheim läßt sich um 1140 mit dem Adeligen Hartnid urkundlich belegen. 1367 besitzt das Kloster Zimmern die Mehrzahl der Güter. Im Zuge der Säkularisierung des Klosters erfolgt im Jahre 1540 die Reformation. Das Schiff der *prot. Pfarrkirche St. Margaretha* entstand 1909 neu auf den gotischen Grundmauern. Bildhauer Ernst Steinacker schuf 1968 das Bronzerelief auf dem Altar mit Jesus und den zwölf Aposteln. Wehrhaft wirkt der aus unverputzten Suevit- und Kalksteinquadern gefügte Turm, der 1876/81 zum Teil wieder neu aufgebaut wurde. Die vor der Kirche stehende Linde wurde 1930 zur Erinnerung an das 400. Jubiläum des Augsburger Bekenntnisses gepflanzt. Zusammen mit dem Gotteshaus bildet das durch private Hand renovierte Fachwerkpfarrhaus ein reizendes Ensemble.
Forheim liegt 587 m NN hoch und ist damit die höchstgelegene Gemeinde im Landkreis Donau-Ries.

Kloster Neresheim

Von Forheim aus lohnt sich der Weg (10 km) zur Abteikirche Neresheim. Balthasar Neumann schuf hier einen Höhepunkt europäischer Barockarchitektur. Den lichtdurchströmten scheinbar schwerelosen Raum überwölben sieben Kuppeln mit Fresken des Tiroler Malers Martin Knoller (1770–1775): Austreibung der Händler aus dem Tempel – Der zwölfjährige Jesus lehrt im Tempel (über der Kanzel) – Anbetung der Dreifaltigkeit durch die großen Heiligen der Kirche (in der 32 m hohen Hauptkuppel) – Darstellung Jesu im Tempel (südliches Querschiff) – Taufe im Jordan (nördliches Querschiff) – Auferstehung Jesu – Letztes Abendmahl. Thomas Schaidhauf zurückhaltende klassizistische Ausstattung betont die Wirkung von Architektur und Malerei.
Geschichte der Abtei 1095 wandelt Graf Hartmann seine Burg in ein Chorherrenstift um; 1106 Benediktiner übernehmen das Kloster; 1747–1792 Bau der Abteikirche; 1802 Säkularisation; 1919 Besiedlung des Klosters durch aus Prag vertriebene Benediktiner; 1966–1975 Restaurierung.

Aufhausen

272 Einwohner, Gemeinde Forheim. – Zur Zeit der ersten Erwähnung 1177 ist das Kloster St. Ulrich und Afra in Augsburg Besitzer der Kirche von »Ufhusin«. Der Ort, der im 16. Jh. zum Kartäuserkloster Christgarten gehörte, geht an die Grafen von Oettingen über und schließlich 1711 an das Stiftskapitel Ellwangen. Die *prot. Pfarrkirche St. Martin* ist ein klassizistischer Bau von 1816–1822.

Amerdingen

560 Einwohner. – Das Dorf, 1270 erstmals urkundlich erwähnt, lag im Grenzgebiet zwischen der Grafschaft Oettingen und dem Fürstentum Pfalz-Neuburg. Im 14. Jh. finden wir den Ort im Besitz der Familie von Scheppach. Die Witwe des letzten Scheppachers († 1546) heiratete den pfalzneuburgischen Rat Hans Schenk von Stauffenberg. 1796 fand in der Nähe ein Treffen zwischen Franzosen und Österreichern statt. General Moreau unterlag den Truppen unter Erzherzog Karl.
Das *Schloß*, in unmittelbarer Nähe der Pfarrkirche, ließ Johann Franz Schenk von Stauffenberg 1784–1788 durch den Bamberger Baumeister Lorenz Fink nach Plänen von Ignaz Michael von Neumann errichten. Das Hauptgebäude bildet mit zwei eingeschossigen Flügelbauten den Ehrenhof. Der dreigeschossige klassizistische Bau hat elf Fensterachsen an der Front, von denen drei zu einem schwach angedeuteten Risa-

39 *Amerdingen. Schloß der Grafen von Stauffenberg*

lit mit Frontispiz zusammengezogen sind. Im Giebelfeld und am eisernen Balkon begegnet uns das Allianzwappen Stauffenberg und Zobel von Giebelstadt, des Erbauers und seiner Gemahlin. Die Ausstattung der Räume ist klassizistisch gehalten. Den Gartensaal dekorieren Fresken mit Landschaften und Stauffenbergschen Schlössern und Gütern. Stucklisenen gliedern die Wände des großen Saales im Obergeschoß; Landschaftsbilder und Figuren alternieren in den Feldern. Die Stuckarbeiten besorgte der Würzburger Meister Materno Bossi. – Auf der Südseite liegt der Wirtschaftshof und im Westen der Landschaftsgarten mit Baumgruppen, Blumenbeeten und Rasenflächen. Ein achtsäuliger Rundtempel von 1795 bildet mit seiner zierlichen Silhouette den fernen Abschluß.

An den bereits stehenden Turmunterbau von 1660 der *kath. Pfarrkirche St. Vitus* wird um 1755 das Kirchenschiff mit kreuzförmigem Grundriß von Westen her angebaut. Die Deckengemälde zeigen die Aufopferung im Tempel und im Hauptbild die in Wolken thronende Gottesmutter mit Jesuskind, um die sich Apostel und Heilige scharen. Die Altäre sind Kopien der vorherigen aus dem 18. Jh., die um 1900 ein Brand zerstörte. Das Altarbild stellt das Martyrium des hl. Vitus dar. Beachtung verdienen die Holzfigur der hl. Anna selbdritt (Ende 15. Jh.) und der Grabstein des Veit von Scheppach († 1527). Der Verstorbene präsentiert sich in Ritterrüstung in einer Muschelnische, barhäuptig mit Schwert und Armbrust.

Am Südostausgang des Dorfes steht die *kath. Kapelle St. Anna* von 1695/96. Die Inschrift über dem Westeingang nennt den Bauherrn Gottfried Schenk von Stauffenberg und seine Gemahlin Maria Jakobe, geb. Gräfin von Castell. Unter der Kirche befindet sich die Stauffenbergsche Gruft. – Etwas nordöstlich der Kapelle kann man Damwild in einem Gehege beobachten.

In der Nähe der Kapelle tritt Suevit zu Tage, der allerdings schon stark verwittert ist.

Freizeit-Tips
Bücherei: Haus des Gastes
Leseraum: Haus des Gastes
Sauna: Hotel »Kesseltaler Hof«, Tel. 0 90 08/6 16 und 6 17
Schießsport: Schießclub Graf von Stauffenberg, Tel. 0 90 08/13 10
Ski-Langlauf: Loipenbeginn beim Eglinger Keller
Solarium: Hotel »Kesseltaler Hof«, Tel. 0 90 08/6 16 und 6 17
Tennis: Freiplatz bei der Turnhalle
Wildgehege: 2 Wildgehege für Damwild
Verkehrsamt: Gemeindeverwaltung: Hauptstraße 12, 86735 Amerdingen, Tel. 0 90 08/2 37, Fax 0 90 08/12 75

Bollstadt

352 Einwohner, Gemeinde Amerdingen. – Im Fuldaer Schenkungsverzeichnis tritt »Bollestat« im 8./9. Jh. in das Licht der Geschichte. Im 13. und 14. Jh. ist der Ort Sitz eines Adelsgeschlechtes derer von Bollstadt, dem der große Scholastiker Albertus Magnus (geb. 1193 in Lauingen) entstammt sein soll. Um die Mitte des 15. Jh. kaufte das Kloster Mönchsdeggingen das gesamte Dorf, das 1802 im Zuge der Säkularisation an Oettingen und 1806 an Bayern fiel.

Kath. Pfarrkirche St. Ulrich   Zum Turm aus dem 14. Jh. tritt um 1500 der heutige Chor und das Langhaus. 1726 waren größere Reparaturen notwendig. Der Hochaltar von Paulus Fischer (1772/73) birgt eine gotische Figur der Madonna mit Kind, die ursprünglich im Kartäuserkloster in Christgarten stand. An ihren Attributen erkennt man die Heiligen auf den Seitenaltären: St. Ulrich (um 1480) mit Buch und Fisch und in Anlehnung daran Albertus Magnus mit Buch und Federkiel (1966). Zu Ehren des hl. Albertus, dem als einzigem Gelehrten die Nachwelt den Beinamen der »Große« gab, errichtete Karl Kuhr 1956 auf dem Dorfplatz einen Brunnen mit Standbild. Die Umschrift an der Säule verkündet: »Albertus Magnus, maior in Philosophia, maximus in Theologia« (Albert der Große, größer in der Philosophie, am größten in der Theologie).

Im Jahre seiner Heiligsprechung 1932 wurde am Anwesen Dorfstraße 19 (Südostausgang) eine Gedenktafel angebracht, die an die Stammburg der Herren von Bollstadt erinnert, die einmal hier gestanden haben soll.

Der *Fernmeldeturm auf der Rauhen Wanne*, einem der höchsten Punkte des Rieses (615 m NN) wächst mit seinen hochliegenden Betriebsgeschossen in eine Höhe von 91 m (mit technischen Aufbauten über 124 m). 1969 von der Bundespost errichtet, ist die »Richtfunkstelle Unterringingen« eine Station im Telefonnetz. Ein von Engeln gehaltenes Kreuz (am Eingangstor zur Turmanlage) ruft das Unglück von 1939 ins Gedächtnis, als an dem damals hier stehenden Landvermessungsturm im Nebel ein dreimotoriges Junkersflugzeug zerschellte und fünf Besatzungsmitglieder den Tod fanden.

40   *Bollstadt. Steinfigur des hl. Albertus Magnus am Dorfbrunnen*

NÖRDLINGEN

21 300 Einwohner. – »Bei unvermeidlicher reichsstädtischer Steifheit, doch seelengut, geräuschlos, mit wenigem zufrieden, stille, arbeitsam und zur Ordnung und Tugend beinahe durch Naturanlage gestimmt«, so charakterisiert der schwäbische Dichter Christian Daniel Schubart die Nördlinger. Seit dieser Feststellung sind mehr als 200 Jahre vergangen, doch auch noch heute gelten die Nördlinger als zufrieden, still und arbeitsam, sie sind mit der Vergangenheit verbunden und für die Zukunft aufgeschlossen. Von gut einem Jahrtausend Geschichte geprägt, bezeugen Kirchen und Rathaus, Handwerker- und Bürgerhäuser Tradition und Geschichtsbewußtsein der Stadt, die eine rundum begehbare Mauer mit 11 Türmen und fünf trutzigen Toren umgibt. Dabei ist Nördlingen kein Museum, sondern ein Ort, in dem Geschichte lebendig bleibt. Nach einem amerikanischen Reiseführer handelt es sich um »eine der mittelalterlichen Städte, der man am wenigsten widerstehen kann«. Wer die Anlage einer mittelalterlichen Stadt studieren will, findet in Nördlingen das beste Beispiel.

Geschichte

Während der 1972 begonnenen und 1978 abgeschlossenen Gemeindegebietsreform schlossen sich der Stadt Nördlingen zehn Nachbargemeinden an:
Nördlingen (15 029 Einw.), Baldingen (1405), Holheim (456), Nähermemmingen (566), Kleinerdlingen (458), Herkheim (302), Schmähingen (362), Löpsingen (1102), Pfäfflingen (461), Dürrenzimmern (411), Grosselfingen (478).
Die Einwohnerzahl hat sich dadurch auf 21 300 erhöht, das Stadtgebiet auf 68 km^2 erweitert. Nördlingen ist heute der bedeutendste Industriestandort Nordschwabens mit den Branchen: Elektronik, Metall, Kunststoff, Druck, Kartonagen, Holz, Chemie und Schuhherstellung. Als Mittelzentrum erfüllt die Große Kreisstadt mit ihrem Arbeitsplatzangebot, den verschiedenen Schulen, den Behörden, dem Stiftungskrankenhaus sowie vielseitigen Einkaufsmöglichkeiten und Dienstleistungsangeboten eine wichtige Funktion als »Metropole« im Ries.
Die Römer erkannten die günstige Lage inmitten einer fruchtbaren Landschaft. An einer Fernstraße ihres Imperiums legten sie eine Zivilsiedlung (vicus) an und zur militärischen Sicherung wohl das Kastell Septemiacum. Die Römerstraße, ein Ausläufer der Via Claudia, verläuft schnurgerade von Möttingen her auf die Stadt zu. Wie zahlreiche andere Rieser Orte erscheint »Nordilingin« in einem Liegenschaftsver-

Nördlingen im Ries
an der Romantischen Straße

In Nördlingen beginnt auch die „Schwäbische Albstraße", und der Fernwanderweg „Vom Main zur Donau" führt mitten durch die historische und romantische Altstadt. Mehrere interessante Museen, so das neue Rieskrater-Museum mit echtem Mondstein. Einzig vollständig erhaltene und rundum begehbare Stadtmauer/Wehrgang Deutschlands mit 11 Türmen und 5 Stadttoren. Sommerfestspiele in der Freilichtbühne „Alte Bastei". Spätgotische Hallenkirche St. Georg mit 90 m hohem „Daniel", dem Glocken- und Aussichtsturm der Kirche. Fahrradverleih. Stadtführungen.

Weitere Informationen und Prospekte:
Verkehrsamt der Stadt Nördlingen
Marktplatz 2
86720 Nördlingen im Ries
Tel.   (0 90 81) 43 80 und 8 41 16
Fax   (0 90 81) 8 41 13

zeichnis des Klosters Fulda im 8. Jh. Eine Pergamenturkunde des Kaisers Arnulf von Kärnten aus dem Jahre 898 beschreibt den Umfang des Königshofes Nordilinga, den die edle Frau Winpurc einschließlich zweier Kirchen dem Bischof Tuto von Regensburg vermacht.

Unter den Regensburger Bischöfen entwickelte sich Nördlingen zu einem Markt und wohl um 1200 zu einer Stadt. Der Hohenstaufer Friedrich II. gewann 1215 die Stadt für das Reich zurück und ordnete sie in die Kette der staufischen Stützpunkte im südwestdeutschen Kernland des Kaisertums ein. Seitdem führt die Stadt den schwarzen Adler auf goldenem Schild in ihrem Wappen. Auch ein verheerender Stadtbrand 1238 hielt die Entwicklung des blühenden Gemeinwesens nicht mehr auf. Im Schutze einer Befestigungsanlage entlang des »alten Grabens« wurde Nördlingen rasch zu einem Zentrum am Schnittpunkt der europäischen Nord-Süd-Straße (Oberitalien – Augsburg – Nördlingen – Frankfurt – Niederrhein – Pariser Becken) mit Querverbindung Genf – Bodensee – Ulm – Nördlingen – Mitteldeutschland.

Dank der handelsgeographisch günstigen Lage wird Nördlingen schon 1219 Messestadt und Sitz eines Loden-, Grautuch- und Leinenwebergewerbes von überregionaler Bedeutung. Nördlinger Kaufleute knüpften Beziehungen bis nach Spanien, Italien, Frankreich, Niederlande und Böhmen. Der Handel mit Getreide und Vieh aus dem fruchtbaren Ries förderte die wirtschaftliche Entwicklung. Im 14. und 15. Jh. hatte sich die Nördlinger Pfingstmesse neben der Frankfurter zur wichtigsten oberdeutschen Fernhandelsmesse entwickelt. Die Kaufleute handelten vorwiegend mit Textilien, Pelzen und Metallwaren. Von der hier einst blühenden Gerberei wurde 1961 der letzte Betrieb eingestellt.

Infolge der wirtschaftlichen und politischen Blüte wuchs die Stadt in wenigen Jahrzehnten über den staufischen Mauerring hinaus, der sich noch heute im Straßenzug Herrengasse – Vordere Gerbergasse – Bauhofgasse – Bei den Kornschrannen – Drehergasse – Neubaugasse im Stadtplan abzeichnet.

Wegen der Gefährdung der Vorstädte entstand auf Befehl Ludwigs des Bayern 1327 eine konzentrische Erweiterung der Stadtmauer, die im 16. und 17. Jh. den fortifikatorischen Erfordernissen angepaßt wurde. Mit fünf Toren, elf Türmen und zwei Bastionen ist die Befestigung bis heute vollständig erhalten geblieben. Nördlingen gehörte von 1488 bis 1534 zum Bund der schwäbischen Städte und spielte dort eine Führungsrolle. Der wirtschaftlichen Blüte vom 14. bis zum beginnenden 16. Jh. verdankt Nördlingen sein heutiges städtebauliches Gepräge, mit Kirchen und Klöstern, mit stolzen Bürger- und Messehäusern. Als kultureller Mittelpunkt zog die Stadt eine Reihe bedeutender Künstler an: Friedrich Herlin, Hans Schäufelin und Sebastian Taig erhielten Aufträge von einer reichen und selbstbewußten Bürgerschaft.

Mit der Entdeckung der Neuen Welt 1492 und der damit verbundenen Verlagerung der Handelsströme beginnt die wirtschaftliche Stagnation der Stadt, die ihren Tiefpunkt zur Zeit des 30jährigen Krieges erleben muß. Die Heerlager sämtlicher kriegführender Parteien wechselten sich von 1630–1634 in Nördlingen ab.
König Ferdinand und General Gallas belagerten mit 33000 Soldaten die Stadt, die sich unter der Führung des schwedischen Kommandanten Daubitz tapfer verteidigte. Als das schwedisch-prot. Heer am 6. September 1634 auf dem Albuch eine entscheidende Niederlage erlitt, mußte sich die Stadt nach dreiwöchiger zermürbender Belagerung auf Gnade und Ungnade ergeben. König Ferdinand gewährte eine »milde Kapitulation«. Die Einwohnerschaft (8790 Seelen) war um die Hälfte dezimiert, die Wirtschaftskraft lag darnieder.
1803 verlor die Stadt durch den Reichsdeputationshauptschluß ihre fast 600jährige Reichsfreiheit und sank zu einer bayerischen Landstadt herab. 1972 verlor Nördlingen den Kreissitz an Donauwörth, erhielt aber zum Ausgleich Amtsgericht und Finanzamt.

Rundgang A

1 Georgskirche (1427–1505/1519) Überkommenes Zeugnis wirtschaftlicher Kraft und selbstbewußten Bürgertums ist der Bau der spätgotischen St.-Georgs-Kirche mit dem 90 m hohen, »Daniel« genannten Kirchturm.
Am Platz einer zu klein gewordenen Kirche beginnen die Nördlinger 1427 mit der Errichtung dieses erhabenen Gotteshauses. Als Baumaterial diente der bei der Alten Bürg südwestlich der Stadt gebrochene Suevit, Rieser »Mondgestein«. Die St. Georgskirche repräsentiert damit das architektonische Hauptbauwerk dieses auf der Erde einmaligen Gesteins. Den Plan fertigte aller Wahrscheinlichkeit nach Hans Kuhn von der Ulmer Münsterbauhütte. In der Folgezeit konnte der Rat der Stadt bedeutende oberdeutsche Baumeister zur Weiterführung der Arbeiten gewinnen: ab 1429 den Ulmer Konrad Heinzelmann (später bei St. Lorenz in Nürnberg), dann Nikolaus Eseler d. Ä. aus Alzey (vorher Schwäbisch Hall), Wilhelm Kreglinger aus Würzburg, Stephan Weyrer aus Burghausen u. a.
1505 ist der mächtige Bau vollendet, bis auf die Bekrönung, die Stephan Weyrer d. J. und Stadtbaumeister Klaus Höflich 1518/1519 aufsetzen. Die Reformation beseitigt zahlreiche Altäre. Durch Restaurationen im 19. Jh. entstehen weitere Verluste. Am Karfreitag 1945 durchschlägt eine Bombe das westliche Gewölbejoch, zerbricht die Empore und beschädigt den Westbau.
Den Besucher dieser größten Hallenkirche der deutschen Spätgotik

41 *Nördlingen. Blick vom Wehrgang auf die St.-Georgs-Kirche mit Daniel*

(93,3 m lang) empfängt eine helle, weiträumige Halle mit drei gleich hohen Schiffen, die in einen leicht eingezogenen Chor übergehen. Elf Rundpfeilerpaare fangen den Schub der Gewölbe auf und tragen das dekorierte Netzrippengewölbe.

Den kunsthistorisch besonders wertvollen *Hochaltar (1)* (1683 barock gewandelt) zieren die hervorragendsten Figuren der Kirche: der Gekreuzigte zwischen Maria und Johannes, innerhalb des Schreins, die hll. Georg und Maria Magdalena außerhalb. Entwurf und Ausführung verraten die »Meisterhand« des Nikolaus Gerhaert van Leyden, der um 1463 diese Figuren schuf.

Das *spätgotische Altargehäuse (2) von 1462* des ursprünglichen Herlin-Altars (Signatur Herlins an den Schmalseiten, 1462) steht jetzt gegenüber der Seitenorgel. Die elf Holztafeln bemalte wohl der Dinkelsbühler Friedrich Walter: Leidensgeschichte – Auferstehung – Jüngstes Gericht. Herlins Altarflügel sind im Stadtmuseum als Zeugnisse hoher Kunstfertigkeit zu bewundern.

An der Nordwand des Chores ragt turmartig das 16 m hohe, fast bis zum

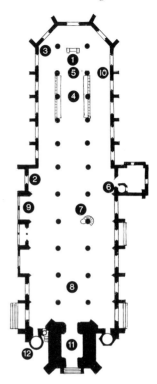

Grundriß
St. Georg

Gewölbe reichende *Sakramentshäuschen (3)* auf. Nach einem Entwurf von Stephan Weyrer fertigte es Ulrich Creycz in den Jahren 1511 aus »Rothenburger Schilfsandgestein«. Es ist mit zahlreichen Figuren geschmückt: zuunterst vier Propheten, dann die vier Evangelisten, über den musizierenden Engeln Apostel und Heilige, schließlich Jesus Christus, der Erlöser, und als Bekrönung der Patron der Kirche, St. Georg der Drachentöter.

Das *Chorgestühl (4)* mit hohen Rückwänden und Baldachinen gehört zur ursprünglichen Ausstattung der Kirche. Es wird dem Nördlinger Kunstschreiner Hans Tauberschmid zugeschrieben (wohl um 1500). Die Stuhlwangen schmücken Prophetenbüsten und Fabeltiere, ihre Flächen zeigen Reliefs von Propheten und Heiligen.

Der *Taufstein (5)* von 1492 steht vor dem Hochaltar. An der Feuerstelle

42 Nördlingen. St.-Georgs-Kirche

43 *Nördlingen. Blick durch das Berger Tor auf den Daniel*

am Fuße des Steins konnte das Taufwasser erwärmt werden. Der Taufdeckel wurde im 30jährigen Krieg zerstört. Nur die Figur des hl. Johannes blieb unversehrt und ist heute an der linken Chorsäule befestigt. Über der Sakristeitür im südlichen Seitenschiff steht als »farbiges Renaissance-Schmuckkästchen« die alte *Seitenorgel (6)*, deren Brüstung mit Bildern von Christus und den zwölf Aposteln bemalt ist. Nach dem Brand von 1974 wurde das prächtige Orgelgehäuse restauriert und, wo nötig, ergänzt. Die Seitenorgel ist heute ein Teil der neuen Hauptorgel und kann von dort als Fernwerk gespielt werden.

Die *Kanzel (7)* fertigte 1499 ein unbekannter Augsburger Meister unter der Bauleitung von Stephan Weyrer. Der Künstler arbeitete größtenteils die ausgezeichneten Reliefs aus dem Stein des Kanzelkörpers heraus: die vier Evangelisten vor ihren Schreibpulten, dazwischen Christus, Maria, Johannes und die Figuren des Hochaltars, die hll. Georg und Maria Magdalena. Über dem barocken Schalldeckel (1681) von Michael Ehinger triumphiert der Auferstandene auf der Weltkugel.

Die *Hauptorgel (8)* befindet sich auf der steinernen Westempore. Auf dem vorspringenden Mittelstück ist das Steinrelief der Kreuztragung Christi beachtenswert. Dieses meißelte 1507 Paul Ypser aus München ebenso wie die beiden Steinfiguren der hll. Georg und Maria Magdalena.

Die Zieglersche und *Lauinger Kapelle (9)* erweitern das nördliche Seitenschiff zwischen je zwei Streben. Das Grabmal des Stifters Narziß Lauinger, eines reichen Tuchhändlers, ist an der Ostwand der Kapelle eingelassen. Darüber hängt der farbenprächtige Mittelteil des Schäufelinaltars von 1521: Beweinung Christi, links Apostel Paulus und rechts Kaiser Konstantin. Die Altarflügel befinden sich im Stadtmuseum.

Das *Epitaph des Dr. Sebastian Röttinger (10)* (im Chorraum rechts) erinnert an die unselige Zeit der Hexenverfolgung, der von 1589 bis 1598 insgesamt 34 Frauen und ein Mann in Nördlingen zum Opfer fielen. Der Advokat Röttinger ermöglichte durch seine Gutachten dem Rat der Stadt, die Hexenprozesse zu führen. Er bewirkte aber auch die Freilassung der standhaften Maria Holl, die nach 62 Folterungen noch immer kein Geständnis ablegen wollte. Um sich »mit der Nachwelt auszusöhnen« stiftete er ein Studienstipendium in Höhe von 3000 Gulden für Nördlinger Bürgersöhne.

An den Hexenprozessen war auch Bürgermeister Pfertinger beteiligt, dessen Totenschild man an der Nordwand sieht. Dem Schöpfer des Bildes »Justitia« am oberen Ende der Rathaustreppe Friedrich Herlin d. J. († 1591) ist das Totenschild mit Rundmedaillon des Verstorbenen gewidmet. Verwiesen sei auch auf das Grabmal des Stadthauptmanns Melchior Welsch in der Zieglerkapelle, der sich während des 30jährigen Krieges um die Stadt verdient machte.

Vorhalle (11), darüber der 90 m hohe Turm.

Äußerer Aufgang zum *Turm (12).*

2 »Daniel« Man sollte die Mühe nicht scheuen und den 90 m hohen Turm besteigen. Auf 350 Stufen gelangt man hinauf bis zur Turmbrüstung. Wer herabschaut, »überblickt Landschaft und Stadt wie eine

wohlgeordnete Welt: das flache Land zugeordnet der Stadt, die Stadt ausgerichtet auf die Kirche, der Kirchturm nach oben weisend. Der Grundriß des Rieskessels wiederholt sich im Kreisrund der Stadt« (Frei). Sicherlich wegen seiner imposanten Höhe gab ihm im 19. Jh. der Volksmund den Namen »Daniel«, wohl nach dem Bibelvers Daniel 2,48, wo es heißt: »Und der König erhöhte Daniel . . . und machte ihn zum Fürsten über die ganze Landschaft.« 99 Kirchtürme soll man von hier oben zählen können. Und umgekehrt erblickt, wer immer ins Ries kommt, schon von fern den Nördlinger Daniel. Neben den fünf Stadttoren war der Daniel schon von Anfang an ein Wachtturm, von dessen Höhe aus zwei Wächter Tag und Nacht Wache hielten. Damit man sicher sein konnte, daß die Türmer auf Posten standen, mußten sie alle Stunden rufen: »So G'sell so!« Noch heute kann man diesen Wächterruf hoch oben vom Daniel hören, in der Zeit von 22.00 bis 24.00 Uhr jede halbe Stunde.
Eine Sage berichtet, daß 1440 vom Oettinger Grafen bestochene Wärter das Löpsinger Tor für einen Überfall offen ließen. Der Torflügel öffnete sich aber vorzeitig, als sich daran ein Schwein rieb. Mit dem Ruf »So Gsell so!« vertrieb die Lodwebersfrau das Tier. Die Wachmannschaft war damit alarmiert; die Verräter wurden zur Strafe geviertelt und ihre Frauen ertränkt.

3 Münzhaus   An der Reimlinger Mauer 26. König Sigismund gründete 1418 »in Anbetracht des großen Umsatzes der Nördlinger Messe« die Münze und verpfändete sie bereits 1431 an den Grafen Konrad von Weinsberg. 1535 wird als Inhaber des Münzrechts Graf Ludwig von Stollberg-Wernigerode genannt, der das Haus 1544 an die Stadt veräußert. Versuche der Stadt, selbst das Münzrecht zu erwerben, scheiterten. Am schönen dreigeschossigen Fachwerkbau mit rundbogiger Eingangspforte befindet sich eine Tafel mit folgender Inschrift: »In dieser Neuen Münzbehausung ließ Graf Ludwig von Stollberg zwischen 1534 und 1571 Reichsmünzen herstellen.«

4 Reimlinger Tor   An der Straße nach Harburg/Donauwörth steht das älteste Tor Nördlingens. Mit seinem quadratischen Unterbau reicht es in das späte 14. Jh. zurück. Nach einer Umgestaltung (1595–1597) erfolgte der Neubau des oberen Turmgeschosses. Dort befand sich eine Stube, die bis 1775 mit einem Turmwächter besetzt war. Unübersehbar prangt über dem Eingangstor der Reichsadler, das Wappen der Freien Reichsstadt.

5 Frickhinger Anlagen   Sie sind nach dem Apotheker und Landtagsabgeordneten Hermann Adalbert Frickhinger (1851–1940) benannt. Er verfaßte wissenschaftliche Arbeiten wie die »Flora des Rieses« und ermöglichte durch Schenkung von Grundstücken die Anlagen am Feilturm. Der ehem. mit Wasser gefüllte Graben wurde zu einer Parkanlage umgewandelt mit Spazierwegen, Minigolf und Spielplätzen. Auch moderne Plastiken sind hier aufgestellt.

6 Alte Bastei Infolge der fortgeschrittenen Waffentechnik mußten der wachsenden Feuerkraft Bauten entgegengestellt werden, an denen sich die Geschosse brachen. Mitte des 16. Jh. modernisierte die Stadt ihre Befestigungsanlagen und errichtete starke Bastionen, von denen eine, die Alte Bastei, heute noch zu sehen ist. Die Inschrift an der Außenwand »C W 1554« deutet auf den Baumeister Caspar Walberger, den erfahrene Ingenieure des Festungsbaus beraten hatten. Caspar Walbergers Sohn Wolfgang erhöhte das Bauwerk, wie die Inschrifttafel »W W 1598« am oberen Teil der Bastion ausweist. Dieses starke Bollwerk, mit Kasematten versehen, konnte in zwei Geschossen zehn Geschütze aufnehmen und schützte die Mauern, die dort wegen des gegenüberliegenden Galgenberges besonders verwundbar waren. Der Innenraum, in dem noch eine Kasematte erhalten ist, dient heute der Spielschar des Vereins Alt-Nördlingen als Freilichtbühne (500 Sitzplätze) für die Aufführung ihrer Schauspiele.

7 Feilturm Der quadratische Unterbau des Feilturms (Fehl- oder Schuldturm) stammt aus dem endenden 14. Jh., der Rundturm mit Schießöffnungen verschiedenster Formen aus der Zeit um 1547. Zeitweise fand der Feilturm auch als Gefängnis Verwendung.

8 Die *kath. Salvatorkirche,* ehem. Karmeliten-Klosterkirche, erreichen wir durch einen Mauerdurchlaß. Die Kirche steht wohl an der Stelle des karolingischen Hofgutes Nordilinga. In der Nähe einer Wallfahrtskapelle, die auf ein Hostienwunder zurückgeht, ließ sich 1401 auf Bitten der Stadt der Karmelitenorden nieder. Als sich der Zustrom der Wallfahrer vergrößerte, entstand ein Neubau, der 1422 geweiht wurde. Baumeister war wohl der Schwäbisch Gmünder Wenzel Parler, der entsprechend der Grundsätze der Bettelmönche vom Berg Karmel eine schlichte, aber edle Kirche mit Dachreiter errichtete.

Die Klosterbrüder wirkten äußerst segensreich; sie nahmen sich der Armen Nördlingens an. 1483 gründeten sie eine Bruderschaft der Blinden, Lahmen und anderer armer Leute mit dem Ziel einer gerechten Verteilung der Almosen. Zehn Jahre später richteten angesehene Bürger, die »Geschlachtwander«, eine weitere Bruderschaft ein. Von ihrer Spendenfreudigkeit zeugt noch heute der Geschlachtwanderaltar des Sebastian Taig, der z. T. in München, z. T. im Nördlinger Heimatmuseum zu bewundern ist.

Die Wallfahrt zur Herrgottskirche fand während der Reformationszeit ihr Ende; der Nördlinger Karmel löste sich auf. Schließlich verkaufte der letzte Prior Castulus Leitz, innerlich dem mönchischen Leben völlig entfremdet, das Kloster ohne Wissen seiner Oberen an die Stadt Nördlingen. Obwohl der Vertrag nicht rechtskräftig war, sollte es bis ins 19.

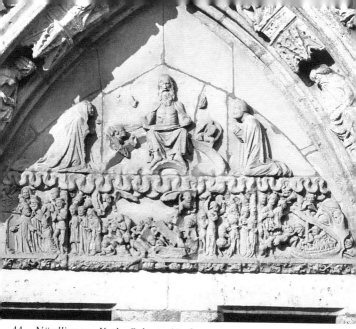

44 *Nördlingen. Kath. Salvatorkirche,
Tympanon mit Weltgerichtsdarstellung*

Jh. dauern, bis die prot. Gemeinde den Katholiken wieder ihren ursprünglichen Besitz überließ. Während der napoleonischen Befreiungskriege diente die Kirche als Pulver- und Heumagazin sowie als Feldhospital. 1805 gar verheizten gefangene Österreicher Gestühl, Kanzel und Empore. Der spätgotische Altar wurde abgebrochen, die Figuren verschwanden. 1825 trat die Stadt das Gotteshaus an die neugebildete kath. Gemeinde ab. Die ursprünglich einschiffige Halle teilen seit 1829 hölzerne Säulenarkaden in drei Schiffe. Der Hauch jahrhundertealter Geschichte weht noch heute durch die verbliebenen beiden Flügel des Kreuzgangs, sein Gewölbe trägt die Jahreszahl 1474.
Nach Plänen des Münchner Architekten Freiherr Alexander von Branca konnte bei der Renovierung 1984 viel von dem altehrwürdigen Charakter des Klosters erhalten bleiben. Das harte Weiß des Putzes überzieht die Gebäude. Im früheren Refektorium der Mönche befindet sich jetzt die Pfarrbücherei. Überreste von alten Wappen und ein ver-

wittertes Fresko (wohl die Fahrt des Elias in den Himmel) konnten im früheren Kapitelsaal (heute Pfarrbüro) restauriert werden. Das neue Pfarrzentrum, nach Entwürfen von Branca, weihte die Gemeinde 1983 ein.

Am Außenbau verdient das Westportal (um 1420) besondere Beachtung. Unter Maßwerkbaldachinen sitzen Prophetenfigürchen. Im Tympanon ist das Weltgericht dargestellt. Oben thront Gott Vater mit ausgebreiteten Armen, fürbittend zur Seite Maria und Johannes der Täufer. Unterhalb des Himmelsgewölbes erstehen die Toten aus ihren Gräbern. Links öffnet Petrus den Gerechten die Himmelspforten, rechts treiben Teufel die Verdammten in den Höllenrachen.

Wenn man von der Vorhalle aus durch die Glastüre tritt, fällt der Blick auf den spätgotischen *Hochaltar*, der bis zu 16 m aufragt. Leuchtend die Tafelbilder, zierlich das Schnitzwerk des Gesprenges. Im Schrein stehen unter filigranen Baldachinen die Figuren des hl. Michael, zwischen Johannes dem Täufer und dem hl. Stephanus. In den Flügeln sehen wir das Kaiserpaar Heinrich und Kunigunde, welches durch erneuerte Attribute im letzten Jh. auf die hll. Knut und Barbara umgedeutet wurde. Das Sprengwerk ist von zahlreichen Schnitzfiguren belebt: Anna selbdritt, Kreuzigung und als Assistenzfiguren Rochus und Sebastian, Sixtus und Otto von Bamberg. Die geschlossenen Innenflügel zeigen die Hl. Dreifaltigkeit, links den Seelenwäger St. Michael, rechts den seinen Mantel teilenden hl. Martin, Christophorus und den hl. Georg auf den Standflügeln. Der für die Fürther Michaelskirche geschaffene Hochaltar, ein Meisterwerk Nürnberger Altarbaukunst, war 1827 im Kunsthandel für 1290 Gulden erworben worden.

Im Chor erblicken wir rechts vom Altar eine überlebensgroße Statue des »Schmerzensmannes«, die wahrscheinlich bereits für die Wallfahrtskapelle geschaffen und anschließend in die neuerbaute Kirche übernommen worden ist. Dieser Statue steht die fein gearbeitete Figur der hl. Scholastika gegenüber. Vom ursprünglich reichen Schmuck der Kirche geben Fresken aus der 2. Hälfte des 15. Jh. ein wenn auch verblaßtes Zeugnis.

In der Nordwand des Chores stellt ein *Tafelbild* (um 1470) in vier Szenen das Hostienwunder dar, die Ursache der Wallfahrt: Ein Priester spendet einem Kranken das Allerheiligste; die Versammelten brechen zusammen mit dem Priester durch die Decke in den Keller, die Hostien werden verstreut; um den Ort zu läutern, wird das Haus angezündet; die verlorene Hostie steigt aus den Trümmern empor; eine feierliche Prozession bringt die Hostie in die Kapelle.

Von der plastischen Ausstattung des ursprünglichen Hochaltars stammen die auf Konsolen stehenden Figuren hll. Joachim, Willibald und Laurentius (südl. Seitenaltar), Papst Sixtus, hll. Wolfgang, Walburga und Georg (östliche Langhausjoche) sowie die Pestpatrone St. Sebastian und St. Rochus (seitlich des Westeingangs). Die anderen Figuren sind neugotischen Ursprungs. Links neben dem Chorbogen befindet sich der *Marienaltar*. Auf dem aus Suevitquadern gehauenen Altartisch ruht ein rot getönter Schrein mit silbergefaßten Holzreliefs, die von der ehem. Kanzel herrühren: Beschneidung, Christus im Tempel, Gefangennahme, Kreuzigung und Beweinung.

Darüber triumphiert in königlichem Glanz die Muttergottes mit dem Jesuskind, eine niederbayerische Arbeit um 1520. Der Altar auf der rechten Seite zeigt die gotische Figur des hl. Josef, flankiert vom Diözesanpatron St. Ulrich und dem hl. Laurentius. Josef Steinacker gestaltete die fünf Reliefs (1956) aus dem Leben des hl. Josef: Herbergssuche, Flucht nach Ägypten, Vermählung, Josef als Patron der Arbeiter und der Sterbenden. Die Evangelistensymbole an der Kanzel sind Werke von Josef Stühler.

Von den Mauern geschützt betrieben hier am Rande der Stadt einst Bauern ihre Höfe und stellten die Lebensmittelversorgung der Bürger sicher.

Die »Seelhäuser« in der Langen Gasse gehen auf eine Stiftung von 1453 zurück. P. Strauß und seine Frau, eine geb. Frickinger, ließen die Häuserzeile für zwölf bedürftige und alleinstehende Frauen erbauen. Die Nördlinger Stiftung ist damit älter als die der Fugger (1525) in Augsburg. An Stelle der alten Anlage entstand 1905 ein Neubau mit zwölf Wohnungen.

9 *Wintersches Haus*, Bräugasse 2   Eines der besten Beispiele Nördlinger Fachwerkkunst ist das Wintersche Haus. Es verdankt seinen Namen J. Winter, der das dreistöckige Gebäude 1903 der ev. Kirche vermachte. Nach alten Unterlagen ließ es M. Schwenkenbecher 1975 renovieren. Beachtung verdienen insbesondere das kunstvoll geschnitzte Portal und der Eckbalken mit Adler und dem Datum der Erbauung 1678.

10 *Hallgebäude (jetzt Stadtarchiv)*, Am Weinmarkt   Den dreigeschossigen Bau mit Treppengiebeln und vier Erkern errichteten Fuggers Baumeister Chirion Knoll und Ulrich Beck (1541–1543) als städtisches Lagerhaus für Wein, Salz (Hall) und Korn. Der einheimische Bildhauer Hans Fuchs schuf die Stadtadler an den Erkern der Weinmarktfront. Der Weinmarkt galt im ausgehenden 16. Jh. als »Mittelpunkt des Hexenwahns«. Fast alle um diesen Platz wohnenden Frauen fanden auf dem Scheiterhaufen ihr Ende, so auch die im Hallgebäude wohnende Rebecca Lemp, die Gattin des städtischen Zahlmeisters. An die unerhört tapfere Kronenwirtin Maria Holl, die selbst den schärfsten Torturen widerstand, erinnert uns ein bescheidener Brunnen am Platz, in dessen Eichenholzsäulen Flammensymbole geschnitzt sind.

11 Ehem. Spital zum Heiligen Geist 1237 bestätigt Papst Gregor IX. die Gründung des Spitals zum Heiligen Geist. Gegründet und getragen hatte es zunächst eine Bruderschaft, in der sich Laien zusammengeschlossen hatten, die sich dem Krankendienst widmeten und ein halb mönchisches Leben führten. 1254 unterstand das Spital bereits städtischer Verwaltung. Dank zahlreicher Stiftungen und der Unterstellung auswärtiger Kirchen und Dörfer entwickelte es sich zu einer bedeutenden Anlage mit umfangreichem Landbesitz rund um Nördlingen. So konnten 1373 über »400 Arme und andere gewöhnlich ernährt werden«. Die jetzigen Gebäude, die Museum und Altenheim in ihren Mauern bergen, entstanden im Laufe des 15. und 16. Jh. Den Baumeister nennt ein von zwei Engeln gehaltenes Wappen am Südwesterker mit der Inschrift: »MDLXIIII C W (= Caspar Walberger) Marix Grambos Spitall Maister 1564«.

Die *Wirtschaftsgebäude (11 a)* liegen südlich der Baldinger Straße. Längs der Eger befand sich die sog. »Roßwette«. An dieser flachen Stelle des Flusses wurden die Spitalpferde zur Tränke geführt. An der Ecke steht das Gebäude der ehem. Pfisterei und daneben langgestreckt die Spitalmühle.

Das *Spital (11 b)* war eine kleine Stadt für sich, ja sogar mit einer eigenen Kirche jenseits der Baldinger Straße. 1250 erscheint sie unter dem Patrozinium der hl. Maria. Die Restauration von 1939 deckte Wandmalereien (Passionsszenen, Christophorus) aus der 2. Hälfte des 14. Jh. auf, »bemerkenswert als die Erstlinge der altdeutschen Malerei in Nördlingen, die vom 14. bis 16. Jh. bedeutende Leistungen hervorbrachte«. Im einschiffigen Raum, der in einem Chor mit Kreuzrippengewölbe endet, steht der von Hieronymus Wehinger 1578 gemalte dreiteilige Altar, ein typisches Beispiel prot. Altargestaltung. Geburt Christi, Abendmahl und Kreuzigung, darüber die Auferstehung sind die Motive.

12 Stadtmuseum, Vordere Gerbergasse 1   In einem Trakt des ehem. Spitals ist das Museum untergebracht. Es gilt als das »schönste und reichhaltigste Regionalmuseum in Bayern«.

Öffnungszeiten: Vom 1. März–31. Oktober, täglich außer Mo von 10.00–12.00 und 13.30–16.00 Uhr; Führungen für Gruppen und Schulklassen nach Voranmeldung. Tel. 09081/84120

Bestände: Vor- und Frühgeschichte (Altsteinzeitliche Funde aus den Ofnethöhlen bis zum Mittelalter); Kunstgeschichte (spätgotische Tafelmalerei mit Werken von Herlin, Schäuffelin und Taig, Malerei des 19. Jh. mit Arbeiten von Adam, Voltz und Squindo); Stadtgeschichte (großes Diorama der Schlacht von Nördlingen, Waffen aus der Zeit des 30jährigen Krieges).

Tetschen-Bodenbacher Heimatmuseum

45 *Nördlingen. Diorama der Schlacht bei Nördlingen (1634) im Stadtmuseum*

13 Rieskrater-Museum, ein Museum für den prominentesten Meteoritenkrater Europas.
Öffnungszeiten: 10.00–12.00 und 13.30–16.30 Uhr (außer Mo.), das ganze Jahr über.
Im historischen Gebäude des Holzhofstadels, einem 1503 errichteten Wirtschaftsgebäude des Spitals, wurde 1986–88 dieses in seiner Art wohl einmalige Museum eingerichtet. Die Ausstellung ist in mehrere Themenbereiche gegliedert: Geologie des Rieses, Mechanik der Kraterbildung, Impactkrater im Sonnensystem und auf der Erde, Riesereignis und seine Folgen, Geschichte der Riesforschung, Gesteine von Meteoritenkratern, Eisen- und Steinmeteorite, Gesteinsprobe vom Mond, Shatter-Cone-Ausstellung.

Audiovisuelle und elektronische Medien bereiten die schwierige wissenschaftliche Thematik lebendig und attraktiv auf. Die NASA übergab dem Museum ein 164 Gramm schweres Stück Mondgestein, das Oberbürgermeister Kling persönlich in Houston/Texas abholte. Es bildet jetzt den Höhepunkt beim Gang durch die Räume.

14 Gerberviertel Das historische Gerberviertel an der Eger zählt zu den ausgedehntesten seiner Art und zu den besonderen Sehenswürdigkeiten der Stadt. Bei 84 Häusern läßt sich heute noch eine Verbindung zur Gerberei feststellen, davon zeigen 36 Häuser (insbesondere Häuser in der Vorderen Gerbergasse Nr. 17, 19, 25, 33 und 39) entsprechende bauliche Merkmale: Trockenräume unter dem Dach und Trockengalerien. In den sog. »Lohgruben« vor dem Erdgeschoß gerbten die Handwerker die Felle, die das bäuerlich geprägte Ries lieferte. Den hohen Wasserbedarf deckte die nahe Eger. Die teils stattlichen Häuser bezeugen den Wohlstand der Gerber, deren Zunft während der Blütezeit der Stadt zu den reichsten zählte.

15 »Klösterle« Die herben Formen der Architektur des Gebäudes verraten die ursprüngliche Verwendung als Kirche eines Bettelordens. In der Nähe des Spitals und des Leutbergs, dem Platz der Messe, gründeten die Minderen Brüder, auch Barfüßer des hl. Franz genannt, ein Kloster und widmeten sich in der Stadt den Armen und Kranken und verschrieben sich der Volksseelsorge. Die Gründung erfolgte zwischen 1223 und 1243, wohl noch zu Lebzeiten des hl. Franz von Assisi. Bald darauf begannen die Mönche mit dem Bau der Kirche. Um 1400 waren Erneuerungsarbeiten an Kirche und Konvent notwendig, die mit der Einweihung von 1422 ihren Abschluß fanden. Die Reformationszeit brachte dem Kloster den Untergang. 1536 erwarb es die Stadt für 50 Gulden »Leibdinggeld« der letzten drei Mönche. C. Walberger und Martin Lind bauten die leerstehende Kirche in den Jahren 1584–1587 in einen Kornspeicher um. An der Südseite befindet sich ein sehenswertes Portal von 1587 in reicher Steinmetzarbeit, das die beiden Meister zeigt. Zwei Löwen halten im Giebelfeld das Wappen der Freien Reichsstadt in ihren Pranken. Nach einer grundlegenden Renovierung in den Jahren 1976/77 findet das Gebäude als Hotel, Stadthalle und Restaurant Verwendung. Der Brunnen des Münchner Albert Hien (1991) erinnert an die Zeit, als am »Tändelmarkt« »Fürkäuferinnen«, unseren Auktionatoren vergleichbar, Altwaren aus der Konkursmasse verschuldeter Bürger verkauften. Heute rahmt den Platz ein neues Behördenzentrum mit Finanzamt, Vermessungsamt und Amtsgericht.

16 Haus Paradiesgasse 4 Der herrliche Fachwerkbau im Zentrum des alten Messe- und Kaufmannsviertels entstand 1351/52 und zählt so zu den ältesten erhaltenen Fachwerkhäusern Süddeutschlands. Vom tonnengewölbten Tiefkeller über eine Vielzahl von Wand- und Dek-

46 *Nördlingen. Blick in die Vordere Gerbergasse*

kenkonstruktionen bis hin zum Dachwerk ist die Bausubstanz des 14. Jh. mehr als zur Hälfte erhalten geblieben. Dieses überaus wichtige Zeugnis für die bauliche Entwicklung der aufstrebenden Reichsstadt ist nach einer grundlegenden Renovierung 1983/84 ein Glanzlicht unter den baulichen Schätzen Nördlingens. Auf dem freien Platz stand das Hafen- oder Kürschnerhaus (Kaufhaus für Pelzwaren), bis ein Großbrand dieses einmalige Messekaufhaus 1955 einäscherte.

17 Rathaus Mitten in der Stadt erhebt sich das repräsentative Rathaus, das mit seiner über 600jährigen Tradition zu den ältesten Rathäusern Deutschlands zählt. Das Gebäude, einst ein Messekaufhaus, war im 13. Jh. im Besitz der Grafen von Oettingen, die es 1313 an das Kloster Heilsbronn verkauften. Das Kloster überließ 1382 das »Steinerne Haus« der Stadt zu 50 fl. Jahreszins als Rathaus. Um 1500 erfolgte eine Aufstockung, 1509 die Anlehnung des »Schatzturms« an der Ostseite und der Anbau der Erker. 1618 ersetzte Wolfgang Walberger die hölzerne Treppe durch die steinerne Renaissancetreppe, die zahlreiche Schmuckelemente der Spätgotik aufweist. Man sollte die Treppe emporsteigen und das Wandbild Friedrich Herlins d. J. (1582) bewundern: Justitia mit Schwert und Waage ruft dem Betrachter zu: »Ein Manns red Eine Halbe Red Man soll sie Hören beed.« Die Stube, in der sich seit dem beginnenden 16. Jh. die Delegierten des Schwäbischen Bundes trafen, bewahrt an der Ostseite ein großes Wandgemälde Hans Schäufelins (1515): Die Belagerung Bethuliens mit der Enthauptung des Holofernes. Die Wahl des Themas war eine deutliche Warnung an alle, die etwa die Freiheit der Städte bedrohen wollten. Der Maler, der das Geschehen in das kriegsfreudige 16. Jh. verlegt hat, berichtet vom Empfang Judiths durch Holofernes, dem gewaltsamen Ende des Feldherrn und dem Sieg über das Heer des Ermordeten.

Unter dem Podest führt eine feste Tür zu den fensterlosen, kalten Verliesen, wo man an den Wänden noch Kritzeleien der Gefangenen sehen kann. Neben der Treppe war das »Narrenhäuschen«, in dem kleinere Übeltäter in auffälliger Weise den Blicken der Vorübergehenden ausgesetzt waren. Den Raum verschließt heute eine steinerne Platte, die das Brustbild eines Mannes mit Narrenkappe trägt: »Nun sind unser zwey.«

18 Tanzhaus Gegenüber dem Rathaus steht selbstbewußt das dreigeschossige Tanzhaus. Der Rat der Stadt ließ das Gebäude von Hans Tübinger und dem Kirchenbaumeister Nikolaus Eseler errichten (1442–1444), »zu würdigen Empfängen hoher Gäste und zu Tanzveranstaltungen der Geschlechter«. Hier boten ebenso wie im Leihhaus zur Messezeit die Tuchhändler ihre Waren feil. Das Erdgeschoß diente dem gemeinsamen Brotverkauf der Bäcker (»Brothaus«).

Der vielseitige Stephan Weyrer d. Ä. meißelte die Steinplastik (1513), die an der langen Marktseite die Szene beherrscht. Sie zeigt den Freund und Förderer der Stadt, Kaiser Maximilian I. mit Krone und Ritterrüstung. In der Rechten hält er den Reichsapfel, die Linke umfaßt den Griff seines Schwertes. Unter einem Baldachin ist das Wappen der Habsburger angebracht, ein Doppeladler und die österreichischen Farben.

Auf der Steinplatte daneben steht geschrieben: »Maximilianus D(ei) g(ratia) Romanorum Imperator Semper Augustus.«

Mit der Nordwand stößt das Tanzhaus an das siebenstöckige sog. *Hohe Haus*. 1304 erstmals urkundlich genannt, ist es einer der ältesten Profanbauten der Stadt. Dieses »Hochhaus des Mittelalters« diente als Speicherhaus.

19 Leihhaus Hinter dem Rathaus befindet sich das Leihhaus von 1522. Heute sind in seinen Räumen städtische Ämter sowie das Städtische Verkehrsamt untergebracht.

20 Gasthaus Sonne Südlich des Rathauses steht die einstige »Für-

47 Nördlingen. Rathaus

stenherberge« Nördlingens. Bedeutende Männer waren im Laufe der Jahrhunderte hier zu Gast: die Kaiser Friedrich III. (1495), Maximilian I. (1489, 1495/96, 1500), Karl V. (1548), Johann Wolfgang von Goethe (1788) und 1970 die amerikanischen Apollo-Astronauten, die sich auf ihren Mondflug vorbereiteten.

Rundgang B

Rund um die alte Reichsstadt (45–60 Minuten)
Die vollständig erhaltene Stadtanlage Nördlingens findet ihre Entsprechung in der völlig intakten Stadtmauer mit ihren 11 trutzigen Türmen, 5 wehrhaften Toren und dem rundum begehbaren Wehrgang aus dem 14. Jh. Die im 16. und 17. Jh. aufwendig verstärkte Mauer hatte im 30jährigen Krieg Plünderung und Brandschatzung der Stadt verhindern können.

21 Deininger Tor An der Straße nach Wemding, an der Stelle eines alten Turmes aus dem 15. Jh., beginnt Stephan Weyrer d. Ä. den Neubau, den er 1519 vollendet. Kaiserlichen Soldaten gelang es am 3. 9. 1634, sich in diesem Turm festzusetzen. Daraufhin steckten Nördlinger Bürger den Turm in Brand und bereiteten so den Besetzern ein qualvolles Ende. Nach einer vorläufigen Wiederherstellung 1636 erhielt der Turm 1645 Tambour und Dachhaube. 1828 erfolgte der Abbruch des Vorwerks.

Über das Deininger Tor erreicht man den Bahnhof. Im ehemaligen Bahnbetriebswerk (Am Hohen Weg 30) zeigt das Bayerische Eisenbahnmuseum eine Sammlung von Schienenfahrzeugen (Dampf-, Diesel- und E-Lok-Typen) und dokumentiert die Eisenbahngeschichte des Rieses mit Video und Film. Bei den »Rieser Dampftagen« fahren historische Züge auf der »Romantischen Schiene« nach Dinkelsbühl und Gunzenhausen. Öffnungszeiten des Museums: Mai–September, jew. letzter Sonntag im Monat, 12.00–16.00 Uhr, Gruppen nach Vereinbarung, Tel. 0 90 81/43 80 oder 8 41 16

22 Kath. Pfarrkirche St. Josef im Wemdinger Viertel. Inmitten eines nach dem Krieg entstandenen Viertels jenseits der Bahnstrecke errichtete die Kirchenstiftung St. Salvator 1960/61 eine kath. Kirche und weihte sie dem hl. Josef. Pläne von Hans Jakob Lill liegen dem modernen Bau mit ovalem Grundriß und parabelförmigen Fenstern zugrunde.

23 Reisturm Der Turm erhielt wohl seinen Namen von Maurer Hans Rewß, der diesen um 1408 errichtete. 1644/45 wurde er zum Batterieturm ausgebaut. Der dreigeschossige Rundturm ist über einen breiten Gang (Schießscharten, Satteldach) mit dem Wehrgang verbunden.
Vom Wehrgang sollte man einen Blick auf die an die Mauer angelehn-

ten »Kasarmen« werfen. Es sind Kleinbürgerhäuschen, die in Kriegszeiten für die zur Verteidigung der Mauer eingesetzten Soldaten geräumt werden mußten.
Reimlinger Tor (s. o. 5)   Es empfiehlt sich, vom Reimlinger übers Berger bis zum Baldinger Tor außerhalb der Mauer im Graben und auf dem Wall zu gehen.
Frickhinger Anlagen (s. o. 6)
Alte Bastei (s. o. 7)
Feilturm (s. o. 8)
24 *Berger Tor*   Das Berger Tor (Tor am Berg) an der Ulmer Straße ist am stärksten befestigt, da das ansteigende Gelände des nahen Emmeramsberges den Angreifern besondere Vorteile bot. 1362 wird der Zwinger vor dem Berger Tor erstmals erwähnt. Ein Neubau des Tores erfolgte 1435/36 unter Maurer Hans Rewß. Die Turmgeschosse mit Abwurfdach erhielten ihre heutige Form in den Jahren 1574–1575. Caspar Walberger baute Torturm und Vortor mit wuchtigen Viereckklötzen. An der Südseite des Torturmes steckt eine Kanonenkugel, ein Relikt aus dem 30jährigen Krieg.
25 *Emmeramskirche*   Die Straße durch das Tor führt hinauf zur Friedhofskirche St. Emmeram. Eine Kirche bestand dort schon 898 zu Zeiten Kaiser Arnulfs. Die Nördlinger zerstörten das Gotteshaus 1634 durch Feuer, um den Feinden jeglichen Stützpunkt zu entziehen. Nach Plänen von Georg Eberlein (Nürnberg) entstand auf dem »Totenberg« der neugotische Bau 1874/75. Er bildet nach der 1982/83 durchgeführten Restauration den würdigen Rahmen für Trauergottesdienste auf dem Friedhof. Den Besucher empfängt ein durch Freskomalereien belebter, im Chorschluß mit fünf Farbfenstern geschmückter Innenraum. Über der Kanzel: Wandbild des St. Emmeram, gegenüber St. Petrus.
26 *Löwenturm oder Pulverturm*   1523 als »Lemturm« erstmals erwähnt. Mit seinem hufeisenförmigen Grundriß ist der Turm schwer angreifbar und bietet einen freien Blick und Schußfeld nach allen Seiten.
27 *Oberer Wasserturm*   Der Turm von 1469/71 (Umbau und Verstärkung 1573/74) hatte die Aufgabe, den wichtigen Einlaß der Eger in die Stadt zu sichern. In gleichmäßigem Abstand folgen die »Backofentürme«, die an der Nordseite des Befestigungsringes die Mauer verstärken.
28 *Baldinger Tor*   Die Straße zu den ehem. Freien Reichsstädten Bopfingen und Dinkelsbühl bewacht das Baldinger Tor. Als einziges der fünf Tore besitzt es heute keinen Turm mehr. Einst war es eine machtvolle, wuchtige Anlage, die dem Berger Tor ähnelte. Während der Belagerung 1634 wurde dieser Torturm stark beschädigt. Die kassettierte Tonne im Haupttor stammt von 1705, als man den eingefallenen Restbau renovierte. Nach Abriß der Vorwerke (1820) ermöglichen

48 *Nördlingen. Darstellung des Meteoriteneinschlags im Rieskrater-Museum*

seit 1938 verschiedene Durchbrüche den Fußgänger- und Fahrverkehr. Vor dem Tor liegt die Kaiserwiese, auf der alljährlich »Scharlachrennen« und Nördlinger Messe stattfinden.

29 Baldingen, 1405 Einwohner. –   Der 1240 erstmals erwähnte Ort unterstand den Grafen von Oettingen. Diese verkauften und verpfändeten seit dem 15. Jh. Güter und Rechte an die Stadt Nördlingen, die auch die Reformation durchsetzte. Nach der Schlacht von Alerheim 1645 wurden auf Anordnung des Rates von Nördlingen alle Häuser dem Erdboden gleichgemacht, um einem möglichen Angreifer die Deckung zu entziehen. 1648 bauten die Baldinger ihr Dorf auf Kosten der Stadt wieder auf. Von 1778–1787 lebte hier der Satiriker und Publizist Wilhelm Ludwig Wekherlin, der u. a. die politische Zeitschrift das »Felleisen« herausgab. Dem Dorf entstammte auch der Rieser Mundartdichter Johannes Kähn (1810–1874).

Wohl unter dem Einfluß Johann David Steingrubers aus Ansbach entstand die *prot. Kirche St. Gallus*, die 1755 geweiht wurde. Der wuchtige Turmunterbau, Teil einer romanischen Chorturmanlage, wurde in den Neubau einbezogen. Bereits um 1700 erhöhte man ihn um das Oktogon mit Spitzhelm. Die 1978 durchgeführte Renovierung hat die freundliche barocke Urform wieder erreicht. Ein Schmuckstück der Kirche ist die Rokoko-Kanzel mit den vier Evangelisten in den Feldern.

Östlich von Baldingen in der Gemarkung »Kleines Feldle« stieß man im Zuge der Baulanderschließung auf eine durchstrukturierte Grubenhaussiedlung. Eine dicke Lößschicht und der nahe Goldbach boten die Lebensgrundlage für jungsteinzeitliche Ackerbauern.

Beim Baldinger Tor besteigen wir wieder den Wehrgang und blicken zunächst auf den ausgedehnten Spitalbezirk (12) und dann auf das malerische Gerberviertel (14). Am zierlichen Spitzturm vorbei gelangen wir zum Unteren Wasserturm, durch den die Eger fließt.

30 Neumühle und Unterer Wasserturm

31 Das *Löpsinger Tor* steht an der früher wichtigen Handelsstraße nach Nürnberg. Nach dem Abbruch des alten Turmes führte 1593/94 Wolfgang Walberger den Bau auf. In Anlehnung an das Deininger Tor erhält 1770 das unten quadratische, oben runde Tor Tambour und heutige Kuppel. In der Durchfahrt befindet sich in der kassettierten Tonne

49 *Nördlingen. Marktbrunnen mit alter Kornschranne von 1602*

ein steinernes Kopfrelief eines Wächters mit der Inschrift: »Wer ist da 1593 W. W.« (Wolfgang Walberger).
Hier dokumentiert das *Stadtmauermuseum* die historische Entwicklung der Stadtbefestigung anhand von Holzschnitten, Kupferstichen und Aquarellen und veranschaulicht sie durch ein Modell. Ein Diorama mit 3500 handbemalten Zinnfiguren gibt einen Einblick in die Schlacht von Nördlingen im Jahre 1634. Die Galerie des Turmes gewährt einen faszinierenden Rundblick über Stadt und Krater.
Öffnungszeiten: Fr., Sa., So., 10.00–12.00 und 13.30–16.30 Uhr.
32 Marktbrunnen und Schranne Die Bedeutung Nördlingens als Marktplatz in Geschichte und Gegenwart betont der von Michael Neustifter geschaffene Marktbrunnen vor der »Alten Schranne«. Zwei Rieser Bauern geben anschaulich Einblick in das frühere Marktgeschehen. Das Rund des Beckenrandes entspricht dem Rund der Stadt, die fünf Streben versinnbildlichen die Stadttore. Höhepunkte der Stadtgeschichte sind in Wort und Schrift dargestellt. Eine Attraktion, nicht nur für Kinder, stellt die wasserspeiende Sau dar.
Die »Alte Kornschranne« ist ein Bau von 1602. Die zwei Vollgeschosse und drei Böden dienten der Lagerung des Getreides, das durch die rundbogigen Aufzugsluken in der Mitte der Giebel befördert wurde. Im 19. Jh. entstand in der Verlängerung eine zweite, die »Neue Schranne«, in der sich heute die Kreis- und Stadtsparkasse befindet.

Kulturelle Einrichtungen

Stadtmuseum (12); *Freilichtbühne »Alte Bastei«* (6): Aufführungen (Juni–August) der Laienspielgruppe des Gemeinnützigen Vereins »Alt-Nördlingen« e. V.
»Klösterle« Stadtsaal (15): Theateraufführungen (September – Mai) und Musikdarbietungen verschiedener Bühnen deutscher und internationaler Ensembles
Rieser Kulturtage: zahlreiche Veranstaltungen; alle zwei Jahre (1996, 1998, 2000 . . .)
Stadtbücherei, Eisengasse 6: Öffnungszeiten: Mo bis Fr 11.00–13.00, Mo, Mi, Fr 14.00–18.00, Sa 9.00–12.00 Uhr
Kantorei St. Georg: Oratorienaufführungen im Frühjahr und Herbst/Winter
Rieser Volkshochschule: breitgefächertes Angebot an Kursen und Einzelvorträgen
Rieskrater-Museum: (s. o.)
Stadtmauermuseum: (s. o.)
Thiemig Galerie

Volksfeste

Scharlachrennen: bedeutende reitsportliche Veranstaltung mit bundesweiter Beteiligung auf der Kaiserwiese (Juli). Die Reiter kämpfen »um den Scharlach« (heute rote Schabracke).
Stabenfest: Traditionelles Frühlingsfest der Nördlinger Schuljugend mit buntem Umzug durch die Altstadt.
Nördlinger Pfingstmesse: in Anknüpfung an die historische Pfingstmesse (1219). Jahrmarktbetrieb und »Rieser Verbraucherausstellung«.

Freizeit-Tips

Bücherei: Stadtbibliothek, Eisengasse 6, Tel. 0 90 81/8 41 19
Diskotheken: »Metropolis«, An der Kaiserwiese, Tel. 0 90 81/41 44 oder 35 37; Rieser Tanzzentrum, Pfäfflingen, Brückenstraße 1, Tel. 0 90 81/93 64; »Tiffany«-Tanz-Treff, Bgm.-Reiger-Straße 1, Tel. 0 90 81/2 42 87
Eislauf: Natureisplatz »Am Bäumlesgraben«, Schlittschuhverein
Eisstockschießen: Winter: Natureisplatz »Am Bäumlesgraben«, Sommer: Asphaltbahn, Kaiserwiese
Flugsport: Segel- und Motorfliegen, Flugplatz an der Aumühle, Tel. 0 90 81/40 99
Kegeln: Café »Amadeus«, An der Kaiserwiese, Tel. 0 90 81/35 37; Hotel »Schützenhof«, Kaiserwiese 2, Tel. 0 90 81/39 40; Pizzeria »Romana«, Hoferstraße 1, Tel. 0 90 81/38 82; Gasthaus »Weißes Roß«, Kleinerdlingen, Tel. 0 90 81/65 00; Gasthaus »Bretzge«, Baldingen, Tel. 0 90 81/10 23
Kino: Ries-Theater und Studio, Tel. 0 90 81/43 02
Kutschfahrten: nach tel. Anmeldung bei Herrn Wirth, Tel. 0 90 81/34 34 oder 42 06
Leseraum: Stadtbibliothek, Eisengasse 6, Tel. 0 90 81/8 41 19
Minigolf: Am Berger Tor
Museum: Stadtmuseum, Vordere Gerbergasse 1, Tel. 0 90 81/8 41 20; Stadtmauermuseum im Löpsinger Torturm, Tel. 0 90 81/43 80 oder 8 41 16; Rieskrater-Museum, Hintere Gerbergasse 3, Tel. 0 90 81/8 41 43 oder 8 41 16; Bayerisches Eisenbahnmuseum mit Dampfzugfahrten, Am Hohen Weg 30, Tel. 0 90 81/43 80
Sauna: Städtische Sauna, Augsburger Straße 8, Tel. 0 90 81/8 41 06; Zentralkurbad Pfaffl, Reimlinger Straße 6a, Tel. 0 90 81/31 83; Saunabad Sauerland, Löpsinger Straße 22, Tel. 0 90 81/8 80 70.
Schießsport: Schießanlage der Priviligierten Schützengesellschaft Nördlingen 1399, Hotel »Schützenhof«, Kaiserwiese 2, Tel. 0 90 81/39 40; Schießanlage des Schützenvereins Tell, Mehrzweckhalle,

Gerhart-Hauptmann-Straße 3, Tel. 0 90 81/31 99 oder 2 20 05; Schießanlage des Eisenbahnsportvereins, Am Hohen Weg, Tel. 0 90 81/65 88.
Schwimmen: Städtisches Hallenbad, Gerhart-Hauptmann-Straße 3, Tel. 0 90 81/8 41 08; Wilhelm-Christ-Bad, Am Reitersteg 1, Tel. 0 90 81/31 71; Städt. Freibad (beheizt) Marienhöhe, Tel. 0 90 81/ 8 41 07
Skilanglauf: Loipenbeginn Parkplatz Schweindorf
Stadtführungen: Verkehrsamt, Tel. 0 90 81/43 80 und 8 41 16
Tennis: Tennisplätze Marienhöhe-Clubhaus, Tel. 0 90 81/39 60; Rieser Sportpark, Tennishalle und Freiplätze, Tel. 0 90 81/12 16
Wandern mit Führungen: Verkehrsamt, Tel. 0 90 81/43 80 oder 8 41 16
Verkehrsamt: Marktplatz 2, 86720 Nördlingen, Tel. 0 90 81/43 80 oder 8 41 16, Fax 0 90 81/8 41 13

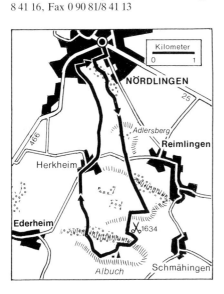

Wanderung zum Albuch (ca. 12 km)

Wanderstrecke: 12 km
Markierung: blaues Dreieck
Parkplatz am Reimlinger Tor – stadtauswärts – an der Ampelanlage nach rechts, bei der nächsten Ampel geradeaus, dann rechts in die Zeit-

blomstraße – Marienhöhe (Preußenprinzessin Marie, die 1842 den Kronprinzen Maximilian von Bayern heiratete, gab der Anhöhe den Namen, vorher Galgenberg) – Stoffelsberg (früher Staufenberg) – vorbei am Stiftungskrankenhaus – Adlersberg – vorbei am Reimlinger Wäldchen zum Schönefeld (schöne Aussicht ins westliche Ries: Sandberg, Ipf, Zipplingen; entlang der Höhen lagerten 1634 die Truppen des kaiserlichen Generals Gallas) – Albuch (Gedenkstein an die Schlacht von Nördlingen am 6. September 1634; von der Otto-Rehlen-Hütte verlaufen in mehreren Knicken nach rechts die damaligen Schanzen; vierzehnmaliger vergeblicher Ansturm der Schweden unter den Generälen Horn und Weimar) – Herkheim (Annakirche) – Nördlingen.

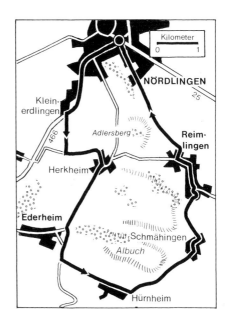

Ausflug (1) Nördlingen (ca. 18 km)

Nördlingen – Kleinerdlingen – Herkheim – Ederheim – Hürnheim – Schmähingen – Reimlingen – Nördlingen

CAFÉ · RADLOS

Geöffnet täglich außer Mittwoch von 10 bis 1 Uhr

**Kaffee, Kuchen
Eis, Cocktails
Live-Musik
Gartencafé
Kinderspielecke
Mittagstisch**

Löpsingerstr. 8, 86720 Nördlingen, Tel. 0 90 81/50 40, Fax 2 46 82

RIESKRATER
MUSEUM
NÖRDLINGEN

Hintere Gerbergasse 3
Tel. 0 90 81/8 41 43 · Fax 8 41 44
Öffnungszeiten:
Dienstag–Sonntag
10.00–12.00 und 13.30–16.30 Uhr
montags geschlossen

Konditorei – Café

Weinmarkt 3
86720 Nördlingen
Tel. 0 90 81/32 75

Kleinerdlingen

458 Einwohner, Stadt Nördlingen. – Kleinerdlingens Geschichte prägte entscheidend der Johanniterorden (nach der Verlegung der Ordenszentrale nach Malta 1530 meist Malteser genannt). Die Johanniter begründeten um 1250 in der Nähe eines Spitals eine Kommende und erwarben Güter in umliegenden Dörfern und in Kleinerdlingen selbst. 1808 hob der bayerische Staat die Johanniter-Niederlassung auf und zog sie ein.

Verwaltungsmittelpunkt war das *Ordensschloß*, ursprünglich ein vierflügeliges Wasserschloß, von dem heute noch Nordfront mit den oktogonen Ecktürmchen und der Ost- und Westflügel erhalten sind. Die Inschrift am Nordturm verweist wohl auf den Bauherrn, den Johanniter-Komtur von Rosenbach (1614). Seit 1809 ist das Schloß in Privatbesitz. Geradezu fremdländisch mutet uns neben den romanischen, gotischen und barocken Gotteshäusern des Rieses der vom italienisch klassizistischen Stil bestimmte Kirchenbau *St. Johannes* in Kleinerdlingen an. Nachdem die alte »Pfarr- und Schloßkirche« baufällig war, plante man am Ortsrand das neue Gotteshaus. Nach der Säkularisation der Johanniterkommende übernahm der bayerische König Max I. die Baupflicht und gab großzügige finanzielle Unterstützung. So zeigen auch Architektur und Ausgestaltung deutliche Züge der Aufklärung. Mit der Betonung der Horizontalen und dem niederen Zweckbau des Turmes entspricht der Kirchenbau dem nüchternen Denken dieser Zeit. Der Architekt Franz Keim und sein Sohn Karl hielten sich beim Entwurf der Kirche an eine Musterzeichnung Friedrich von Gärtners. Unter Pfarrer Christian Gerhard wurde 1821 der Grundstein gelegt, der Bau fand durch die Weihe von 1824 seinen Abschluß. Nach der Farbsymbolik kommt die Vernunft in Weiß, in Gold der edle Wille und das geläuterte Gefühl in Rosa und Grün zum Ausdruck. Der Chor mit Säulenumgang und die Halbkuppel verleihen der Kirche weihevolle Tempelatmosphäre. Die in den siebziger Jahren durchgeführte Renovierung stellte den ursprünglichen Raum wieder her, der dem Gläubigen eine »vornehme geistig religiöse Heimat« bietet (Feil).

Herkheim

302 Einwohner, Stadt Nördlingen. – Auf einer Fläche von etwa 3,5 ha südöstlich von Herkheim breitete sich eine jungsteinzeitliche Siedlung der sog. Bandkeramiker aus. Aufgrund von Bodenverfärbungen konnten Grundrisse langrechteckiger Häuser (27x10 m) ausgemacht werden, die Großfamilien mit acht bis zehn Personen Unterkunft boten. Bandartig verzierte Gefäße und zahlreiche Steingeräte (z. B. Mahl-

50 *Kleinerdlingen. Klassizistische Pfarrkirche St. Johannes*

und Reibsteine) markieren den Übergang von der Jäger und Sammler- zur Ackerbauern- und Viehzüchterkultur. Reihengräber deuten auf eine alamannische Siedlung. 1250 erstmals urkundlich erwähnt, teilten sich im Mittelalter der Deutsche Orden und das Nördlinger Spital die Besitzungen.

Die 1420 gebaute und im 17. Jh. veränderte *kath. Kirche St. Anna* gehörte zum Reimlinger Pfarrsprengel. Seit 1831 ist sie Filiale von Nördlingen. Unter dem gotischen Kreuzrippengewölbe (Schlußstein mit der Jahreszahl 1420) steht der neugotische Altar, dessen Tafeln Szenen aus dem Leben der hl. Anna zeigen. Am Platz des linken Seitenaltars thront eine Gottesmutter von imposanter Gestalt, wohl eine Augsburger Arbeit (um 1530, Johannesknäblein und Lamm sind barocke Zugaben aus dem 18. Jh.). Die Meisterhand I. G. Bschorers verrät die anmutige Holzstatue der Madonna von 1720 an der Nordwand des Langhauses. Etwas früher datiert die munter einherschreitende Gruppe der Hl. Familie. Ausgezogene Hufeisen bilden den originellen Beschlag der Sakristeitüre.

Ederheim

768 Einwohner. – Ederheim ist in einem Güterverzeichnis des Klosters Fulda aus dem 8./9. Jh. aufgeführt mit einer Kirche, mehreren Hofstätten und zehn Mühlen. Von den Edlen von Hürnheim, die im 12./13. Jh. Dorfherrschaft und Patronat innehatten, gingen die Besitzungen an verschiedene Adelige über, die teilweise nebeneinander im Ort saßen. Am Ende des Alten Reiches besaß der Deutsche Orden (Komturei Ellingen) die Mehrheit der Güter. Seit 1978 bilden Ederheim, Hürnheim und die ehemals kleinste Kommune Bayerns Christgarten eine Gemeinde innerhalb der Verwaltungsgemeinschaft Nördlingen.
Während der Schlacht auf dem Albuch 1634 ging die *ev. Pfarrkirche St. Oswald* in Flammen auf. Aus der notdürftig reparierten Ruine entstanden erst 1745/46 Langhaus und Turm. Die Deckenbilder der prot. Kirche zeigen die Hl. Dreifaltigkeit, Kreuzigung und Auferstehung. In den Eckmedaillons sind Szenen aus dem Leben des Herrn dargestellt. Die Gemälde sind Stiftungen von 1745/46. Bemerkenswert sind außerdem die Holzfigur des hl. Veit von 1500 und ein Epitaph, das an den 1559 verstorbenen Nikolaus von Jagstheim erinnert, der in Ederheim einer der Grundherren war.
Der *Forstlehrpfad* im Nördlinger Stiftungswald (ca. 1^1/$_2$ Stunden) führt über eine Strecke von 4 bzw. 5,5 km durch verschiedene Waldformen und vermittelt durch Schrift- und Bildtafeln Wissenswertes über Flora und Fauna. Ausgangs- und Endpunkt ist die Thalmühle bei Ederheim; hier zeigt eine Schautafel den Weg.
Wenn man von der Thalmühle aus dem Forstlehrpfad folgt, gelangt man nach etwa 20 Minuten zum *Hohlenstein,* einer etwa 20 m tiefen Höhle. In der Höhlenmitte lagen unter einer dicken Humusschicht zahlreiche jungsteinzeitliche Scherben sowie Knochen von Jagdtieren und zerschlagene Menschenknochen, die als Reste kannibalischer Mahlzeiten gedeutet werden. Darunter fanden sich altsteinzeitliche Geräte (Klingenkratzer, Messerchen und Bohrer) und als Besonderheit eine allerdings zerbrochene Kalksteinplatte, die verschiedene Einritzungen aufwies. Forscher erkannten in dem Liniengewirr Frauengestalten, Kopf und Hufe eines Wildpferdes. Die Figuren sind gegen Ende der letzten Eiszeit, etwa 30000 v. Chr., eingraviert worden.
Die kahle Anhöhe des Albuchs nordöstlich von Ederheim war im 30jährigen Krieg erbittert umkämpft. Bei den Auseinandersetzungen

um die Stadt Nördlingen verschanzte sich 1634 der kaiserliche General Gallas mit seinen spanischen Truppen. Nach 15 vergeblichen Angriffen der Schweden unter General Horn und Herzog Bernhard von Weimar, waren die Soldaten so erschöpft, daß sie dem kaiserlichen Gegenangriff nicht standhalten konnten und vernichtend geschlagen wurden. Einen Tag nach der Schlacht mußten dann die Nördlinger kapitulieren. Nun war für die Kaiserlichen der Weg frei nach Württemberg. Süddeutschland ging der protestantischen Partei verloren.

An dieses für den Verlauf des 30jährigen Krieges so entscheidende Geschehen erinnern uns Überreste zweier Schanzen und die Inschrifttafel an einer Steinpyramide: »Auf dieser Höhe ward am 6. September 1634 die denkwürdige und folgenreiche Schlacht bei Nördlingen entschieden.«

Freizeit-Tips

Haus des Gastes: Ahornweg 1, Tel. 0 90 81/39 09
Kegeln: Mehrzweckhalle, 2 vollautomatische Bahnen
Leseraum: Haus des Gastes
Ski-Langlauf: Loipenbeginn: Parkplatz Schweindorf
Tennis: 3 Freiplätze bei der Mehrzweckhalle
Trimmpfad: Hesselberg-Albuch
Waldlehrpfad: Parkplatz bei der Thalmühle
Wildgehege: Christgarten, Wildschweinfreigehege
Verkehrsamt/Gemeindeverwaltung: Ahornweg 1, 86739 Ederheim, Tel. 0 90 81/39 09, Fax 0 90 81/2 42 97

Hürnheim → Mönchsdeggingen

Schmähingen

362 Einwohner, Stadt Nördlingen. – Auf dem Schmähinger Kirchberg befand sich eine hallstattzeitliche Befestigungsanlage. Der Ort, der sich aus einer alamannischen Hofstätte entwickelte, läßt sich im Güterverzeichnis des Klosters Fulda im 8./9. Jh. erstmals nachweisen. Nach dem Aussterben der Ortsadeligen fielen die Besitzungen im 14. Jh. an die Edlen von Hürnheim. Mit dem Verkauf der Burg Niederhaus gelangte Schmähingen 1597 an die Grafschaft Oettingen, 1709 an den Deutschen Orden und schließlich 1806 an das Königreich Bayern. Trotz des erbitterten Widerstandes der Herren von Hürnheim-Haheltingen als Patronatsherren führte der ev. Graf Ludwig XV. von Oettingen 1557 gewaltsam die Reformation ein.

178 *Nördlingen*

Prot. Pfarrkirche St. Maria Turm und Chorschluß entstanden 1436, das Langhaus, Teile des Turmobergeschosses und die Sakristei um 1530. Auf dem alten Steinaltar erhebt sich ein wertvolles Kruzifix aus dem endenden 15. Jh. Südöstlich ruht das Kreuzrippengewölbe auf einer Fratzenkonsole; die Schlußsteine schmücken das Lamm Gottes, Kreuz und Wappen der Hürnheimer. Drei ausdrucksstarke Holzfiguren aus der Spätgotik begegnen uns an der Nordwand des Langhauses: die hll. Maria, Cordula und Ursula; gegenüber die lebensgroßen Ölbilder von Paulus und Luther. Die Restauration von 1968 entdeckte im Chorraum großflächige Malereien aus dem 15. Jh.: Verkündigung und Heimsuchung Mariens, Anbetung der Könige und Darbringung im Tempel. Die 1921 von August Prieser gemalten Bilder an der Decke verkündigen das Evangelium vom Kreuzestod bis zur Auferstehung.

Reimlingen

1166 Einwohner. – Funde legen nahe, daß die Riesrandhöhen bei Reimlingen (Reimlinger Berg, Adlerberg) in vorgeschichtlicher Zeit befestigte Höhensiedlungen trugen. Im 8./9. Jh. erscheint der Ort mehrmals in den Schenkungsverzeichnissen zugunsten des Klosters Fulda und Lorsch u. a. als »villa Rumilingin«. Der Deutsche Orden (Kommende Ellingen) vermochte im Mittelalter die Grundherrschaft über das Dorf fast vollständig für sich zu gewinnen. Ämter in Reimlingen (Schloß) und Nördlingen verwalteten den Rieser Besitz. Im Zuge der Säkularisierung des Ordens fiel Reimlingen 1806 an das Königreich Bayern.
Die Gemeinde nahm aufgrund ihrer Nähe zu Nördlingen einwohnermäßig einen beachtlichen Aufschwung und konnte so bei der Gebietsreform ihre Selbständigkeit bewahren.
Am Südrand des oberen Dorfes erhebt sich auf einer Anhöhe die *kath. Pfarrkirche St. Georg,* Ausdruck einer gottseligen Zeit zu Beginn des 18. Jh. Deutschordensbaumeister Franz Josef Roth, der vermutlich die Pläne fertigte, bezog den romanischen Nordturm in den Neubau von 1729/30 ein. Das Gemälde des Hochaltars von J. Michael Zink erzählt das Hauptthema der Georgslegende: Hoch zu Roß reitet der Heilige mit gefällter Lanze auf das schreckliche Untier los. Im Gebälk halten zwei Engel eine Girlande mit dem Wappen des Komturs Heinrich Freiherr von Hornstein, des Bauherrn. Über den Durchgängen begegnen uns lebensgroße Holzfiguren des hl. Karl Borromäus (links) und des hl. Kaisers Heinrich mit Kirchenmodell (rechts). Der nördliche Seitenaltar umfaßt eine spätgotische Holzstatue der Muttergottes mit Kind zwischen den Barockfiguren der hll. Margaretha und Apollonia.
Ein Meisterwerk Joh. Georg Bschorers ist die Kanzel von 1738. Putten

51 Reimlingen. Bildungshaus St. Albert

tragen Kartuschen mit Darstellungen der Kreuzigung, der Taufe Christi und der Enthauptung Johannes d. T. Auf dem puttenumschwebten Schalldeckel: Johannes der Täufer und das Lamm Gottes. Die Deckengemälde signierte J. Michael Zink 1730.
Im Chor: Immaculata, umgeben von den vier Evangelisten; im Langhaus: Verherrlichung des hl. Georg, in den Ecken die Apostel Petrus, Paulus, Johannes und Andreas, dazwischen in Grisaillemalerei Moses und der Dornbusch sowie der Traum Jakobs.
Ölberg mit gleichzeitigen Figuren von 1753.
In unmittelbarer Nähe der Pfarrkirche ließ 1595 der Deutschordenskomtur Volprecht von Schwalbach den Bau des *Schlosses* aufführen. Von diesem Bau stammen das Erdgeschoß, die beiden flankierenden Rundtürme im Norden und das Treppenhaus im Süden. Durch Ordensbaumeister Franz Josef Roth erfolgt unter Komtur Karl Heinrich Freiherr von Hornstein (Wappen an der Westseite) die Erhöhung um zwei Stockwerke. Beachtenswert sind die schönen schmiedeeisernen Gitter an den Fenstern des Erdgeschosses aus der Zeit um 1735. Den Schloßhof betritt man im Osten oder Westen durch korbbogige Portale, deren Giebel Wappen des Deutschen Ordens und verschiedener Komture schmücken. Während der Schlacht bei Nördlingen 1634 war hier das Hauptquartier von König Ferdinand und General Gallas. 1824 erwarb Fürst Ludwig von Oettingen-Wallerstein das Schloß. Nach mehrmaligem Besitzerwechsel kam es 1920 in den Besitz der Mariannhiller Missionskongregation.
Das *Bildungshaus St. Albert* ist Zentrum für Jugendseelsorge und Erwachsenenbildung in der Diözese Augsburg. Auch Beleghaus für Veranstaltungen mit eigener Kursleitung. – 80 Betten. – Tel. 09081/22020.
Die kath. Filialkirche *St. Stephan* (Herkheimer Str.) erhebt sich im Westen des unteren Dorfes. Der Turmunterbau stammt aus dem 15. Jahrhundert; das Schiff, ein flachgedeckter Saalbau, kam um 1700 hinzu. Auf dem Hochaltar begegnet uns eine Muttergottesfigur aus der Zeit von 1470/80. Krone und Szepter sind spätere Ergänzungen, die die Bedeutung Marias als Königin unterstreichen.

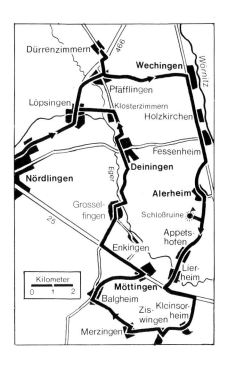

Ausflug (2) Nördlingen (ca. 55 km)

Nördlingen – Löpsingen – Pfäfflingen – Dürrenzimmern – Wechingen – Holzkirchen – Fessenheim – Alerheim – Appetshofen – Lierheim – Kleinsorheim – Ziswingen – Merzingen – Balgheim – Möttingen – Enkingen – Grosselfingen – Deiningen – Klosterzimmern – Löpsingen – Nördlingen

Löpsingen

1102 Einwohner, Stadt Nördlingen. – Die Halbinsel der Egerschleife bildet den Ortskern mit Kirche und Meierhof. Die Siedlung, die aus einer alamannischen Hofstätte erwuchs, geht im 8./9. Jh. durch adelige Schenkung an das Kloster Fulda über. Seit dem 12. Jh. haben das Augsburger Domkapitel und nach dem Aussterben der Edlen von Löpsingen 1331 die Oettinger Grafen die Grundherrschaft inne. Sie sind es auch, die 1538 die Reformation einführen.

52 *Löpsingen mit luth. Pfarrkirche St. Michael*

Die *luth. Pfarrkirche St. Michael* ist ein einfacher Saalbau aus dem ausgehenden 15. Jh. Mit den 1,6 m dick gefügten Mauern des romanischen Turmes hat die Kirche inmitten schützender Friedhofsmauern ihren wehrhaften Charakter bewahrt. Im Innern des Gotteshauses läßt sich kaum noch etwas finden, was frühere Generationen zur Ehre Gottes geschaffen haben. Die letzte Renovierung von 1978/79 legte den kreuzrippengewölbten Chor wieder frei. Die gotischen Fresken zeigen in den Chorgewölben die vier Evangelisten. Das Dach des Turmes trägt wieder Mönch- und Nonnenziegel.

Der heute diagonal in zwei Höfe geteilte alte *Meierhof* neben der Kirche stammt aus der Zeit um 1500; die Zehntscheune dokumentiert Macht und Einfluß der Erbauer.

Kath. Kirche St. Pius Jenseits der Eger (Vordere Angerstraße) erhebt sich die kath. Kirche von 1965. Sie wurde zu Ehren des Papstes Pius X. erbaut, dessen Wahlspruch »Alles in Christus erneuern« über dem Eingang steht. Der Architekt Helmut Haberbosch aus Lauingen plante das Gotteshaus als einschiffigen Raum mit seitlich gestellten Turm. Ernst

Steinacker schuf Altar, Ambo, den von Engeln getragenen Tabernakel und das Papstwappen an der Empore. Die Taufkapelle ist ein Werk von Sebastian Fink. Die Glasfenster von Jutta Schachner-Friedmann geben dem Raum eine weihevolle Atmosphäre.

Pfäfflingen

415 Einwohner, Stadt Nördlingen. – Wie andere »-ingen«-Orte im Ries hat sich wohl auch Pfäfflingen aus einer alamannischen Hofstätte entwickelt. 1278 übereignen die Grafen von Truhendingen ihre Besitzungen hälftig dem Deutschen Orden und dem Zisterzienserinnen-Kloster Zimmern. Bei der Auflösung des Klosters 1558 übernahmen die Grafen von Oettingen als Rechtsnachfolger dessen Teil und veräußerten ihn 1717 an den Deutschen Orden. Dieser übte nun die alleinige Dorfherrschaft aus, bis das Dorf 1805/06 an den Staat Bayern kam.
1648 zerstörten Schweden die dem *hl. Georg geweihte Kirche*, die 1670 unter Verwendung des alten Materials wiederaufgebaut wird. Der Turm, im Unterbau aus dem 14. Jh., erhält das polygone Obergeschoß mit der behäbigen Bedachung. An der südlichen Außenwand befindet sich das Steinrelief eines Engels mit dem Schweißtuch der hl. Veronika, eine handwerkliche Arbeit aus dem frühen 16. Jh.
Das zweistöckige Gasthaus unweit der Kirche gehört mit seinem Barockgiebel »zu den schönsten Ausprägungen ländlicher Architektur im Ries« (Frei). Es hat durch die Modernisierung an repräsentativer Gestalt verloren. Das gegenüberliegende eingeschossige Bauernhaus mit geschwungenem Giebel ist ein Beispiel für ein Austragshaus aus der Mitte des 18. Jh.
Viel Grün und zurückgebaute Straßen bestimmen das Ortsbild des recht geschlossen wirkenden Haufendorfes.
An der Mauch liegt eines der größten Wiesenbrütergebiete Bayerns, das durch den Einsatz von Naturschützern vor der Verwandlung in eine Agrarsteppe bewahrt werden konnte.

Dürrenzimmern

411 Einwohner, Stadt Nördlingen. – In ersten überlieferten Urkunden aus dem 13. Jh. heißt der Ort »Zimbern«, später Superior (Ober) Cimbern und ab 1271 Dürrenzimmern, wohl zur Unterscheidung von dem im feuchteren Egergrund gelegenen Klosterzimmern. Das Kloster prägte bis zu seiner Aufhebung 1558 die Dorfentwicklung nachhaltig. Danach bestimmten die Grafen von Oettingen über die Mehrzahl der Anwesen. Die Erbauungszeit der *prot. Pfarrkirche St. Maria* reicht in die späte Romanik. Im 17. Jh. erhält der Chorturm den achteckigen

Oberbau. Zu den wertvollsten Ausstattungsstücken zählen das Altarkruzifix von 1450 und Reste eines vorreformatorischen Sakramentshäuschens mit dem Bild des Erlösers (etwa 1470).

Wechingen, Holzkirchen, Fessenheim → Wemding

Alerheim

890 Einwohner. – Nach den Zerstörungen des 30jährigen Krieges erbauten die Alerheimer ihre Häuser hinter den Schuttbergen, so daß ein breiter Anger entstand, an den sich die Zwei- und Dreiseithöfe reihen. Zusammen mit Bühl, Rudelstetten und Wörnitzostheim bildet Alerheim eine Gemeinde innerhalb der Verwaltungsgemeinschaft Ries und zählt 1629 Einwohner.

In der Nähe der zum Kastell Munningen (Losodica) ziehenden Römerstraße begründeten Alamannen die Siedlung, die im Schenkungsverzeichnis des Klosters Fulda im 8./9. Jh. erstmals urkundlich genannt wird. Die Herren von Alerheim, die zeitweise den Grafentitel führten, stifteten das Kloster Auhausen. Sie hatten ihren Ansitz auf dem Bergkegel südlich Alerheims. Nach ihrem Wegzug aus dem Ries ging die Burg in den Besitz der Staufer über, die sie zu Verteidigungs-, Verwaltungs- und Wohnzwecken ausbauten.

Stauferkaiser Friedrich II. ließ auf der Burg seinen unbotmäßigen Sohn König Heinrich 1235 einige Tage in Gewahrsam nehmen. Nach dem Verfall der staufischen Macht kam die Burg an die Grafen von Truhendingen und schließlich 1306 an die Grafen von Oettingen, die hier ein Amt einrichteten. 1931 verkaufte Fürst Eugen die Ruine an Friedrich Käufer, von dessen Erben sie Georg Appl erwarb und Teile davon renovierte.

Eine ungemein blutige Schlacht tobte am 3. August 1645 zwischen dem Alerheimer Schloßberg und Grosselfingen. Kaiserliche Truppen unter dem bayerischen Feldmarschall Franz Frhr. von Mercy kämpften gegen ein französisch-hessisches Heer unter dem Prinzen Louis von Condé, insgesamt etwa 30 000 Soldaten. Nach dem Tod des Generals v. Mercy konnten die Franzosen die Schlacht zu ihren Gunsten entscheiden. In den wenigen Stunden des Kampfes mußten über 8000 Menschen ihr Leben lassen. Trotz der großen Opfer war die Schlacht von Alerheim »weder militärisch entscheidend noch hatte sie ausschlaggebende Folgen« (K. H. Scheible).

1634 hatten die Kaiserlichen im Zusammenhang mit der Schlacht von Nördlingen die Hauptburg in Brand gesteckt. Später wurde sie bis auf geringe Reste abgetragen. Von der einstmals stolzen Reichsburg sind noch der Mauerring, Teile des Torbaus und Reste des Grabens im

 # ALERHEIM

mit den Gemeindeteilen
Bühl i. Ries – Rudelstetten –
Wörnitzostheim

Besuchen Sie unsere Gemeinde mit den wertvollen Epitaphien in der Stephanuskirche und in der Friedhofsmauer, mit dem weitangelegten, schönen Dorfanger und dem Schloß- und Wennenberg.

Sehenswert sind die Marienkirche in Bühl, das Ensemble Rudelstetten und das am Flußlauf der Wönitz gelegene Wörnitzostheim.

Gutgeführte Gaststätten laden zum Verweilen ein.

53 Alerheim. Ausschnitt aus dem Kupferstich
»Schlacht bei Alerheim« von M. Merian, 1651

Osten und Norden erhalten. Sie ist der Öffentlichkeit nicht zugänglich.
Berühmtester Sohn Alerheims ist Johann Wilhelm Klein (1765–1848),
der als Vater der Blinden in die Geschichte eingegangen ist. Sein Geburtshaus ist Am Schloß 3. Er gründete in Wien eine Blindenschule, in
der er seine Zöglinge durch Bildung auf Aufgaben in Beruf und Gesellschaft vorbereitete. Seine Unterrichtsmittel und Methoden wirkten in
vielen Ländern Europas und bis nach Nordamerika.
Vor der Gemeindekanzlei ist diesem Sozialreformer ein Denkmal gesetzt, das Ernst Steinacker geschaffen hat.
Die prot. Pfarrkirche St. Stephanus ist in mehreren Zeitepochen entstanden. Der Ostturm trägt im Untergeschoß die Mauern einer Chorturmanlage aus dem Anfang des 15. Jh. Um 1650 kam der querrechteckkige Chorraum hinzu. Gegen 1730 erfolgte die Erweiterung um das einschiffige Langhaus und die Erhöhung des Turmes mit dem jetzt farbig
gedeckten spitzen Helm über den trapezförmigen Giebeln.
Zahlreich sind die Grabsteine des 16.–19. Jahrhunderts von Pfarrern,
Amtmännern und ihren Angehörigen. Zwischen 1967 und 1970 kam es

zu einer vollständigen Umgestaltung der Pfarrkirche: »Innerhalb des Mauerwerks des 15. bis 17. Jh. schuf der Architekt eine der kühnsten Kirchenbauten im schwäbischen Bereich« (Feil).
Ein Spazierweg führt rund um den 450 m hohen *Wennenberg,* von dem man einen herrlichen Blick auf den Rieskrater genießen kann (Parkplatz an der Staatsstraße). Der Wennenberg liefert ein Beispiel für den Aufbau des Primärkraters, der »inneren Hügelzone« (Alerheimer Schloßberg, Hahnenberg bei Appetshofen, Schloßberg von Lierheim, Albuch, Adlersberg, Stoffelsberg, Marienhöhe am Rande von Nördlingen, Wallersteiner Felsen). Er besteht zum größten Teil aus Granit, der aus seiner ursprünglichen Lage über 400 m emporgerissen und hier gelagert wurde. Am Aufschluß (Nordhang) kann man zwischen zerrüttetem Granit dunkles Gestein von großer Härte entdecken, den sog. »Wennenbergit«.
Die Wörnitz dreht heute in der Wennenmühle keinen Mühlstein mehr, sondern erzeugt Strom, der in das Netz des Überlandwerks eingespeist wird.

Appetshofen

371 Einwohner, Gemeinde Möttingen. – Im 12. Jh. tritt der Ort ins Licht der Geschichte. Der Abt von Ellwangen bezieht Einkünfte von »Abbateshofen«. Begütert sind hier im Mittelalter der Deutsche Orden, das Stiftskapitel Ellwangen und die Grafen von Oettingen, die Dorf- und Gemeindeherrschaft innehatten. Der Überlieferung nach soll Kaiser Karl V. der Gemeinde das Privileg eines »Bauernkönigs« verliehen haben.
Kunsthistorisch besonders interessant ist das romanische Chorquadrat der *ev. Pfarrkirche St. Jakob* mit spätromanischen und hochgotischen Fresken. Konsolen mit fratzenhaften Köpfen tragen das schwere Kreuzrippengewölbe mit Evangelistensymbolen aus der Renaissance in den Feldern. Wirkungsvoll setzen sich die Darstellungen des hl. Blasius und des Thomas von Canterbury an den Fensterleibungen in Szene. 1615 wurde der Turm erhöht, das heutige Langhaus tritt um 1776 hinzu. Den Altar schuf Karl Hemmeter: Christkönig, St. Michael stürzt den Bösen, die Engel blasen zum Jüngsten Gericht. Mit Schmuckstücken von Appetshofener Bürgerinnen und Bürgern wurde nach dem Krieg die Barockkanzel vergoldet.
Der sog. »Bauernkönig«, der noch Mitte des 18. Jh. Vorsteher der Ortsgemeinde war und bei Amtshandlungen mit einer Fahne und zu Pferd erscheinen mußte, ist im Wappen am Feuerwehrgerätehaus unterhalb der Kirche abgebildet.

Lierheim

116 Einwohner, Gemeinde Möttingen. – Während sich Appetshofen entlang der Dorfstraße erstreckt, gruppiert sich der Weiler Lierheim um den Burgberg. Die Herren von Lierheim, ein bedeutendes Rieser Edelfreiengeschlecht, zeichneten sich im 12. Jh. durch vornehme Verwandtschaft und durch eine Verbindung zur Augsburger Bischofskirche aus; Hartwig von Lierheim war 1167 bis 1184 Bischof zu Augsburg. Der ständische und politische Abstieg wird gegen Ende des 13. Jh. eingeleitet, als die Grafschaft Oettingen aufzustreben beginnt. 1427 ist die Burg als oettingisch belegt. Durch Verkauf wechselten mehrmals die Besitzer (1454 v. Miltenberg, um 1500 Hürnheim, 1541 Nördlingen, 1740 der Deutsche Orden, 1835 Oettingen-Wallerstein, seit 1874 in Privatbesitz). Die Herrschaft umfaßte gegen Ende des Alten Reiches Besitzungen in einem Dutzend Rieser Dörfer, die ein Pflegamt verwaltete.

Wenige Reste der alten Burg aus der Mitte des 12. Jh. sind in den nördlichen Grundmauern des heutigen Schlosses zu suchen. 1579–1584 baute Wolfgang Walberger im Auftrag der Reichsstadt Nördlingen die Burg um. 1758–1762 erhielt das Schloß schließlich sein heutiges Gesicht. Baumeister Mathias Binder verbreitete den Südflügel nach Osten und stellte ihn hofseitig in eine Fluchtlinie. Am östlichen Haupttor signiert Wolfgang Walberger (1606). Das Schloß umgibt eine Ringmauer mit Schießscharten und runden Wächtertürmchen; im Westen und Süden bietet die Eger zusätzlich natürlichen Schutz. Das Schloß ist der Öffentlichkeit nicht zugänglich.

Höhle »Hexenküche« im Kaufertsberg bei Lierheim Wenn man in Lierheim nach Heroldingen abzweigt und am Ortsende dem Feldweg folgt, gelangt man zum Kaufertsberg, der mit seinem felsigen Hang schroff zum Tal der Eger abfällt. Unter dem überhängenden Felsschutzdach (Abri) führt ein enger Gang in den Berg hinein zur oben offenen »Hexenküche«. Archäologen konnten durch Funde die Anwesenheit der Menschen von der Altsteinzeit bis hinein ins Mittelalter nachweisen. Eine Kopfbestattung, die man in das ausgehende Eiszeitalter datiert, gewinnt eine besondere Bedeutung, da ähnliche Funde auch in der Großen Ofnet gemacht wurden.

Die Höhle erhielt wohl ihren Namen von den Opfern des Hexenwahns, die hier auf Scheiterhaufen ihr unbarmherziges Ende fanden.

Kleinsorheim

300 Einwohner, Gemeinde Möttingen. – Ein Reihengräberfeld in der Nähe der Kirche beweist die Gründung des Ortes durch Alamannen im

54 *Kleinsorheim mit prot. Andreaskirche*

6./7. Jh. Östlich davon, auf der flachen Anhöhe des Dorfbergs, stieß man auf Spuren einer hallstattzeitlichen Siedlung.
Der 488 m hohe bewaldete »Kleine Hühnerberg« besteht aus Jurakalk und wurde bei der Rieskatastrophe hierher geschleudert. Funde bezeugen, daß der »Kleine Hühnerberg« eine prähistorische Siedlung trug. Verschiedene Herren hatten im Mittelalter Rechte und Güter im Ort. Der Ortsadel (1312 genannt) hatte auf dem Schlößlesberg seine Burg, von der sich noch Mauerreste erhalten haben. Die Grafen von Oettingen verfügten 1559 die Einführung der Reformation.
Die *prot. Andreaskirche* erbaute Hans Balthasar Zimmermann 1702; der Erweiterungsbau von 1764 ist vier Jahre später beendet, wie uns die Jahreszahl über dem Haupteingang verrät. Die flache Decke der Saalkirche schmückt ein Gemälde mit der Verklärung des Herrn. Der Volutengiebel im Westen und der Zwiebelhelm sind barocke Stilelemente der Kirche nach außen.

190 *Nördlingen*

Ziswingen, Merzingen → **Mönchsdeggingen**

Balgheim

573 Einwohner, Gemeinde Möttingen. – Balgheim ist ein echtes Rieser Bauerndorf; es liegt inmitten fruchtbarer Ackerfluren, die schon vorgeschichtliche Siedler zu schätzen wußten. Die erste urkundliche Nachricht aus dem Jahre 1147 nennt den bambergischen Ministerialen Cunradus de Balgenheim. Wie in vielen anderen Rieser Dörfern waren die Besitzungen im Mittelalter stark zersplittert. Sechs Grundherrn teilten sich die Güter.
Das Ortsbild prägt die *prot. Aegidiuskirche* mit dem gedrungenen Turm und der welschen Haube. 1613 in der heutigen Form erbaut, behielt sie bei der letzten Renovierung 1973/74 die neugotische Ausstattung von 1908.
Im Pfarrhaus erblickte der Historiker, Jurist und Schriftsteller Karl Heinrich von Lang am 7. Juli 1764 das Licht der Welt (Gedenktafel). Oberhalb und unterhalb liegen am Forellenbach die alten Mühlen des Dorfes.

Möttingen

827 Einwohner. – An der leicht geschwungenen Durchgangsstraße (B 25), die parallel zum Forellenbach verläuft, entstand die Ortschaft, die sich nach dem Zweiten Weltkrieg durch Ansiedlungen von Gewerbebetrieben und Neubauten am Bahnhof erweiterte. Seit 1980 ist Möttingen Sitz der Einheitsgemeinde, die mit den Ortsteilen Appetshofen, Balgheim, Enkingen, Kleinsorheim etwa 2300 Einwohner zählt. Es ist Zentrum für die Betreuung geistig Behinderter aus dem gesamten Landkreis Donau-Ries.
Gegen die Mitte des 12. Jh. erscheint der Ort erstmals in einer Urkunde. Heinrich von Möttingen stiftete der Propstei Berchtesgaden Güter bei Neresheim. Die Edlen von Lierheim und die Oettinger Grafen waren im 13. Jh. etwa gleich stark begütert. 1323 verkauften die Grafen alle ihre Güter und Rechte im Dorf Möttingen an den Deutschen Orden (Komturei Ellingen). Trotz Widerspruchs des Ordens vermochte Graf Ludwig XVI. 1558 die Reformation durchzusetzen.
Auf dem schmalen Dorfanger erhebt sich die *prot. Pfarrkirche St. Georg,* die mit dem abgesetzt geschwungenen Turmhelm auf die Deutschordenszeit verweist. Der gotische Chor, der in drei Seiten des Achtecks schließt, erhielt 1768–1771 das saalartige Langhaus. Der Hochaltar unter dem Netzrippengewölbe birgt stattliche Figuren: Drachentöter St. Georg (um 1500) zwischen St. Christophorus (um 1500) und St.

55 *Möttingen. Deutschordenswappen über dem Südportal der prot. Pfarrkirche St. Georg*

Mauritius (um 1620 in Anlehnung an St. Georg) mit den Insignien des Deutschen Ordens. Die Pietà über dem mittleren Eingangsportal ist ein erhabenes Werk aus der Spätgotik um 1500, das ebenso beeindruckt wie die Abendmahlsgruppe von 1480. Im Chor und im Turmuntergeschoß erinnern Grabsteine an einstige Pfarrer aus Möttingens Deutschordenszeit. Steinwappen über dem Südportal verweisen auf Repräsentanten des Deutschen Ordens. Ganz oben erkennt man Ordenskreuz und Insignien des Hochmeisters Carl Alexander Herzog von Lothringen.

Durch den Zustrom von Heimatvertriebenen bildete sich im bisher rein ev. Dorf eine kath. Kirchengemeinde, die sich an der Straße nach Bissingen 1969 ein eigenes Gotteshaus errichtete, das sie der hl. Theresia von Lisieux weihte. Der Augsburger Architekt Back ließ sich in der architektonischen Gestaltung ganz von der Rose inspirieren. Die farbenglühenden Glasfenster von Hilde Sandtner verleihen dem achteckigen Raum eine zauberhafte Wirkung.

MÖTTINGEN
Der neue Standort für Industrie und Gewerbe

Industriegebiet direkt an der B 25 und der Bahnlinie

Einheitsgemeinde MÖTTINGEN:

Die aufstrebende, ländlich strukturierte Gemeinde Möttingen, mit den Ortsteilen Balgheim, Appetshofen/Lierheim, Kleinsorheim und Enkingen, hat z. Zt. 2432 Einwohner und ist durch die laufende Erschließung von Bauland und Ansiedlung von Gewerbebetrieben stetig im Wachsen. Möttingen hat eine eigene Gemeindeverwaltung mit Sitz in Möttingen.
1. Bürgermeister: Friedrich Bissinger.

In Möttingen sind die wichtigsten Institute wie Post, Eisenbahnstation, Apotheke, 2 Tankstellen, 2 Geldinstitute, 1 Arzt, Tierärzte und 10 Gasthöfe vorhanden.

Sehenswert ist das Schloß Lierheim. Auch das Sport- und Freizeitangebot kommt mit Sportplätzen, Tennisplätzen und Wandermöglichkeiten nicht zu kurz. Die Gesamtgemeinde hat 24 Vereine, in denen für jung und alt immer etwas geboten ist.

Auskunft: Gemeindeverwaltung Möttingen – Tel. (0 90 83) 4 51
Pfarrgasse 6, 86753 Möttingen – Fax (0 90 83) 14 97

Enkingen

245 Einwohner, Gemeinde Möttingen. – Enkingen, das sich auf einer hochwassersicheren Terrasse am Ufer der Eger entwickelte, erscheint 1242 unter Grundbesitz eines Grafen von Truhendingen. Seit dem 15. Jh. gehört das Dorf fast ausschließlich dem Nördlinger Spital. Dem hl. Jodokus, dem Schutzheiligen der Pilger, ist die *Kirche* geweiht. Der Ort hatte nie einen eigenen Seelsorger, sondern war seit jeher Filiale von Möttingen und seit 1939 von Grosselfingen. Nach dem Einsturz des Turmes 1606 läßt ihn der Deutsche Orden mit dem typischen gestaffelten Helm wiedererrichten. Dies verrät eine Inschrift mit den Deutschordens-, Schutzspehr- und Hutzlerwappen im Innenraum. In dieser Zeit wurde wohl auch das Kirchenschiff an den gotischen Chor angefügt. Großflächig illustrieren hier noch recht gut erhaltene Malereien die Leidensgeschichte des Herrn und den Jüngsten Tag. Der Nördlinger Johann Michael Voltz malte die Abendmahlsszene (1870/80). Der Verein Rieser Bauernmuseum renoviert das ehem. Schulhaus aus dem 18. Jh. Die einklassige Dorfschule, in der früher alle acht Klassen gleichzeitig unterrichtet wurden, soll das Schulleben der 20er Jahre unseres Jh. veranschaulichen.

Den *Hahnenberg* (465 m NN) zwischen Enkingen und Appetshofen umgibt ein heute noch sichtbarer Wall mit Graben. Die Funde des noch wenig erforschten Bodendenkmals legen nahe, daß die Hochfläche zur Hallstatt- und Latènezeit eine Siedlung trug.

In der Flur »Über der Eger« nord-östlich von Enkingen liegt eine vorgeschichtliche Siedlung der Bandkeramiker, die vor etwa 7700 Jahren lebten. Keramikscherben, Mahlsteine, Silexstücke und Überreste von Langhäusern belegen die Ackerbaukultur.

Grosselfingen

426 Einwohner, Stadt Nördlingen. – Grosselfingen wird in einem Güterverzeichnis des Klosters Fulda im 9. Jh. erstmals genannt; bereits 1153 ist ein Pfarrer urkundlich nachgewiesen. Im 13. bis 15. Jh. erwirbt das Spital zu Nördlingen nach und nach die Güter, die unter der Landeshoheit der Oettinger Grafen verblieben. Im 18. Jh. wechselte das Dorf mehrmals die Besitzer: 1712 Reichsritter von Schell, dann die Augsburger Familie von Garb, 1753/55 Fürsten von Oettingen, 1806 Königreich Bayern.

Der Räuberhauptmann Schinderhannes überfiel 1719 mit seinen Spießgesellen das Vogthaus, drangsalierte die Bewohner und plünderte die Kasse. – Daß Johann Wolfgang Goethes Vorfahren mütterlicherseits Grosselfingen entstammen, ist nur wenigen bekannt. Inmitten des sich

56 Deiningen. Kath. Pfarrkirche St. Martin inmitten des befestigten Friedhofes

an die Eger drängenden Dorfes erhebt sich die *prot. Kirche St. Peter und Paul,* ein Bau im wesentlichen aus der Zeit um 1713. Die 1978/79 durchgeführte Innenrenovierung bewahrte die neugotische Innenausstattung von 1896.

Deiningen

1709 Einwohner. – Bei der 1978 abgeschlossenen Gebietsreform behielt Deiningen seine Selbständigkeit und hat sich der Verwaltungsgemeinschaft Ries angeschlossen. Eine wichtige Rolle spielt auf den fruchtbaren Böden nach wie vor die Landwirtschaft. Handwerk und

Gewerbe leisten ebenfalls einen wertvollen Beitrag zur Finanzkraft der Gemeinde.

Nicht ohne Stolz nennt sich Deiningen das »älteste Dorf« im Ries, erscheint es doch schon 760 in einer Königsurkunde. Frankenkönig Pippin schenkte den strategisch günstigen Ort am Egerübergang inmitten des agrarisch bereits gut genutzten Rieses dem Reichskloster Fulda. Umfang und Organisation des Fronhofverbandes »villa Thininga« beschreibt das Verzeichnis des Klosters von 822/842, in dem Untertanen (etwa 70 Familien), Felder, Viehbestand sowie acht Mühlen eingetragen sind. Die drei genannten Kirchen waren wohl fränkische Gründungen; dies belegt auch das Patrozinium der einzig heute noch erhaltenen Pfarrkirche St. Martin. Das Kloster Fulda konnte diesen Besitz jedoch auf die Dauer nicht halten. Bereits im 12. Jh. erscheinen die Grafen von Oettingen als Lehensträger und greifen somit erstmals ins Zentralries aus.

Im Zuge der Landesteilung 1410 wird dieser aus Oettinger Sicht wichtige Ort, ähnlich wie die Städte Oettingen und Wemding, in zwei gleiche Hälften geteilt. Die konfessionelle Spaltung brachte dann die Reformation 1550. Nach dem Grundsatz »Cuius regio, eius religio« (»Wessen das Land, dessen (ist) die Religion«) mußten die Untertanen der ev. gewordenen Linie Oettingen-Oettingen die neue Lehre annehmen. Der geplante Ausbau von St. Ottilia zur prot. Pfarrkirche konnte nicht verwirklicht werden, so daß die Protestanten im nahen Kloster Zimmern ihre Gottesdienste abhielten. Nach langem Drängen bestimmten die gräflichen Häuser die Kirche St. Martin zum Simultaneum, das bis 1961 bestand.

Während des Bauernkrieges versammelten sich die Bauern in diesem größten aller Rieser Dörfer, nach Schätzungen 1500–25 000 Mann aus 74 Orten der Grafschaft. Der »Deininger Haufen« ließ sich jedoch zu keinen Übergriffen hinreißen und erhoffte den Erfolg durch Verhandlungen. Nach der Niederlage des Leipheimer Haufens lösten sich die Bauernschaften auf, durch das Reichsstadt Nördlingen gewarnt, von den Grafen von Oettingen gedrängt.

In der Mitte des alten Dorfes steht die *Pfarrkirche St. Martin*, deren älteste Bauteile in das 14. Jh. zurückreichen. Der wuchtige Chorseitenturm mit dem zwei Meter mächtigen Mauerwerk und den schmalen Lichtschlitzen verweist auf eine ehem. Verteidigungsfunktion als Bergfried. Vom einst stark befestigten Friedhof haben sich Teile der hohen Ringmauer erhalten sowie als vorgelagerte Bastion ein zinnenbekrönter Mauereckturm und ein kleiner achteckiger Wächterturm. An die Erbauungszeit des Turmes erinnern zwei Steinreliefs, ein Christuskopf mit Heiligenschein an einem der südlichen Strebepfeiler und im Chor der Johannesadler, der ein Schriftband mit dem Namen des Evangelisten in seinen Krallen hält. Das Kirchenschiff aus dem Ende des 14. Jh. wurde in der Zeit zwischen 1740 und 1745 barockisiert und erweitert. Die Decke erhielt die umlaufende weitbogige Hohlkehle mit kräftigem Abschlußprofil. Der barocke Hochaltar umfaßte das von M. Zink (Neresheim) 1756 gemalte Bild des hl. Martin, wie er gerade mit einem Bettler seinen Mantel teilt. Von Zink sind ebenfalls die Deckengemälde: Lamm Gottes, Krönung Mariens und Anbetung der Könige. Die durchgeistigte Terrakotta-Madonna und das ehem. Chorbogenkruzifix sind beides Werke des weichen Stils von 1420. Die gotische Holzfigur des Kirchenpatrons im Chor stammt aus der Zeit um 1500. Die Martinskirche hat durch die 1979–1982 durchgeführte Renovierung das ihrer kulturhistorischen Bedeutung würdige Aussehen bewahrt.

Im Jahre 1961 fand das 345 Jahre dauernde Simultaneum in der St.-Martins-Kirche sein Ende. Die ev. Gemeinde erhielt die *Erlöserkirche*, einen großzügig geplanten Bau im Norden des Dorfes. Zur Einweihung schenkten die Katholiken ein wertvolles Kruzifix aus dem 18. Jh., das neben dem Taufstein von 1682 zu den Kostbarkeiten der Kirche zählt.

Die würdevolle *Egerbrücke*, im 18. Jh. auf älteren Resten erbaut, führt in sieben Bögen über den Fluß. Sie war dem Verkehr nicht mehr gewachsen und steht nun abseits vom Gewühl der neuen Straßen.

In Deiningen ist *Gottfried Jakob* 1839 geboren, der in seinen Mundartgedichten »Allerloi aus'm Ries« erzählt.

Deiningen ist Schulort für 17 umliegende Orte. In einem großflächigen Natursteinmosaik an der Nordwand des *Schulgebäudes* behandelt der Bildhauer Sebastian Fink das Thema Evolution. Er meißelte auch den Muschelkalkbrunnen vor dem Hauptgebäude: die vier Lebensabschnitte Kindheit, Jugend, Erwachsensein und Alter in vier miteinander verbundenen Blöcken.

Ein Gedenkstein vor dem repräsentativen Rathaus erinnert an die 1200-Jahrfeier der Ortschaft im Jahre 1960.

Freizeit-Tips

Freizeitzentrum Cowabanga: Tennis-, Squashhalle, Gymnastikräume, Badminton-Courts, Fitneß-Studio, Kletterwand für Freeclimber. Am Sportpark 11, Tel. 0 90 81/35 59

Klosterzimmern

Gemeinde Deiningen. – 1252 nehmen die Zisterzienserinnen auf dem unwirtlichen Stahelsberg/Hahnenkamm (Kloster gegr. 1245) das An-

57 *Klosterzimmern. Ehem. Abteikirche mit Torbau und Verwaltungsgebäude*

gebot Rudolfs I. von Hürnheim-Rauhaus an und übersiedeln in die fruchtbare Ebene des Rieses. Schenkungen und eine reiche Erwerbstätigkeit erlaubten es, die Zisterze stark zu besetzen; bereits im Jahre 1334 lebte hier ein Konvent von 80 Klosterfrauen. 15 Laienbrüder hatten Feldbau und Handwerk zu besorgen, so daß das Kloster den Forderungen des Ordens gemäß weitgehende Unabhängigkeit besaß und zu den reichsten Ansiedlungen im Ries zählte.

Trotz des Widerstandes der Hürnheimer gelang es den Grafen von Oettingen um 1400, die Klostervogtei an sich zu ziehen. Mit der Zugehörigkeit zur lutherischen Linie des Grafenhauses war 1559 die Säkularisation besiegelt.

Auch die Nonnen unter ihrer Äbtissin Beatrix von Rechenberg (1504–1531) wendeten sich dem neuen Glauben zu, vertauschten das graue Ordensgewand mit schwarzen, langen Frauenkleidern, lösten die Beziehungen zu ihrem Oberen, dem Abt von Kaisheim, und stellten einen ev. Klosterprediger an. Diese schnelle Entscheidung verhinderte wohl 1525 schwerere Übergriffe der aufrührerischen Bauern. Nach dem Tod der Äbtissin Apollonia Kraft (1549–1551) gestattete Graf Ludwig keine Neuwahl mehr; mehrere Nonnen traten aus dem Kloster aus und heirateten.

Die Anlage machte allerlei Wandlungen durch und diente nacheinander als Schwefelbad mit Orangerie und Lustgarten, Fasanerie, Brauhaus, Kattunfabrik, Leinwandbleiche und schließlich heute als fürstlicher Gutshof.

Die dem *Hl. Kreuz und St. Maria geweihte Kirche* ist eine dreischiffige Pfeilerbasilika von 1255. Längst sind die Seitenschiffe abgebrochen, die Arkadenbögen vermauert. Die Nonnenempore, die man sich ursprünglich gerade vorzustellen hat, reichte über die vier westlichen Fensterachsen hinaus; das Licht erhielt sie durch ein hohes spitzbogiges Maßwerkfenster (jetzt zugesetzt) in der Westfassade. Unter der Empore befand sich die Krypta, ähnlich wie im Kloster Kirchheim a. R. (Grablege?), ein kapellenartiger, zweischiffiger Raum mit Kreuzgratgewölbe. Der turmartige Ausbau des ehem. schlichten Dachreiters in prot. Zeit benötigte eine starke Holzkonstruktion, so daß das große Westfenster zugemauert werden mußte. Im zweijochigen Chor steht auf schmuckloser Mensa eine Kreuzigungsgruppe von 1730. Die Predella zeigt Szenen aus dem Leben Christi: Taufe, Abendmahl und Gethsemane. Aus der Erbauungszeit der Kirche hat sich der Taufstein erhalten, eine niedere Kelchschale mit dem Relief eines Löwen zwischen zwei Wappen. Das Chorgestühl mit teilweise fratzenhaften Köpfen ist eine handwerkliche Schnitzarbeit um 1500. Mit dem Kirchenmodell ruft Ritter Rudolf I. († 1258/64) selbstbewußt seine fromme Stiftung ins Gedächtnis. Ein Doppelgrabmal zeigt den Sohn des Wohltäters Rudolf II. († 1280), ebenfalls in Ritterrüstung mit Helm und Kettenhemd. Zusammen mit seiner sich bescheiden gebenden Frau Agathe präsentiert auch er eine Plastik der Kirche, deren Bau wohl unter seiner Herrschaft vollendet war. Beide Denkmäler sind hervorragende Werke aus dem 14. Jh. Der letzten Äbtissin Apollonia Kraft (1549–1551) ist ein weiteres Grabmal gesetzt, dessen Gestaltung die Schule Loy Herings verrät.

Von der alten Klosteranlage haben sich nur geringe Reste erhalten, so der heutige Verwaltungsbau mit abgetrepptem Giebel und das mit Zinnen gekrönte Hoftor (um 1530) sowie eine Scheune.

58 Klosterzimmern. Grabmale der Klosterstifter Rudolf I.
von Hürnheim, Rudolf II. und dessen Gattin Agathe
(um 1340)

Mit der 1984/85 durchgeführten Renovierung konnte der ehem. Zisterzienserinnenstiftskirche etwas von ihrer einstigen Größe und Pracht zurückgegeben werden.

OETTINGEN

4221 Einwohner. – Der anerkannte Erholungsort Oettingen liegt am Nordrand des Rieses in unmittelbarer Nähe des idyllischen Oettinger Forstes. Die Stadt am Wörnitzübergang konnte über Jahrhunderte hinweg das Gepräge einer fürstlichen Residenz bewahren.
Oettingen ist ein zentraler Ort des nördlichen Rieses. Etwa 1000 Personen finden hier Arbeit insbesondere in den Bereichen Metall-, Holz- und Brauereiwesen. Zwei Orgelfabriken tragen den guten Klang Oettingens hinaus in alle Welt.
Als Schulstadt mit Grund- und Hauptschule und Gymnasium erfüllt Oettingen eine wichtige Bildungsfunktion. Das Kreiskrankenhaus mit verschiedenen Fachabteilungen stellt die gesundheitliche Versorgung auch des Umlandes sicher.
Durch Eingemeindungen von Erlbach (98 Einwohner), Heuberg (253), Lehmingen (308), Niederhofen (150) und Nittingen (140) wuchs die Stadt auf über 5000 Einwohner. Als Sitz der Verwaltungsgemeinschaft (Oettingen, Auhausen, Ehingen a. R., Hainsfarth, Megesheim, Munningen) kann Oettingen an seine administrative Bedeutung in der Vergangenheit anknüpfen.

Geschichte

Ein Reihengräberfeld läßt eine alamannische Gründung im 5./6. Jh. vermuten. Zwischen 822 und 842 überträgt der Frankenkönig Pippin Besitzungen und »Hörige« in Oettingen dem Kloster Fulda. Die Geschichte Oettingens jedoch beginnt erst, als sich um die Mitte des 12. Jh. Edelfreie hier niederließen und sich nach der Stadt benannten. Um 1140 erscheint urkundlich »Ludewig de Otingin«, der vermutlich in verwandtschaftlicher Beziehung zu den Staufern stand.
König Konrad III. (König seit 1138) setzte die Oettinger als Amtsgrafen ein. Nach dem Untergang der Staufer blieben die Grafen die ordnende Macht. Durch klugen Erwerb von Burgen und Städten versuchten sie, die Landesherrschaft im Ries zu sichern. Bis zum Ende des Alten Reiches 1806 prägten sie die Entwicklung von Stadt und Landschaft in entscheidendem Maße. Wie sehr die Untertanen vom Grafenhaus abhängig waren, zeigt die Grafschaftsteilung von 1410 zwischen den beiden Brüdern Ludwig XI. und Friedrich III.
Auch die Stadt wird zwischen den beiden Hauptlinien »Alt-Oettingen« und »Alt-Wallerstein« hälftig aufgeteilt, und zwar den Gassen nach. Im Unteren Schloß (Platz des heutigen Gruftgartens – 1851 abgebrochen) residierte die Linie Oettingen-Oettingen, die später die Reformation

für ihren Grafschaftsteil einführte (1539), im Oberen Schloß die Linie Oettingen-Alt-Wallerstein (seit 1657 Oettingen-Spielberg), die kath. blieb. Die eine Straßenseite war nun kath., die andere prot. Man unterschied sogar zwischen »katholischen« und »evangelischen« Juden, die in zwei verschiedenen Synagogen beten mußten. Die verwaltungsmäßige Teilung bestand über das Jahr 1740 hinaus, als dem Haus Oettingen-Spielberg auch der oettingen-oettingische Anteil zufiel.
1525 übernahmen aufständische Bauern das Regiment über die Stadt. Während sie die gräflichen Schlösser unangetastet ließen, zerstörten sie Einrichtungen des Deutschherrenhauses.
Graf Ludwig XV., der sich ebenso wie sein Sohn Ludwig XVI. der lutherischen Lehre zuwandte, verfiel der Reichsacht. Beide mußten außer Landes. Ihre Grafschaft erhielt bis zur Begnadigung 1553 der kath. Sohn Ludwigs, Friedrich V.
1624 gab der Buchdrucker Lukas Schultes aus Augsburg mit Erlaubnis des Grafen die erste gedruckte Zeitung des heutigen Bayern heraus. Der 30jährige Krieg unterbrach das rasche städtische Wachstum. Bald nach Kriegsende entfaltete sich eine rege Bautätigkeit, die sich auch im Ausbau der drei Vorstädte zeigte. Beide herrschaftlichen Linien ließen zudem ihre Residenzen erweitern bzw. erneuern und die beiden Kirchen barockisieren. Sein städtebauliches Gepräge erhält Oettingen im 18. Jh. durch den fürstlichen Architekten Johann Christian Lüttich aus dem Braunschweigischen.
Albrecht Ernst I. – 1674 in den Fürstenstand erhoben – bemühte sich ebenso wie sein gleichnamiger Sohn, der Residenz höfischen Glanz zu verleihen. Sie entfalteten eine prachtvolle Hofhaltung mit der Pflege von Poesie und Musik. Mit dem Tod Albrecht Ernsts II. erlosch 1731 die ev. Linie Oettingen-Oettingen. Das Erbe fiel zu zwei Dritteln an Oettingen-Wallerstein und zu einem Drittel an die Linie Oettingen-Spielberg, die von nun an allein in Oettingen residiert, heute unter Fürst Albrecht.
Das Ende der ehem. »reichsunmittelbaren Grafschaft« setzte die Mediatisierung 1806. Das Fürstentum kam teils an Bayern, teils an Württemberg (ehem. Grafschaft Baldern und ein Teil des Fürstentums Wallerstein).

Rundgang

1 Das *Neue Schloß* Führungen Sa. 14.00 Uhr. Gruppen nach Vereinbarung (Mai–Oktober). Der wohlproportionierte, dreigeschossige Bau zählt mit seiner wertvollen Innenausstattung zu den »bedeutenden Bau- und Kulturdenkmälern Schwabens« (Schiedermeier). Bei der Grafschaftsaufteilung 1410 und der Stadtteilung 1416 erhielt Ludwig

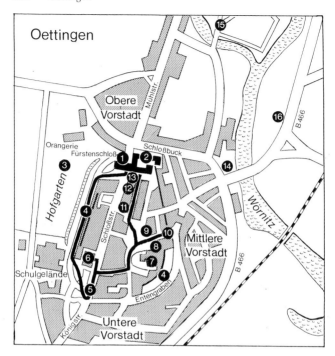

XI. († 1440) das Untere Schloß (1850/51 abgebrochen), sein Bruder Friedrich II. († 1423) das sog. »Münzhaus«, das er zum Schloß ausbaute. König Wenzel hatte den Grafen 1393 das Münzrecht verliehen, das sich zunächst auf das Prägen von Silberpfennigen beschränkte und sich schließlich auf »Rheinische Goldgulden« (1518/1539) ausdehnte. Im Münzhausbereich entstand in zwei Abschnitten das repräsentative Schloß: Saalbau (1679–1683) und auf der Hofseite der Treppenhausbau (1686/87). Graf Wilhelm († 1685) beauftragte den herzoglich württembergischen Baumeister Mathias Weiß aus Kassel mit der Fertigung der Pläne. Weiß ließ die alten Gebäude abreißen und integrierte den Torbau als 10. und 11. Fensterachse, so daß die Fassade einen leichten Knick erhielt. Im Osten (Schloßhof) springt das Treppenhaus als Zugang zum Repräsentations- und Wohngeschoß risalitartig hervor. Im Westen schloß sich die Stadtmauer an. Der ehem. Festungsbaumeister verzichtete auf eine barocke Fassadengestaltung weitgehend und nahm

59 *Oettingen. Südfassade des Neuen Schlosses und ev. Pfarrkirche St. Jakob*

sich allenfalls die manieristisch-römische Palastarchitektur und deutsche Bauten der Spätrenaissance (z. B. das Augsburger Rathaus) zum Vorbild. In den Fensterverdachungen befinden sich unten abwechselnd das oettingische Wappen und die Initialen des Bauherrn, des Grafen Johann Wilhelm († 1685), und oben antikisierende Kaiserbüsten. Das Hauptportal flankieren Säulen mit gesprengtem Segmentgiebel.
In den fürstlichen Wohn- und Prunkräumen der beiden Obergeschosse begeistern die Stukkaturen des berühmten Wessobrunner Meisters Mathias Schmuzer d. J. unter Mitarbeit Benedikt Vogels, 1681/82. Prachtvoll gibt sich der *große Festsaal* im 2. Obergeschoß mit vollplastischem figürlichen Wand- und Deckenstuck von Mathias Schmuzer. Über den Fenstern barocke Nachbildungen römischer Kaiserbüsten, am Plafond Ölbilder eines unbekannten Künstlers mit Allegorien der Vier Jahreszeiten (Winter fehlt) und der Vier Tageszeiten (um 1680). Das Deckenbild des mit wertvollem Mobiliar ausgestatteten Grünen

60 *Oettingen. Festsaal des Neuen Schlosses*

Salons zeigt Apollo mit den neun Musen auf dem Parnaß. Dieses Gemälde schuf der Oettinger Hof- und Stadtmaler Johann Wolfgang Dietrich ebenso wie den »Herkules am Scheideweg« im reichstuckierten, mit Familienporträts geschmückten Weißen Salon.

Im *Goldenen Salon* (oder Theatersaal) finden sich im Deckenbild der Triumph der Tugend über das Laster und in den Eckmedaillons die theologischen Tugenden: Fides (Glaube), Spes (Hoffnung), Caritas (Liebe) und Justitia (Gerechtigkeit) – umgeben von Schmuzerschem Stuck. Im Alkoven hängt das Bild des Fürsten Johann Aloys I. (um 1766).

Das Erdgeschoß des Schlosses bildet seit 1988 einen angemessenen Rahmen für eine Außenstelle des Staatlichen Völkerkundemuseums München, die jährlich wechselnde Ausstellungen bietet.

2 Im barocken *Schloßhof,* von Stallungen, Remisen und ehem. fürstlichen Marstall umgeben, erhebt sich in der Mitte der herrliche Brunnen. Reichverziert mit Putten strebt der Obelisk im Wolkensturm hinauf zu Maria. Die Himmelskönigin, umkränzt von zwölf Sternen, hält im Arm das segnende Jesuskind, ein vortreffliches Werk des Tiroler Bildhauers Johann Joseph Meyer, 1720–1723.

3 *Hofgarten mit Orangerie* Gegen Westen, entlang der noch erhaltenen Stadtmauer, breitet sich der Hofgarten aus. Im frühen 18. Jh. angelegt, erfuhr der Park um 1850 eine Umgestaltung im englischen

Stil. Das eingeschossige, langgestreckte Gebäude plante Franz Josef Gabrieli 1726. Es diente ursprünglich der Überwinterung von während des Sommers im Freien aufgestellten südlichen Gewächsen, insbesondere Orangenbäume (Orangerie). Heute hat hier die fürstliche Familie ihren Wohnsitz. Die lebensgroße Steinfigur (1677) stand einst im Hof des 1851 abgebrochenen alten Schlosses. Sie stellt den Kampf des Herakles mit der lernäischen Schlange dar, in Anlehnung an den Augsburger Herkulesbrunnen.

4 *Stadtbefestigung* Ein legendärer Graf Otto soll angeblich 1198 die Stadt erstmals mit einer Mauer umgeben haben. Die erste sichere Nachricht stammt aus dem Jahr 1294, als Graf Ludwig V. den Deutschherren die Erlaubnis gab, »auf die Mauer zu bauen«. Mauern und Graben umwehrten das weiträumige Oval der Stadt, Tore und Türme sicherten die Straßenzüge. Außerhalb entstanden Vorstädte (Obere Vorstadt, Untere Vorstadt, Mittlere Vorstadt). Vom Hofgarten aus hat man einen reizenden Blick auf das Stück Stadtmauer, die in unteren Teilen aus Buckelquadern gefügt ist. Zwei heute vermauerte Durchgänge sind zu erkennen. Fortlaufende Abbrucharbeiten im 18. und beginnenden 19. Jh. ließen noch nicht wenige Reste im Süden und Osten der Stadt übrig. Sicherlich war die Stadtbefestigung Oettingens nur leicht gewesen. Im Ernstfall (Bauernkrieg 1525 und im 30jährigen Krieg) vermochte sie einem feindlichen Ansturm keinen nennenswerten Widerstand entgegenzusetzen.

5 Die Hauptachse der Stadt bildet die *Schloßstraße*. Das behäbige Königstor, geschmückt mit dem fürstlichen Wappen, ist der Auftakt dieser Straße, die sich in einzigartiger Weise das Flair des 18. Jh. bewahrt hat. Am Ende steht das stattliche Schloß als Blickfang. Die sich am Rathaus orientierenden Fachwerkbauten im Westen gehörten zum kath., die gegenüberliegenden Häuser mit barocken Schweifgiebeln zum ev. Herrschaftsbereich.

6 *Rathaus* Zentrum der Schloßstraße ist das Rechteck des Marktplatzes mit dem eindrucksvollen dreigeschossigen Fachwerkbau, dessen Giebel von Geschoß zu Geschoß leicht vorkragt. Das steile Dach bekrönt ein zierlicher Dachreiter mit Glocke. Die Jahreszahl über dem spitzbogigen Portal mit profiliertem Gewände nennt den Baubeginn 1431, Fertigstellung erst 1486; der Städtekrieg hatte den Baufortschritt lange verzögert.

Bei der Generalsanierung 1986–1993 wurde ein nebenliegendes Handwerkerhaus aus dem 17. Jh. mit einem modernen Zwischenbau angeschlossen.

Karl Kuhr meißelte 1972 den *Brunnen auf dem Marktplatz*. Die vier Gestalten versinnbildlichen die für die Stadt wichtigsten Berufsstände (Handel, Handwerk, Landwirtschaft, Lehre).

61 Oettingen. Schloßstraße mit Rathaus

7 Die *Gruftkirche* erhebt sich auf dem Gelände der 1242 erstmals erwähnten Stammburg der Oettinger. Die ehem. Burgkapelle – 1260 bis 1270 vom Deutschen Orden neu erbaut – ließ 1798 Fürstin Aloysia bis auf den spätromanischen Chor und den alten quadratischen Turm abbrechen und zur Familiengruft des Hauses Oettingen-Spielberg im Empirestil umbauen. Am westlichen Portal stehen Todesgenien (Schlaf und Tod), beide Figuren sind Werke Ignaz Ingerls. Dem »Königlich Bayerischen Rittmeister« Carl Fürst von Oettingen, der im Befreiungskampf gegen Napoleon 1813 bei Hanau fiel, ist ein Denkmal im Gruftgarten gesetzt. Ein Stein mit dem Relief des Alten Schlosses erinnert an dieses beeindruckende Gebäude, das bis zum Abbruch 1850 hier stand. Die Gruftkirche kann im Rahmen einer Stadtführung besichtigt werden.

8 Am Platze des Heimatmuseums (im Aufbau) unmittelbar neben dem Park befand sich das *Haus des Deutschordens,* Kommende Oettingen, die um 1200 gegründet worden war. Ein Fliegerangriff 1945 zerstörte neben 69 anderen Gebäuden auch das barocke Deutschordenshaus. 200 Menschen verloren damals ihr Leben.

Hier wurde der Gelehrte und Begründer der Byzantinistik Hieronymus Wolf (1516–1580) geboren. Der als »schwäbischer Sokrates« bekannte Schulreformator gründete 1541 die erste lateinische Schule in Oettingen.

Das an dieser Stelle 1957 erbaute ehemalige Berufsschulgebäude soll das *Heimatmuseum* Oettingen aufnehmen. Die Sammlungen des Heimatmuseums (seit 1908) befanden sich von 1939–1986 in den Dachgeschossen des Rathauses und boten einen regionalgeschichtlichen Überblick von der Jungsteinzeit bis ins 19. Jh. Im Bereich der Vor- und Frühgeschichte stellen der »Erlbacher Fund« (Inventar eines frühen germanischen Frauengrabs) und ein römischer Brunnen besondere Attraktionen dar. Residenzstadt und kleinstädtisches Leben werden u. a. durch Münzen, Fayencen und Biedermeierliches repräsentiert. Reichhaltige Sammlungen zu Hausrat, Möbeln und Handwerk (besonders beachtenswert die Hafnerei und Färberei sowie Holzverarbeitung) belegen den Charakter der Stadt als Zentrum des ländlichen Umlands. Jährliche Sonderausstellungen des Museums greifen zudem einzelne Themenbereiche auf.

Aus den einfachen Gebäuden dieses Viertels (Ledergasse, Manggasse, Pfarrgasse) mit Hofräumen und Aufzugsluken ist heute noch die mehr gewerbliche Nutzung ersichtlich.

9   Die kath. *Pfarrkirche St. Sebastian* verdankt ihre Entstehung einem Wunder: Am Sebastianstag (20. Januar) des Jahres 1467 hatte die Magd eines Schusters den Fasttag nicht gehalten und einen Laib Brot aufgeschnitten, aus dem dann siebenmal Blut geflossen ist. Am Ort des Geschehens ließ zwei Jahre später Graf Ulrich eine Kapelle errichten. Als 1483 die Pest in Donauwörth ausbrach, wallfahrten Hunderte von Gläubigen nach Oettingen und nahmen ihre Zuflucht beim hl. Sebastian, dem Beschützer vor der Pest. Nach mehrmaligem Auf- und Abblühen der Wallfahrt ist heute der Strom der Pilger versiegt. Nur die Wemdinger, die 1647 von der todbringenden Krankheit bedroht waren, bringen alle 20 Jahre eine prächtige Votivkerze.

1469 begann Graf Ulrich von Oettingen mit dem Bau der Kirche. 1471 war der Turm bis auf den Helm vollendet, der 1486 aufgesetzt wurde. Die Krypta unter dem Chor erhielt das Gotteshaus zwischen 1663 und 1666. Eine Erweiterung noch über den Turm hinaus erfolgte 1680. Das baufällige Schiff mußte 1847 abgetragen und neu errichtet werden. Die heutige Gestalt im Innern ist das Ergebnis zweier Renovierungen im 20. Jh.

Auf dem Gemälde aus der Zeit um 1480 am rechten Seitenaltar beten Maria und St. Sebastian als Fürsprecher der pestgeplagten Menschheit zu Gott, der Krankheiten in Pfeilen auf die Menschen sendet, ohne Rücksicht auf Rang und Namen. Unter dem Bild erblickt man in einer Nische die Büste des hl. Sebastian von 1655. Im Chor erzählt ein Bild vom Beginn der Wallfahrt, welche Wunder der hl. Sebastian an Blinden, Krummen, Hinfallenden, Wassersüchtigen, Verwundeten, Todkranken, Ertrunkenen und von der Pest Befallenen vollbracht hat. Altar, Kreuz, Kanzel, Taufstein und Ambo schuf Anfang der sechziger

62 *Oettingen. Königstor mit Wappen der Fürsten von Oettingen-Spielberg*

Jahre Ellmar Hillebrand, der auch im Kölner Dom gearbeitet hat. Beim Verlassen der Andachtsstätte sollte man die Reste der Wandmalereien (Gerichtsdarstellungen) aus der Erbauungszeit beachten.

10 Zwingertor Die Hofgasse schloß das 1815 abgebrochene Mittlere Tor ab, nur der dahinterstehende Zwinger blieb erhalten.

11 Kath. Pfarrhaus 1763 erwarben Jesuiten das 1725 errichtete Privathaus des fürstlichen Baumeisters Lüttich und bauten es zum Pfarrhaus um.
Flache Rahmen mit vorgezogenem Schlußstein umgeben die Fenster, Gesimse trennen die Geschosse. Eine Steinfigur der Muttergottes aus dem beginnenden 18. Jh. in der Fensternische setzt einen belebenden Akzent an der Südfassade.

12 Die alte *Lateinschule* (gegründet 1563; südlich neben der St.-Jakobus-Kirche), eine der ältesten in Deutschland, geht auf Hieronymus Wolf zurück. 1724 legt Fürst Albrecht Ernst II. den Grundstein für das neue Gebäude, wie die lateinische Inschrift am Mittelrisalit verkündet. Albrecht Ernst hat sich mit den Stuck-Initialen neben den ovalen Fenstern zweimal verewigt. Seit dem Neubau des Gymnasiums im Westen der Stadt hält die Volkshochschule hier ihre Kurse ab. Die Städtische Volksbücherei stellt einen umfangreichen Bestand zur Verfügung.

13 Ev. Pfarrkirche St. Jakob Zwischen 1057 und 1075 weihte der Eichstätter Bischof Gundekar II. eine Kirche in Oettingen, die Vorläuferin der heutigen Jakobskirche. Anfangs noch Filiale von Ehingen, erhielt sie mit wachsender Bedeutung des Grafenhauses den Status einer eigenen Pfarrkirche (1312). Zwischen 1312 und 1326 entstand der Chor. Der Unterbau des Turmes, der das Maß des nördlichen Anbaus (1494) bestimmt, enthielt die Sakristei; diese wurde 1461 überbaut. 1565 erhielt der Turm sein polygonales Obergeschoß mit der charakteristischen Bekrönung. Treppentürme und neue Sakristei im Süden traten 1654 hinzu.

Graf Ludwig XVI. führte 1563 als Schutz- und Schirmherr über St. Jakob die Reformation in Oettingen ein. Durch das Portal an der Nordseite betritt man die Vorhalle und gelangt in das Schiff, das die Emporen als Predigerkirche ausweisen. Der eingezogene Chor endet in drei Seiten des Achtecks. Unverkennbar sind die gotischen Strukturelemente: Spitzbogenfenster mit einfachem Maßwerk.

Deckenbilder und Stukkaturen Die Flachtonne stuckierte 1680/81 der Wessobrunner Mathias Schmuzer d. J. mit plastischen Blüten- und Fruchtgehängen. Die Medaillons zeigen im Chor die hl. Dreifaltigkeit, umgeben von den zwölf Aposteln. Im Schiff sind Szenen aus der Heilsgeschichte dargestellt: Mariä Verkündigung, Anbetung der Hirten, Darstellung im Tempel, Gethsemane, Golgatha, Grablegung, Auferstehung, Mariä Himmelfahrt, Christi Himmelfahrt. Die Bilder im Chor malte Hans Wolfgang Dietrich, im Langhaus Johann Georg Knappich, um 1680.

Auf dem Choraltar beeindruckt die *Kreuzigungsgruppe*, eine fränkisch-schwäbische Arbeit um 1500, die Hans Seyffer nahesteht. Vergeistigte Erregung liegt über den ebenmäßigen Zügen der Gesichter.

63 Oettingen. *Kanzel und Taufstein in der ev. Pfarrkirche St. Jakob*

Ein Engel mit herbem Gesichtsausdruck trägt die prächtige *Kanzel* (1677 von Johann Jakob Sommer), die sich zu einer Höhe von etwa acht Metern aufbaut; vor den Muschelnischen die vier Evangelisten, auf dem Schalldeckel erhebt sich Christus und erinnert mit Dornenkrone, Nägeln und Kreuz an seine Leidensgeschichte.

Den originellen *Taufstein* stiftete 1689 Jakob Eberhard Heberlein (Signatur an der Schale: I. E. H. 1689). Konrad Thier besorgte die

Ausführung. Ein gebeugter Adam (mit Apfel) trägt die mit Fruchtgebinden gezierte Muschelschale. In ihr steht Christus und empfängt die Taufe durch Johannes.

Zahlreiche *Grabsteine* und Epitaphien bezeugen den Auferstehungsglauben des 16. bis 18. Jh. Im Chor befinden sich ausschließlich die Tafeln von »Standespersonen« und Angehörigen des Fürstlichen Hauses. Zu den bemerkenswerten zählen die Epitaphien für Maria Salome von Wildenstein geb. von Wellwart († 1599), fast lebensgroß dargestellt, und das für Elisabeth Moser († 1614).

14 Am rechten Wörnitzufer erhebt sich die mit einem Dachreiter bekrönte *St.-Leonhards-Kapelle* aus dem Jahre 1500 (vgl. Inschrifttafel). Die Kapelle diente einst der Aufbahrung der Ertrunkenen oder tödlich Verunglückten. Die kath. Kirchengemeinde hat sie nach dem 2. Weltkrieg als Gedenkstätte für die Gefallenen und Opfer des Bombenangriffs der Stadt 1945 umgewandelt. Der volkskundlich interessante Altar aus dem 16. Jh. zeigt im Mittelschrein unter filigranem Baldachin den hl. Leonhard, flankiert von den hll. Rochus und Wolfgang. Die Flügel (bei geschlossenem Altar) sind dem Leben des hl. Leonhard, dem Patron der Gefangenen und des Bauernstandes, gewidmet. Szenen aus dem Marienleben (Mariä Heimsuchung und Tod Mariens) erscheinen bei geöffnetem Schrein. Die 14 Nothelfer, unter ihnen St. Leonhard, zieren die Predella. Auf der Rückseite sind in Konturen der Schmerzensmann, Judaskuß, Leidenswerkzeuge und Schweißtuch der Veronika zu erkennen.

Dort wo die wuchtige Figur des Brückenheiligen Nepomuk (1750) steht, begann die alte steinerne Brücke über die Wörnitz.

15 Freibadanlage auf der Wörnitzinsel Badeanlage mit ausgedehnten Erholungsflächen und Freizeiteinrichtungen (Ruderboote, Minigolfanlage, Großschach, Bocciabahn, Tischtennis, Kneippanlage und Wildgehege). Öffnungszeiten: täglich 9.30 Uhr – 18.30 Uhr.

16 Jenseits der Wörnitz stand das ehem. »Siechenhaus« mit der *St.-Anna-Kapelle* inmitten des alten Friedhofes. In diesem Spital außerhalb der Stadt brachte man Leute mit Lepra und anderen ansteckenden Krankheiten unter. Heute Diakoniestation.

Freizeit-Tips

Angeln: Wörnitz (Fischereiverein), Tageskarten und Information beim Verkehrsamt; Tel.: 09082/70951. Die Wörnitz ist einer der fischreichsten Flüsse Bayerns mit Aal, Zander, Karpfen, Hecht und Wels.
Bootfahren: Ruderbootverleih im Wörnitz-Freibad
Fahrradverleih: Fa. Knecht, Schloßstraße 37; Tel. 09082/2116
Haus des Gastes: Schloßstraße 5, Volkshochschule, Seniorenzentrum,

Stadtbücherei (Mo. und Do., 15.00–18.00 Uhr, Mi. 11.00–13.00 Uhr)
Kneippanlage: Auf der Freibadinsel
Konzerte: Oettinger Schloßkonzerte im Festsaal des Schlosses, Programm und Vorbestellung beim Verkehrsamt, Tel. 09082/70952.
Kutschfahrten: Anmeldung für Pony-Kutschfahrten im Verkehrsamt, Tel.: 09082/70951
Minigolf: Auf der Freibadinsel
Museen: Heimatmuseum, Hofgasse 14 (bis zur Neueröffnung jährliche Sonderausstellungen), Tel. 09082/70974; Völkerkundemuseum im Schloß, geöffnet 10.00–16.00 Uhr (außer Mo.)
Reiten: Rieser Reiterverein, Reitstall, Am Weißen Kreuz, Tel. 0 90 82/24 46
Schloßbesichtigung: Fürstl. Residenzschloß, Führungen Mai–Oktober, Sa. 14.00 Uhr, und nach Vereinbarung; Tel. 09082/70951
Schwimmen: Wörnitz-Freibad (Flußschwimmbad)
Stadtführungen: Auskunft Verkehrsamt; Tel. 09082/70951
Tennis: Tennis-Club Oettingen; Freiplätze, Gunzenhauser Straße, Tel. 09082/2110
Wanderwege: Markierte Rundwanderwege, Karte im Verkehrsamt
Wildgehege: Freibadinsel; Gehege beim Schellerhof
Verkehrsamt: Im Rathaus, Schloßstraße 36, Tel. 09082/70951

Wanderung nach Steinhart (nach E. Rahn)

Wanderstrecke: 12 km
Markierung: grüner Punkt (nur auf dem Rückweg)
Oettingen – St.-Leonhards-Kapelle – ehem. Siechenhaus mit Annakapelle – Bildstöcke (vor dem 30jährigen Krieg stand hier eine Wolfgangskapelle) – Hainsfarth (Synagoge, Pfarrkirche St. Andreas) – Kirchenberg – Steinhart (Judenfriedhof, Ruine) – Buschelberg (Aufschluß mit Riesseekalken) – Oettingen

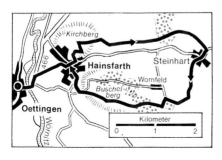

Ausflug Oettingen (ca. 45 km)

Oettingen – Lehmingen – Auhausen – Dornstadt – Hirschbrunn – Erlbach – Niederhofen – Ehingen a. R. – Heuberg – Munningen – Megesheim – Steinhart – Hainsfarth – Oettingen

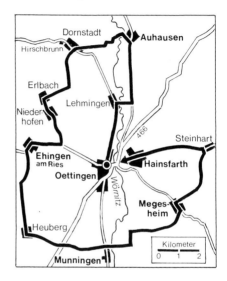

Lehmingen

308 Einwohner, Stadt Oettingen. Lehmingen liegt auf einer hochwassersicheren Terrasse über der Wörnitz. Bereits 1009 erscheint der Ort als selbständige Pfarrei, die wohl in karolingischer Zeit ihren Ursprung hat, wie der Kirchenpatron St. Martin vermuten läßt. Die Mehrzahl der Güter gehören 1491 dem nahegelegenen Benediktinerkloster Auhausen. Als dieses der Säkularisation zum Opfer fiel, kam Lehmingen 1533 in den Besitz der Markgrafen von Ansbach.

Die *ev. Pfarrkirche*, Turm im Untergeschoß 15. Jh., erhält 1791 das heutige Langhaus, das im sog. Markgrafenstil ausgestaltet wird, d. h. Altar, Kanzel und Orgel sind übereinander angeordnet. Davor steht der Taufstein. Über dem Altar ist die Orgel angeordnet. Die Renovierung von 1974 förderte eine wohl gotische Keramikfigur des auferstandenen Christus zutage, die als Halbrelief über dem aus Deiningen stammenden, im Kern wohl romanischen Taufstein angebracht wurde. In Lehmingen stand die Wiege des Lehrers und Heimatdichters Friedrich Völklein (1880–1960).

Auhausen

705 Einwohner. – Seit 1978 bildet Auhausen mit Dornstadt (330 Einwohner) und Lochenbach (66 Einwohner) eine eigene Gemeinde, die der Verwaltungsgemeinschaft Oettingen angeschlossen ist.

Die *Benediktinerabtei* ist wohl eine Gründung der Herren von Alerheim-Auhausen, die sich später, nach ihrer Herrschaft in Thüringen, von Lobdeburg nennen. Das 1136 erstmals genannte Kloster war nicht allzureich ausgestattet. In der Mitte des 14. Jh. scheint es durch Zustiftungen und durch das Angliedern eines Hospitals einen Aufschwung erlebt zu haben. Es zeigen sich zudem Ansätze einer Marienwallfahrt.

Durch Schenkungen erkauften sich Laien das Recht (Sepulturrecht), auf dem Klosterfriedhof inmitten von Mönchen begraben werden zu dürfen.

Am 6. und 7. Mai 1525 schändeten aufgebrachte Bauern die Kirche, zerstörten Kunstwerke und raubten das Kloster aus. Die wertvolle Bibliothek vernichteten sie, den Abt jagten sie davon. Nur mit Mühe konnte der damalige Prior Johannes Fabri die Brandschatzung verhindern.

Nach der Niederlage des Bauernhaufens bei Ostheim führten die Markgrafen von Ansbach als Territorialherren 1534 endgültig die Reformation ein und besiegelten das Schicksal des Klosters. Nach der gewaltsamen Rekatholisierung der Reichsstadt Donauwörth schlossen sich die prot. Fürsten 1608 im Konventssaal zum »Schutzbündnis« der Union zusammen. 1791 ergriff das Königreich Preußen Besitz von der Ansbacher Markgrafschaft. Durch Gebietstausch geht das preußische Auhausen 1797 an das Fürstentum Oettingen-Spielberg und 1806 schließlich an Bayern.

Die *prot. Pfarrkirche*, ehem. Benediktinerklosterkirche St. Maria, ist mit ihrem mächtig aufstrebenden Turmpaar ein weithin sichtbares Wahrzeichen des Wörnitztals. Das Gotteshaus, eine dreischiffige Basilika mit drei Apsiden, ohne Querschiff, entstand um 1120, wohl zur Anfangszeit der Abtei. Um 1230 erhält der Nordturm die oberen Geschosse mit deutschem Band, Blendarkaden und liliengeschmückten Blendbogenfriesen. Der Südturm gesellt sich 1334 hinzu (Inschrift an der Westseite). 1519 läßt der bedeutendste und zugleich letzte Abt Georg Truchseß von Wetzhausen Haupt- und Nordapsis des Münsters niederreißen und den spätgotischen Chor anbauen. Nach der Säkularisation 1534 erhält das Innere mehrfach Emporen für den prot. Kultus.

64 Auhausen. Westfassade der prot. Pfarrkirche, ehem. Benediktinerklosterkirche

Durch Tieferlegung der Mittelschiffdecke und durch Erhöhung der Seitenschiffwände schuf man 1537 einen geräumigen Dachboden für einen Getreidespeicher. Durch die Zusammenfassung der drei Schiffe unter einem Dach verlor die Kirche ihre basilikale Wirkung nach außen.
Nach Beseitigung der Verunstaltungen hat die mit viel Liebe und Sachverstand durchgeführte Restauration (1970–1979) den Glanz dieses Zeugen einer langen, schicksalsbeladenen Geschichte wiederhergestellt.
Der Haupteingang führte ursprünglich durch die »Vorhalle« (1), die sich in zwei Seitenkapellen öffnet, deren nördliche noch eine steinerne Altarmensa birgt. Die alte romanische Anlage ist deutlich zu erkennen. Von den ehemals drei Apsiden ist die des südlichen Seitenschiffes erhalten, während das nördliche Schiff gerade schließt. Vom Glaubensverständnis des frühen 16. Jahrhunderts berichten uns die Malereien: hl. Kümmernis und Tod des hl. Benedikt und Christus mit den Leidenswerkzeugen (nödliche Pfeilerreihe); hl. Antonius (südliche Pfeilerreihe); Klostergründung (Südseite); sieben Freuden und Schmerzen Mariä (Chorwände). Die dekorative Bemalung der Holzdecke von 1542 ist einmalig in ihrer farbigen Schönheit. Zwischen dem Rankenwerk erscheinen Früchte, Grotesken und figürliche Motive.
Die riesige *Tonplastik des hl. Christophorus* (3) aus der Zeit um 1450 an der Westwand des Langhauses (»größte Tonplastik Deutschlands«) haben die aufständischen Bauern 1525 bis zur Gürtellinie zerstört. Selbst im derzeitigen Zustand läßt sich noch die hervorragende Qualität in der Durchbildung der Einzelheiten ablesen.
Die *Grabplatte des Hartmann von Lobdeburg* (4) in der südlichen Seitenkapelle ist ein vornehmes Werk des Nördlinger Meisters Hans Fuchs, 1542. Lebensgroß liegt der Verstorbene in Ritterrüstung vor einer Muschelnische. Die Ellenbogen überschneiden die mit Blattranken reichgezierte Rahmung. Hartmann soll 958 das Gotteshaus gestiftet haben, so jedenfalls kündet die Umschrift.
Im lichtdurchfluteten, sternrippengewölbten Hochchor offenbart sich im *Marienalter* (5) (1513) Hans Schäufelins spätgotische Kunst. Während der Bauernunruhen stand er unter dem romanischen Triumphbogen und blieb daher verschont. Denn die Wut der Bauern richtete sich damals hauptsächlich gegen den vom Abt neuerbauten Chor. Während der Fasten- und Adventszeit sind die Altarflügel geschlossen. In düsteren Farben zeigen vier Bilder die Passion des Herrn: am Ölberg, Zurschaustellung Christi, Kreuzigung und Kreuzabnahme. Auf den seitlichen Tafeln: die hll. Georg und Christophorus (links), Hieronymus und der Ordensgründer Benedikt (rechts). Zur Festzeit überrascht das Mittelbild durch Farbenreichtum und Figurenvielfalt. Im Zentrum, von einer Gloriole umwölkt, krönen Gott Vater und Sohn die in stiller De-

65 *Auhausen. Mittelbild des Hochaltars von Hans Schäufelin (1513) in der prot. Pfarrkirche*

218 *Oettingen*

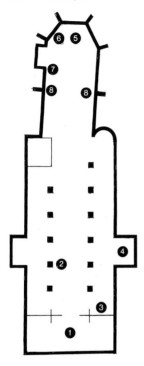

Protestantische
Pfarrkirche
Auhausen

mut verharrende Mutter Maria. Darunter haben sich Propheten und Apostel zur Verehrung des Lammes eingefunden. Mit den Gesetzestafeln des Alten Bundes führt Moses die Gruppe der Propheten an, der hl. Paulus mit dem Schwert die Schar der Apostel. Die Krönungsszene umgeben neun Engelchöre und die vier Evangelisten. Unten rechts kniet bescheiden Abt Georg Truchseß von Wetzhausen, der Erbauer des Chorraumes, 1519. Ostern, das Fest des Lichtes, strahlt über die Bilder der Predella: der Auferstandene in der Vorhölle; Papst Innozenz II., frühere Klosteranlage und Monogramm des Künstlers Hans Schäufelin; Christus begegnet Maria Magdalena (»Noli me tangere«-Szene); Auferstehung; der ungläubige Thomas. Auf der Außenseite: Anna selbdritt und hl. Ottilie (links); die hll. Scholastika und Barbara (rechts). Auf den inneren Flügelbildern begegnen uns: die Nothelfer, Päpste, Kirchenväter, Bischöfe und Ordensstifter, das Fegefeuer, Märtyrer und Märtyrerinnen. Inmitten der betenden Frauen und Männer stehen im schlichten Gewand des 16. Jh. die Künstler: Hans Schäufelin (mit Monogramm) und sein Schwiegersohn und Gehilfe Sebastian Dayg.

Abt Georg beauftragte den Eichstätter Loy Hering mit der Gestaltung des *Sakramentshäuschens (6)* (1521), das sich an der Ostwand erhebt. Der viergeschossige Renaissanceaufbau umfängt Szenen der Eucharistie: Abendmahl (nach Dürers Großer Passion) und Mannalese. Darüber herrscht Gott Vater. Am Sockel erkennen wir die Wappen des Abtes Georg sowie des Klosters und das Wappenschild mit dem fünffachen Jerusalemkreuz.

Unter den Grabmälern verschiedener Äbte sticht das *Grabmal für Abt Georg (7)*, den Truchseß von Wetzhausen, hervor. In die Mitte des Triptychons stellte Loy Hering (1521) die Auferstehung Christi. Links kniet der Abt in schlichter Pilgerkleidung, rechts spannt der Tod seinen Bogen und richtet das tödliche Geschoß auf den Abt.

Das *Chorgestühl (8)* mit reichem ornamentalen und figürlichen Schmuck schuf laut Inschrift der Donauwörther Schreiner Melchior Schabert im Jahre 1519. Die aufgebrachten Bauern haben hier ihre zerstörerischen Spuren hinterlassen. Von den Wangenaufsätzen ließen sie die beschädigten Figuren der hll. Ambrosius und Hieronymus und die Engel des Evangelisten Matthäus übrig. Die Stuhlwangen zieren Reliefs von Maria, den hll. Benedikt und Scholastika sowie der Personifikation christlicher Tugenden. Auch an den Köpfen zwischen den Sitzen wurden zumindest die Nasen abgeschlagen.

Nach den Abbrucharbeiten im 19. Jh. blieb vom ehemaligen weitläufigen Klosterbezirk nur wenig erhalten: Torbau mit Resten eines Wehrgangs (aus dem 12. Jh.) sowie die ehemalige Prälatur von 1521 (Kosterhof 1). Ein Mahlstein erinnert an die ehemalige Klostermühle. In der früheren Klosterherberge kann man heute Produkte aus dem ökologischen Landbau erwerben.

Dornstadt

365 Einwohner, Gemeinde Auhausen. – Die *Pfarrkirche St. Nikolaus* nennt erstmals eine Urkunde aus dem Jahre 1272 als Filiale Ehingens. Der Turm, in dem sich der Chor befindet, stammt aus der ersten Hälfte des 14., das Langhaus aus dem späten 15. Jh. In kräftigen Farben leuchten die Fresken (um 1350) im Chorraum. Sie zeichnen sich durch »Vornehmheit und verhaltene Gebärdensprache« aus (Dehio). An der Nordwand Kreuzigung Christi mit vier Assistenzfiguren; an der Ostwand Bischof und Abt; an der Südwand die hll. Wunibald und Walburgis, die auf die Beziehungen zum Hochstift Eichstätt hinweisen, dem

1053 Kaiser Heinrich III. den umliegenden Forst schenkte. Im Gewölbe erscheinen die Symbole der vier Evangelisten, Lamm Gottes und Christus mit Engeln in der Mandorla.

Im 1539 ev. gewordenen Dorf lassen sich nach dem 30jährigen Krieg Exulanten aus dem Ländlein ob der Enns nieder.

Unweit der Kirche erklärt eine Hinweistafel die Funktion der eh. Burgstelle. Größe und Bautyp lassen vermuten, daß sie im 9. bis 11. Jh. errichtet worden ist. Auf dem Hügel, der nach Nordosten durch einen Graben geschützt war, stand das Turmhaus. Ein unbekanntes niederes Adelsgeschlecht hatte hier im Auftrag einer weltlichen oder geistlichen Macht Verwaltungsaufgaben zu erfüllen.

Hirschbrunn

110 Einwohner, Gemeinde Auhausen. – Graf Gottfried von Oettingen-Oettingen und Graf Wilhelm II. von Oettingen-Wallerstein errichteten 1600–1607 das *Jagdschloß*. Mit den Staffelgiebeln und Erkern verleiht es dem Weiler die Idylle eines Märchens. Ein Gang verbindet das Schloß mit der *kath. Kapelle Mariä Himmelfahrt* aus dem Jahre 1692. Auf dem Barockaltar thront unter einem Baldachin eine Madonna mit Kind (Ende 17. Jh.). Im Chorbogen Reliquiare des hl. Theodor mit

66 *Hirschbrunn. Ehem. Jagdschloß*

Hirschbrunn – Erlbach – Niederhofen – Ehingen am Ries

Büsten der hll. Petrus und Paulus (Anfang 18. Jh.). An den Erbauer Graf Franz Albrecht erinnert das stuckierte Wappen am Chorbogen. Ein kubischer Sandstein, dessen Aufschrift den Fürsten Johann Alois III. zu Oettingen-Spielberg als »sorgsamen Pfleger und Erhalter des Forstes« rühmt, bildet den Abschluß einer Allee hinter dem Schloß.

Erlbach

98 Einwohner, Stadt Oettingen. – In der Nähe römischer Gutshöfe entstand die kleine Siedlung, die im Mittelalter unter der Herrschaft der Oettinger Grafen stand. Ein mit teilweise vergoldeten Silberbroschen und silbernen Ziernadeln ausgestattetes Grab entdeckte man auf dem Spielberg nahe Erlbach. Die hier bestattete wohlhabende Frau war wohl um 300 gestorben, ohne daß ihr Stamm bereits seßhaft gewesen wäre. Den wertvollen Fund brachte man ins Oettinger Heimatmuseum.

Niederhofen

150 Einwohner, Stadt Oettingen. – Das früher Niedererlbach genannte Niederhofen blieb nach der Reformation beim kath. Teil der Grafschaft. Um 1730 erbauten die Einwohner eine Kapelle zu Ehren der hl. fünf Wunden, die an der Stuckdecke erscheinen. Auf dem Antependium zieht die Leidensgeschichte vorbei: Noli me tangere, Beweinung Christi, der ungläubige Thomas. Putten umschweben die Himmelskönigin im barocken Aufbau.

Ehingen am Ries

510 Einwohner. – Zusammen mit Belzheim bildet Ehingen eine Gemeinde innerhalb der Verwaltungsgemeinschaft Oettingen. Relikte verschiedener Zeitepochen belegen eine kontinuierliche Besiedlung des Ortes seit der mittleren Steinzeit. Kaiser Heinrich III. verschenkte 1053 ein großes Forstgebiet an das Hochstift Eichstätt, das weit ins Ries hineinreichte. Der Forst westlich der Wörnitz hieß damals noch »Ehinger Forst« (heute Oettinger Forst). Vom 13. bis 16. Jh. ist ein Ortsadel nachzuweisen, als erster dieser Familie erscheint Godebold als Neresheimer Abt. 1347 ging das Dorf an Oettingen. Die Grafschaftsteilung von 1410 und der Anschluß der Linie Oettingen-Oettingen an die Reformation brachten die bekenntnismäßige Trennung. In christlichem Miteinander teilen sich Katholiken und Protestanten die derzeit einzige Simultankirche Bayerns. Mit Belzheim zusammen bildet Ehingen eine Gemeinde innerhalb der Verwaltungsgemeinschaft Oettingen. Die Patrone der *Simultankirche St. Stephanus und St. Ulrich* weisen auf

67 Ehingen. Romanischer Kruzifixus in der Simultankirche
St. Stephanus und St. Ulrich

das hohe Alter der Kirche hin. In fränkisch-karolingischer Zeit war Ehingen Missionskirche und Zentrum eines ausgedehnten Pfarrsprengels, zu dem die hll. Nikolaus in Dornstadt, Bartolomäus in Heuberg und selbst Jakob in Oettingen zählten. 1312 allerdings hatte die aufstrebende Grafschaft das Bauerndorf überflügelt; Ehingen sank zur Filiale herab.

Die auf einem nach Südwesten steil abfallenden Höhenzug stehende Kirche war einstmals stark befestigt. Eine hohe Mauer mit Wehrgang (abgetragen) und Schießscharten (eine davon erhalten) umlief den Friedhof. Zusammen mit dem Torturm und dem zwei Meter stark gefügten »Bergfried« (um 1200) bildete diese Kirchenburg für die Umwohner eine sichere Zufluchtsstätte, wo sie sich verteidigen und verschanzen konnten. Schmale Sehschlitze erinnern noch heute an den Wehrcharakter des Turmes. Im 13. Jh. entstand das Langhaus, der eingezogene Chor (gotisches Maßwerkfenster) zwei Jahrhunderte später. Wenn man die schwere, mit Bandeisen beschlagene Tür (1778) öffnet, erblickt man in einer stuckierten Wandnische die gestenreichen *Barockfiguren der Hl. Familie* mit Joachim, Anna und Gottvater, eine Votivgabe von 1718.

Das *romanische Kruzifix* aus dem frühen 13. Jh., das älteste im Ries, beeindruckt durch seine künstlerische Vollendung. Ein Glanz liegt auf dem Antlitz des Gekreuzigten, der »Widerschein von Frieden, Zuversicht, Geborgenheit«. Unter dem Kreuz trauern Maria und Johannes, Holzfiguren aus dem 15. Jh.

Die *Deckengemälde* (Ende des 18. Jh.) verherrlichen den hl. Stephanus, dessen Figur den Platz des nördlichen Seitenaltars einnimmt. Diese datiert ebenso wie die Statuen der Bischöfe Blasius und Ulrich und die Gruppe der Anbetung der Hirten noch aus dem 15. Jh. Zu einem *Flügelaltar* gehören wohl Reliefs mit Darstellungen aus dem Marienleben und die Holztafelbilder (Christophorus, Gregoriusmesse, Veronika mit dem Schweißtuch, Verlobung der hl. Katharina). Die Bilder tragen die Handschrift des Nördlinger Malers Sebastian Daig, um 1520.

Die dem *hl. Aloysius geweihte Kapelle* außerhalb des Friedhofes stand ursprünglich in Lohe. 1876, als der letzte Katholik dort gestorben war, wurde die Kapelle hierher versetzt.

Heuberg

253 Einwohner, Stadt Oettingen. – Etwas erhöht über dem Grimmgraben liegt Heuberg, das 1223 in einem Oettinger Lehenbuch verzeichnet ist. 1539 beginnt Graf Ludwig d. Ä., die Reformation einzuführen.

Um den dreieckigen Dorfanger gruppieren sich Pfarrhof, Wirtshaus und ehem. Schule.
Die dem *Apostel Bartolomäus geweihte Kirche*, eine Chorturmanlage, wohl aus dem 14. Jh., erhebt sich im ummauerten Friedhof und läßt ihre ehem. Wehrhaftigkeit erahnen. Die Renovierung von 1954 deckte in den Gewölbekappen des Chores farbenfrische Fresken aus der Erbauungszeit auf: Symbole der vier Evangelisten inmitten von Sternen.
Im Westen der Ortschaft wurde 1934 ein Feldflugplatz angelegt, der im Krieg Ziel mehrerer Fliegerangriffe war. Nach 1945 diente das Gelände als Lager, zunächst für amerikanische Truppen, später für Flüchtlinge aus dem Osten. Die wenigen noch stehenden Gebäude gehören heute zum Kreisbauhof.

Munningen

650 Einwohner. – Schon von weitem erblickt man das Wahrzeichen des Wörnitztales, den »Schiefen Turm« von Munningen. Urkundlich erscheint der Ort erstmals 1265. Nach einer grundherrlichen Zersplitterung erwarben sich zwei oettingische Linien bis zum 16. Jh. die Mehrzahl der Hofstätten. Die Reformation spaltete die Untertanen in Katholiken und Protestanten.
Westlich der Wörnitz reihen sich die giebelständigen Häuser am langgestreckten Dorfanger. Die charakteristische Form des Zeilendorfes mit nordschwäbischer Hofanlage erhält Munningen nach den schweren Verwüstungen des 30jährigen Krieges.
Zusammen mit Schwörsheim und Laub bildet Munningen eine Gemeinde innerhalb der Verwaltungsgemeinschaft Oettingen.
Zu Munningen gehören zwei *Mühlen* an der Wörnitz (Faulen- und Ziegelmühle), alte Bauernsitze, geprägt vom Barock.
Der Turm der *kath. Pfarrkirche St. Peter und Paul*, der mit Kalkbruchsteinen 36 m hoch gezogene »Schiefe Peter« aus dem 13. Jh. (polygonaler Oberbau 1770), weicht 1,46 m von der Vertikalen nach Westen ab. Die Kartusche am Südportal bezeichnet das Jahr (1770), in dem man das Langhaus fertigstellte. Über das Mönchsdegginger Kloster, das die Patronatsrechte innehatte, gelangten die Barockaltäre aus der romanischen Abteikirche Neresheim hierher. Nur das Bild des Hochaltars mit den Aposteln Petrus und Paulus blieb erhalten, während die anderen durch Holzfiguren (Pietà und Anna selbdritt) ersetzt wurden. Gotisch sind die Plastiken der Apostel Simon und Philippus auf den Konsolen des Hochaltars sowie eine würdevolle Madonna mit Kind; sie ahnt noch nicht die Kreuzigung, die über ihr dargestellt ist. Die Gemälde an der Decke von Mathias Kronwitter (1938) verherrlichen Leben und Sterben der Titelheiligen.

68 *Munningen. Der »Schiefe Turm« der kath. Pfarrkirche St. Peter und Paul*

Die ehemalige Schule, nördlich der Kirche, ein stattlicher Bau von 1873, wurde stilvoll renoviert und dient heute als Pfarr- und Jugendheim.
Die *prot. Kirche* von 1757/58, ein einfacher rechteckiger Saal, erhielt anläßlich der 200. Jubiläumsfeier den Namen »Friedenskirche«. Über dem Portal steht seitdem eine Steinplastik des segnenden Christus mit der Weltkugel.

Kastell Losodica Munningen war ein bedeutender Ort der Römer im Ries. Eine Anhöhe im Norden des Dorfes (beiderseits der Oettinger Straße) erlaubte eine ausgezeichnete Rundsicht. Die Lage zwischen Wörnitz, Mühlbach und Grimmgraben bot zudem natürlichen Schutz. Hier errichteten die Römer um 90 n. Chr. ein Kastell, eine Rechteckanlage von 175 m Länge und 150 m Breite, die sie mit Wall und Graben sicherten. Den 2,7 ha großen Innenraum füllten Mannschaftsbaracken, Stabsgebäude, Kommandantenhaus, Getreidespeicher, Werkstätten, Lazarett und Stallungen. Etwa 150 m südlich lag das spartanisch ausgestattete Bad. 1978 freigelegt, ist es jetzt wieder völlig überwachsen.

Aufgrund der Dimensionen des Lagers dürfte hier eine teils berittene Kohorte von etwa 500 Mann stationiert gewesen sein. Nach Abzug der Truppen nach Norden (um 110 n. Chr.) ließen sich Händler und Handwerker nieder. In der eingerichteten Straßenstation konnten Reisende Pferde wechseln und übernachten.

Die Bewohner haben wohl spätestens 259/60 diese Siedlung (vicus) verlassen, als die Römer nach den ständigen Übergriffen der Alamannen die nördliche Grenze ihres Reiches an die Donau verlegten. Die nach dem Alamannensturm verfallende Stätte diente im 6./7. Jh. als Friedhof der alamannischen Siedlung Munningen, die unweit des früheren Römerortes entstand (Übersichtstafel am Radweg in Richtung Oettingen).

Megesheim

833 Einwohner. – Kelten (Gräberfeld im Sachsenhart) und Römer (Römerstraße zum Kastell Munningen) haben ihre Spuren hinterlassen. Aus einer alamannischen Ansiedlung (Reihengräber) hat sich Megesheim entwickelt. Im Mittelalter teilten sich die Klöster Auhausen und Heidenheim sowie der Deutsche Orden die Güter. Der Ort, an der Grenze zwischen Sualafeldgau und der Oettinger Grafschaft gelegen, ging 1419 in den Besitz Oettingens über.

Kath. Pfarrkirche St. Luzia und Ottilia An den quadratischen Chorturm aus dem 14. Jh. lehnt sich das Langhaus von 1729. Die mit Stuck gerahmten Deckenbilder aus der Mitte des 18. Jh. sind den Schutzheiligen der Kirche St. Luzia und St. Ottilia gewidmet; sie stehen auch auf dem Hochaltargemälde neben der Madonna. Über den seitlichen Durchgängen erheben sich die barocken Figuren der Apostelfürsten Petrus und Paulus.

Das Gemälde des südlichen Seitenaltars (Mitte 17. Jh.) stellt die hll. Leonhard, Stephanus und Wendelin dar.

Das Ziel der Gläubigen am Annafest (26. Juli) ist die schmucke *St.-An-*

na-Kapelle am Südrand des Ortes. Die auf der Rückseite des Altars eingemeißelte Jahreszahl 1763 bezieht sich auf eine Renovierung. Reicher Akanthus umgibt das Altarbild mit der Hl. Familie. Den Tempelgang Mariens illustriert das Deckengemälde. Wohl aus der Erbauungszeit der Kapelle stammt die zierliche Figur einer Anna selbdritt (um 1700). Nahe der Kapelle erinnert ein Steinblock mit verwittertem Deutschordenskreuz an den einst einflußreichen Grundherrn.
Eine Linde am Mühlweg 14 gibt Zeugnis von den Wetterstürmen der vergangenen 700 Jahre.
Zu Megesheim gehören noch die Orte Lerchenbühl und Unterappenberg.

Steinhart

200 Einwohner, Gemeinde Hainsfarth. – Kaiser Karl der Große ließ um das Jahr 800 zahlreiche Sachsen hier ansiedeln (Waldstück »Sachsenhart«). Unweit davon entwickelte sich Steinhart aus einer Rodungssiedlung.
Die Edlen von Steinhart, 1167 erstmals erwähnt, hatten ihren Ansitz östlich des Dorfes auf dem Roten Berg. Die *Burgstelle,* Hügel und Graben, zeichnen sich noch im Gelände ab. In der ersten Hälfte des 14. Jh. verlegten sie die Burg etwas oberhalb und befestigten sie mit einem weitläufigen Grabensystem. Nach dem Wegzug der »Späten« von Steinhart wechselten Burg und Rittergut häufig den Besitzer (Gundelsheim, Crailsheim, Oettingen). Der 30jährige Krieg legte Burg und Dorf in Schutt und Asche, nur noch die Ruinen ragen aus dem Dunkel des Waldes.
Judenfriedhof Seit dem 16. Jh. siedelten in Steinhart Juden. 1846 hatte die Gemeinde über 200 Seelen. Im Ort erinnert die Bauweise etlicher Häuser (mit Walmdach) noch an die ehem. jüdischen Bewohner, die mit Klein-, Getreide- und Viehhandel ihren Lebensunterhalt bestritten. Ihre Toten bestatteten sie weitab vom Dorf, auf dem Platz der ehem. Burgstelle. Grabplatten mit deutschen und hebräischen Inschriften stehen im Schatten des Buchenmischwaldes, die ältesten aus dem 16. Jh.
Die *ev. Kirche,* die im 12. und 13. Jh. zur eichstättischen Mutterpfarrei Hainsfarth gehörte, stattete 1310 Conrad von Thurneck reich mit Gütern aus und unterstellte sie dem Kloster Auhausen. Dies bedeutete 1528 die Reformation. Das baufällig gewordene Gotteshaus St. Peter und Paul entstand 1752/53 nach den Plänen des markgräflichen Baumeisters David Steingruber aus Wassertrüdingen, wobei der mittelalterliche Chorturm einbezogen wurde. Auch das Pfarrhaus von 1745/46 ist ein Werk dieses Baumeisters.

69 *Blick auf Hainsfarth*

Hainsfarth

1200 Einwohner. – Reste einer Römerstraße und ein alamannisches Gräberfeld belegen die frühe Besiedlung des Ortes, der im Schenkungsverzeichnis des Klosters Fulda aus dem 8. Jh. beurkundet ist. Aus dem Geschlecht einer Eichstätter Ministerialenfamilie, die auf dem Burschel ihren Sitz hatte, stammt der älteste Dichter des Rieses, der Geistliche Konrad von Heimesfurt, der in der 1. Hälfte des 12. Jh. Minnelieder schrieb. Im Mittelalter übten hauptsächlich die Oettinger Grafen und der Deutsche Orden die Grundherrschaft aus. Seit 1976 bildet Hainsfarth zusammen mit Steinhart eine Gemeinde innerhalb der Verwaltungsgemeinschaft Oettingen.

70 *Hainsfarth. Synagoge*

Oettingen

Seit dem 17. Jh. siedelten die Grafen von Oettingen in Hainsfarth Juden an, »um aus deren Handelstätigkeit Einnahmen zu erzielen«. Die israelitische Gemeinde errichtete 1723 eine *Synagoge,* ein Ritualbad, ein Gemeindehaus mit Schulräumen und einen Friedhof (außerhalb des Dorfes Richtung Steinhart). 1864 gab es unter den 1366 Einwohnern 532 jüdische Seelen, 1930 nur noch etwa 40. Aus Hainsfarth stammen Vorfahren der Schauspielerin Theres Gift, die sich später Therese Giehse († 1975) nannte. 1938 verschleppten Nationalsozialisten Kultgegenstände und Bücher und schändeten die Synagoge. Nur eine Thorarolle konnte gerettet werden. Später diente das Gotteshaus als Getreidelager und Bauhof. Nach der Renovierung soll es zur Erinnerung an die früheren Mitbürger ein Museum aufnehmen. Das Doppelportal, das mit einem spitz zulaufenden Hufeisenbogen bekrönt ist, wirkt wie eine Aufforderung zur Einheit im Glauben. Das stattliche *»Gasthaus zur Sonne«* in der Ortsmitte mit geschwungenem Giebel, Turm und Erkern ist das ehem. oettingische Amtsgebäude aus der 2. Hälfte des 17. Jh.

Die *kath. Pfarrkirche St. Andreas* ist ein Nachfolgebau eines bereits 805 geweihten Gotteshauses. Rätselhafte Tierköpfe befinden sich am Untergeschoß des Turmes aus dem 13. Jh. Chor und Schiff entstanden im 16. Jh. Über dem Portal des 1907 nach Westen erweiterten Langhauses hebt Bischof Willibald, der Patron der Diözese Eichstätt, zu der Hainsfarth gehört, segnend seine Hand. Der Hochaltar (1670–1680) mit von Weinlaubranken verzierten Säulen umfaßt das Bild des hl. Andreas, dessen Leidenswerkzeuge Putten präsentieren. Im Medaillon dazwischen der hl. Sebastian. Das Bild der Hl. Familie am südlichen Seitenaltar malte Josef Wintergerst um 1830. St. Wendelin, ein Patron des Bauernvolkes, erscheint am nördlichen Seitenaltar und als Holzfigur (1742) am Eingang. Der Ritter Sixt von Gundelsheim († 1483) ließ sich ein Grabmal errichten. Den Helm des Krieges hat er abgelegt und bereitet sich durch das Rosenkranzgebet auf das Jenseits vor. Der Wessobrunner Johann Schmutzer schuf 1695 die kräftigen Stukkaturen.

Im zum Pfarrheim umgebauten Pfarrstadel ist ein ortsgeschichtlich bedeutendes Gemälde (um 1750) zu bewundern: Eine Madonna, auf einer Wolke schwebend, breitet ihren Mantel über das barocke Dorf.

Buschelberg → Geologische Exkursion

Vom Buschelberg (von Burgstall) am östlichen Ortsrand schweift der Blick über die Weite des Rieskessels hin zur Schwäbischen Alb. Hier ist ein Ausgangspunkt des Geologischen Lehrpfades zum Hahnenkamm. Ein Steinbruch schließt mehrere Ausprägungen von Süßwasserkalken des einstigen Riessees auf.

RIESBÜRG

Im Jahre 1973 schlossen sich die selbständigen Gemeinden Goldburghausen, Pflaumloch und Utzmemmingen zu einer Einheitsgemeinde zusammen.
Seit nahezu 20 Jahren bestehen partnerschaftliche Beziehungen zu der französischen Gemeinde Esvres-sur-Indre in der Touraine.

71 *Blick auf Utzmemmingen*

232 *Riesbürg*

Goldburghausen

259 Einwohner, Gemeinde Riesbürg. – Der Turmhügel am westlichen Rand des Dorfes trug wohl den Sitz des erstmals um 1200 erwähnten Ortsadels. Das Nördlinger Spital, das die Mehrheit der Güter allmählich erworben hatte, setzte 1543 die Reformation durch.
Anläßlich der Schenkung an das Kloster Neresheim läßt sich die *ev. Kirche St. Michael* im Jahre 1200 archivalisch nachweisen. Der aus grauen Quadern gefügte Turm ist in den unteren Geschossen noch romanisch (12. Jh.) und erinnert an die einst trutzige Kirchenburg. Beim Neubau des Langhauses 1875 blieb er stehen und erhielt das Turmpolygon.
Goldbergmuseum im ehem. Rathaus. *Öffnungszeiten:* an Sonn- und Feiertagen (vom 1. April–31. Oktober) von 14.00–17.00 Uhr. Für Gruppen ab 5 Pers. Führungen nach Vereinbarung (auch werktags), Tel. 09081/7016.
Bestände: Funde am Goldberg (Geräte, Münzen, Werkzeuge); Modelle, darunter Rekonstruktionen neolithischer Haustypen und Geräte aus der Frühzeit; Zeittafeln der verschiedenen Siedlungsphasen des Goldberges von der Jungsteinzeit (spätes 5. Jahrtausend v. Chr.) bis zu den Alamannen (500 n. Chr.)

72 *Goldburghausen. Modell der Goldbergsiedlung I (etwa 3500 v. Chr.) im Goldbergmuseum*

Goldberg

Wohl nicht wegen der goldbraunen Farbe seiner Felsen erhielt er seinen Namen, sondern vom lateinischen Wort »collis« (Hügel). Der sich 60 m über den Rieskessel erhebende Berg besteht aus Süßwasserkalk, der sich im artesisch aufsteigenden Grundwasser des tertiären Riessees gebildet hat. Diese Kalke sind reich an Fossilien (Muschelkrebse, Wasserschnecken und Landschnecken). Man fand auch versteinerte Reste von tertiärzeitlichen und eiszeitlichen Tieren wie Nagerzähne, Teile von Mammut, Wollhaarnashorn und Rentier. Im Laufe von etwa vier Jahrtausenden zog der Goldberg immer wieder menschliche Siedler an. Fundstücke, Bebauungsspuren und Hausgrundrisse lassen die verschiedenen Epochen unterscheiden. Eine intensive Besiedlung ist während der Hallstattzeit um (600 v. Chr.) nachgewiesen, als der Goldberg offenbar als Höhenburg eines »Stammesfürsten« stark befestigt war. Durch die 1911–1929 von G. Bersus durchgeführten Grabungen nimmt der Goldberg eine wichtige Stellung in der Erforschung der Vor- und Frühgeschichte des Rieses ein, darüber hinaus gilt er als weithin berühmte archäologische Fundstätte. Die Steilhänge des Berges sind aufgerissen von Steinbrüchen, die längst nicht mehr in Betrieb sind. Das Plateau, das wegen seines fruchtbaren Bodens bis in die jüngste Zeit hinein landwirtschaftlich genutzt war, genießt als Kulturdenkmal besonderen Schutz.

Pflaumloch

858 Einwohner, Gemeinde Riesbürg. – Wegen der fruchtbaren Böden und der günstigen Lage siedelten hier Menschen seit der Jungsteinzeit. Im Zusammenhang mit oettingischen Ministerialen erscheint »Pflunloch« erstmals urkundlich 1246. Zahlreiche Grundherren teilten sich im Mittelalter den Besitz. Als Dorfherren konnten die Grafen von Oettingen den Versuch des Nördlinger Spitals abwehren, in Pflaumloch die Reformation einzuführen. Während des 30jährigen Krieges wurde der Ort nahezu vollständig eingeäschert. 1806 kam er an Bayern, 1810 an Württemberg. Seine heutige Mittelpunktsfunktion unterstreichen die ca. 600 Arbeitsplätze vor allem in den Bereichen Metall und Lebensmittel.

Seit 1487 sind in Pflaumloch Juden nachgewiesen, die durch Viehhandel und Geldgeschäfte dem Dorf einen lebhaften Aufschwung brachten. Zu Beginn des 19. Jh. nahm die israelitische Gemeinde stark zu, ging aber seit 1860 durch Abwanderung laufend zurück.

Die *Synagoge,* 1703 eingerichtet, 1802 abgebrannt, wurde 1844/46 neu erstellt. Der ehem. Bürger Alexander von Pflaum schenkte das Gebäude im Jahre 1907 der bürgerlichen Gemeinde, die es seit 1963 als Rathaus benutzt. Im christlichen Friedhof trennt eine hohe Mauer die jüdischen Grabstätten ab.

Der auffallend mächtige Turm der *kath. St.-Leonhards-Kirche* deutet auf seinen ehem. Wehrcharakter hin. Weitaus älter als die erste Erwähnung des Gotteshauses 1368 ist der romanische Turmchor (12. Jh.). Wie beim Bergfried einer Burg war dieser Turm nur über einen hochgelegten Einmanneingang, wie er sich im Innern deutlich abzeichnet, zu betreten. Der in späterer Zeit erweiterte Altarraum trägt gotische Malereien (um 1500), am Gewölbe erkennt man die Evangelisten und Kirchenlehrer, die Darstellungen des Abendmahls und der Kreuzigung an der Nordwand. Eine Aufforderung zu ständiger Wachsamkeit sind die

73 *Pflaumloch. Jüdischer Friedhof*

74 *Pflaumloch. Rathaus, ehem. Synagoge*

Bilder der fünf klugen und fünf törichten Jungfrauen am Chorbogen, fesselnd durch die herrliche Farbgebung. Nicht zu übersehen ist die kräftige Sprache des Christophorusgemäldes (Anfang 16. Jh.), das die Nordwand beherrscht. Wer sein Bild am Morgen betrachtete, glaubte, er sei an diesem Tag vor jedem Unheil bewahrt. Deshalb erscheint der Heilige erneut in einer Wandnische, diesmal zierlich, zusammen mit der Figur des hl. Wendelin. – Reste eines spätgotischen Sakramentshäuschens. Figuren im Chorraum: die hll. Ulrich, Johannes und Maria unter dem Kreuz, St. Barbara, Madonna mit Kind.

In der Umgebung der Kirche hat man zahlreiche Eisenfigürchen aus dem 11./12. Jh. gefunden, Weihegeschenke an den hl. Leonhard, die heute in Stuttgart verwahrt werden.

Beim Bau der Gemeindehalle entdeckte man 1989 eine Siedlung aus der Urnenfelderzeit (Informationstafel).

Im neugotischen Stil baute Christian Leins (Stuttgart) die *ev. Kirche* 1862.

Trochtelfingen → Bopfingen

Utzmemmingen

990 Einwohner, Gemeinde Riesbürg. – Utzmemmingen, das sich im Zusammenschluß zweier reizender Täler ausbreitet, erhielt 1972 das Prädikat eines anerkannten Erholungsortes. – Funde seit der Jüngeren Steinzeit lassen eine kontinuierliche Besiedlung vermuten. Auch die Römer erkannten die Siedlungsgunst und legten Gutshöfe an, von denen zwei nachgewiesen sind. Bereits im 8. Jahrhundert erscheint der Ort im Fuldauer Schenkungsverzeichnis als »Utzmaningen«.

Neben dem Deutschen Orden waren im Mittelalter auch die Grafen von Oettingen im Besitz der Güter und Rechte. Rasch wechselnd lassen sich im 17./18. Jh. hier mehrere Rittersitze nachweisen. Utzmemmingen kam 1806 an Bayern und 1810 an Württemberg.

Erhöht an der nordwestlichen Seite des Riegelberges grüßt die den *hll. Martin und Sebastian geweihte kath. Pfarrkirche.* Sie steht auf Fundamenten eines ins frühe Mittelalter zurückreichenden Gotteshauses. Balthasar Zimmermann entwarf die Pläne für den schlichten Rokokobau, der in den Jahren 1729–1743 entstand. Farbige Stuckzier umspielt das Deckengemälde, das Johann Michael Zink dem Titelheiligen Martin gewidmet hat. Auch das Altarbild zeigt den hl. Martin, seinen Mantel mit dem frierenden Bettler teilend.

Auf eine bewegte, jahrhundertealte Geschichte kann das *»Pfarr-Rathaus«* am Fuße des Kirchberges zurückblicken. Vom 30jährigen Krieg in Mitleidenschaft gezogen, mehrmals renoviert, verschieden genutzt (Pfarrhaus, Rathaus) bergen heute die historischen Mauern Ferienappartements. Seit der Restauration 1981 bis 1984 belebt die Außenfassaden wieder die Architekturmalerei des Barock.

Freizeit-Tips

Angeln: Rohrbachweiher, Tel. 07362/3502
Besichtigungsmöglichkeiten: Ofnethöhlen, villa rustica (Römischer Gutshof), Goldberg

Camping: Ringlesmühle, Tel. 07362/3502, Gasthof Riesblick, Tel. 09081/9363
Kegeln: Gasthof »Adler«, Tel. 09081/3476
Kutschfahrten: Anton Miebeck, Tel. 09081/86149
Museum: Goldbergmuseum, Tel. 09081/7016
Reiten: Anton Miebeck, Tel. 09081/86149; Fam. Haselberger, Walkmühle, Tel. 09081/86458
Schießsport: Schützenverein »St. Martin«, Tel. 09081/24784
Tennis: Tennisclub Riesbürg, Tel. 09081/87640
Wandern: 43 km lange Rundwanderwege in typischer Heide- und Juralandschaft mit ausgedehnten Waldgebieten am Übergang von Schwäbischer Alb zur weiträumigen Egerniederung.

Auf Ihren Besuch freut sich Fam. Winter und Graumann

D-73469 Riesbürg-Utzmemmingen/Württ. bei Nördlingen – staatlich anerkannter Erholungsort – Nördlinger Straße
Tel. (0 90 81) 93 63
Fax (0 90 81) 8 62 64

Erlebnis-Gastronomie in idyllischer Landschaft, ruhiger Umgebung und gesunder Luft – Gut bürgerliche Küche mit bayerisch-schwäbischen Gerichten aus eigener Hausschlachtung – Das Haus für jeden Anlaß: Urlaub – Feiern – Verlängertes Wochenende – Seminare – Tagesausflüge in Gesellschaft – Busgesellschaften – Gruppenfreizeitprogramme
● Gesellschaftsräume für 50, 25 und 10 Personen
● Zahlreiche Parkplätze vor dem Haus für Pkw und Busse
● 10 000 qm Liegewiese mit schönem Fernblick
● Kleincamping- und Zeltplatz unmittelbar in Hausnähe
● Umfangreiches Freizeit- und Hobbyangebot in nächster Umgebung
● Auf besonderen Wunsch Programmgestaltung für Gruppenfreizeiten

238 *Riesbürg*

Wanderung Riesbürg

Wanderstrecke: 11 km bzw. 4,5 km
Utzmemmingen (Wandertafel) – Ohrengipfel (653 m NN) – Altenbürg (St.-Hippolyt-Kapelle, Burgstall, Suevitsteinbruch, Freizeitanlagen, Gasthaus) – Römischer Gutshof (villa rustica) – Ofnethöhlen – Himmelreich – Utzmemmingen

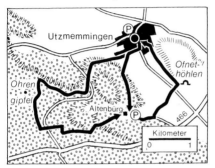

Goldbergmuseum im Ortsteil Goldburghausen (Rathaus): Das Museum dokumentiert die vor- und frühgeschichtliche Besiedlung des „Goldberges" von 4 000 v. Chr. bis wenige Jahrhunderte vor Chr.
Öffnungszeiten: an Sonn- und Feiertagen von April bis Okt. (14–17 Uhr). Für Gruppen ab 5 Personen Führungen nach Anmeldung (auch werktags).
Anmeldung unter Tel. 0 90 81 / 70 16 oder 7 91 29
Sehenswürdigkeiten im Ortsteil Utzmemmingen:
Ofnethöhlen, Römischer Gutshof, Suevitsteinbruch

Info: Verkehrsamt 73469 Riesbürg
  Telefon 0 90 81 / 32 45 oder 8 80 74, Fax 0 90 81 / 8 82 29

Ausflug Riesbürg (ca. 20 km)

Goldburghausen – Goldberg – Pflaumloch – Trochtelfingen – Utzmemmingen – Holheim – Nähermemmingen – Pflaumloch – Goldburghausen

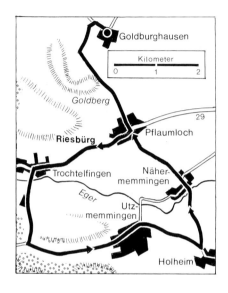

75 *Holheim. Gotischer Chor der St.-Michaels-Kirche*

Holheim

418 Einwohner, Stadt Nördlingen. – Die frühmittelalterliche Gründung des Ortes ist durch die Nennung im Güterverzeichnis des Klosters Fulda im 8./9. Jh. belegt. Im 12. und 13. Jh. erscheinen Herren von Holheim im Vasallendienst der Grafen von Oettingen; ihre Burgstelle hat sich am Ostabhang des »Lindle« erhalten. Später gelingt es der Johanniterkommende Kleinerdlingen, die Mehrheit der Güter zu erwerben und die Kirche zu »inkorporieren«.

Nur durch schmale, hochgelegene Fenster der Südseite dringt das Licht in das als Wehrkirche konzipierte Langhaus der *kath. St.-Michaels-Kirche* (12. Jh.). Um 1400 folgt der gedrungene Chorturm. An den Wänden des Altarraumes mit Kreuzrippengewölbe treten schlichte, aber aussagekräftige Fresken aus der Erbauungszeit zutage: Anbetung der Könige, Christus mit Leidenswerkzeugen, Schutzmantelmadonna und die Gestalten der hll. Michael und Johannes. Die enge Beziehung zu Kleinerdlingen dokumentieren die Gemälde aus dem Marienleben (um 1520), auf denen sich zwei Grafen von Oettingen im roten Ordensmantel der Johanniter zum Gebet einfinden. Die Bilder mit den Kirchenvätern Hieronymus, Augustinus, Papst Gregor und Ambrosius werden dem Nördlinger Maler Sebastian Daig zugeschrieben, um 1520; es sind offensichtlich Studien der vier Temperamente. Reste eines Schäufelinaltars haben wir in den Johannestafeln vor uns. Der Renovierung (1974/75) gelang es, die eindrucksvolle romanisch-gotische Originalgestalt der Kirche wiederherzustellen.

76 *Holheim. Ofnethöhlen*

Die *Ofnethöhlen bei Holheim* Am felsigen Hang öffnen sich zwei Höhlen, die »Große Ofnet« 17 m tief, die »Kleine Ofnet« 9 m tief. Funde von Zähnen und Knochen eiszeitlicher Tiere (Wildpferd, Mammut, Nashorn) sowie prähistorische Glasscherben, Feuersteinwerkzeuge und Knochengeräte deuten auf eine über 40000 Jahre währende Nutzung der Höhlen durch Mensch und Tier.
Geradezu Weltruhm erlangten die Ofnethöhlen durch die Entdeckung von Kopfbestattungen unter dem Höhleneingang im Jahre 1908. Hier scheint sich ein steinzeitliches Drama abgespielt zu haben, denn manche der Schädel zeigen Hiebverletzungen, die sich als Tötungsspuren interpretieren lassen. Die Köpfe von insgesamt 33 Individuen (14 Erwachsene und Jugendliche, 19 Kinder) fand man in zwei »Nestern«. Hier hat man in der Mittelsteinzeit die abgeschnittenen Köpfe erschlagener Männer, Frauen und Kinder pietätvoll beigesetzt. Die eng zusammengedrängten Schädel waren in Ocker (Symbol des Lebens) gebettet und einheitlich mit dem Gesicht nach Westen gewandt.
Die Köpfe der Frauen und Kinder umgaben Schmuckstücke aus Hirschgrandeln und Schneckenschalen – alles Hinweise auf die religiöse Dimension im Leben unserer Vorfahren. Neuere Untersuchungen ergaben ein Alter der Köpfe von etwa 7700 Jahren.
Der Jurarücken über den Ofnethöhlen trug eine ausgedehnte *Höhensiedlung* »im Himmelreich«, die in der Latènezeit (um 450 v. Chr.) eine Umwallung mit Trockenmauer und Graben erhielt. Der Steinabbau allerdings zerstörte große Teile dieser Anlage und ist gefährlich nah an die Ofnethöhlen herangerückt. Das »Himmelreich« bietet an klaren Tagen einen herrlichen Blick auf das Ries und seine Randhöhen.
Im Maienbachtal, am Fuße der Ofnet, legte man 1975/76 und 1981 die Grundmauern eines *römischen Gutshofes* (villa rustica) frei, ein Beispiel für die vielen landwirtschaftlichen Betriebe der Römer im Ries. Sie stellten die Versorgung des Militärs und der Zivilbevölkerung in den Lagerdörfern im Hinterland des Limes sicher. Die sechs Räume des stattlichen Wohnhauses umgaben zweiseitig den teilweise überdachten Innenhof. Zur »Villa« gehörten außerdem Remisen, Stallungen und ein Badegebäude im ummauerten Geviert. Funde von Fibeln und Statuetten spiegeln den bescheidenen Wohlstand und das Kunstverständnis des Besitzers, dessen Hof während der Alamanneneinfälle (230–260 n. Chr.) zugrundeging.
Die *Altenbürg* ist ein beliebtes Ausflugsziel der Nördlinger Bevölkerung. Auf dem Hügel rechts hinter dem Gasthaus stand im Mittelalter eine Burg, die mit einer zwei Meter dicken Ringmauer geschützt war. In den Resten der Anlage erhebt sich die Waldkapelle St. Hippolytus. Ihre frühgotische Gestalt mit kräftigem Kreuzrippengewölbe läßt eine romanische Tradition verspüren. Auf den Konsolen standen einst Hei-

ligenfiguren, die heute das Nördlinger Museum verwahrt. Unter der abblätternden Tünche treten Umrisse und Farben alter Fresken hervor. Im 18. und 19. Jh. hatten hier Einsiedler, der letzte bis zum Jahre 1812, gelebt. Das Gelände der Altenbürg bietet ansprechende Freizeitmöglichkeiten: Waldsportpfad, Kneippanlage, Kinderspielplatz mit Grillstelle. Gutgekennzeichnete Wanderwege haben am Gasthaus Ziel und Ausgangspunkt.

Suevitsteinbruch → Geologische Exkursion

Nähermemmingen

537 Einwohner, Stadt Nördlingen. – Als »Memmingen« erwähnt das Fuldaer Schenkungsverzeichnis den Ort im 8./9. Jh. Die Vorsilbe unterscheidet ihn von Utzmemmingen, das weiter von Nördlingen entfernt liegt. Ein Ortsadelsgeschlecht, das sich vom 12. bis 15. Jh. nachweisen läßt, stand im Dienste der Grafen von Oettingen. Die Güter kamen zwischen 1354 und 1398 an das Nördlinger Spital, das 1525 die Reformation durchsetzte.
Die ehemals dem hl. Geist und der Jungfrau Maria geweihte *ev. Kirche* ist im wesentlichen ein Bau von 1426 ff. Für die dem Hl. Geist geweihte Kirche legte 1426 Johann gen. Rucz den Grundstein, wie die Inschrift um das Tympanon des Südportals kündet. Im Tympanon erscheint der Stifter kniend vor der Madonna mit Kind. Man erkennt die Himmelfahrt Mariens, rechts dahinter einen Engel und links davor den knienden Stifter. Kunsthistorisch bedeutsam sind die gotischen Fresken im Chorraum, die man bei der Renovierung 1953 aufdeckte: Kirchenlehrer und Engel mit Leidenswerkzeugen Christi im Gewölbe, Enthauptung des Johannes d. T., Salome vor Herodes, Fronleichnam, Mannalese (nördlich), Engel umgeben Maria Magdalena (Südwand). Am Eingang steht der Taufstein von 1588. Ein Bagger hat ihn bei der jüngsten Renovierung zwischen Turm und Leichenhalle zutage gefördert.
Der Säulenstumpf gegenüber dem Gasthaus »Goldenes Lamm« dürfte vom Porticus eines römischen Gutshofes (villa rustica) herrühren.

WALLERSTEIN

1950 Einwohner. – Das hier residierende Fürstenhaus Oettingen-Wallerstein bestimmte die Geschichte und gab dem Marktort an der Romantischen Straße im wesentlichen sein bauliches Gepräge. Durch Verbandsschule, Mädchenrealschule, Altenheim und eine Reihe von Gewerbebetrieben (Brauhaus, Holz- und Metallindustrie, Einzelhandel) erfüllt Wallerstein heute die Funktion eines Kleinzentrums.

Seit 1972 gehören zu Wallerstein (1950 Einwohner) die Ortsteile Birkhausen (480), Ehringen (360) und Munzingen (440). Der Markt ist außerdem seit 1978 Sitz einer gleichnamigen Verwaltungsgemeinschaft mit den Gemeinden Marktoffingen/Minderoffingen und Maihingen/Utzwingen.

Der beinahe 70 m hoch aufragende Felsen und eine alte Fernstraße (Nordsee – Italien) begünstigten die Entwicklung des Ortes »Steinheim«, wie Wallerstein bis ins 15. Jh. genannt wurde. Die Felsenburg, die sich 1188 im Besitz Kaiser Friedrich Barbarossas befand, war für die Staufer ein wichtiger Stützpunkt, von dem aus man die Ebene weithin übersehen und militärisch beherrschen konnte. 1261 erscheinen Burg und Dorf in der Hand der Grafen von Oettingen, die offenbar das Erbe der Staufer angetreten hatten. Die Grafen bemühten sich nun, die Entwicklung des Ortes zu fördern. Kaiser Friedrich III. erlaubte 1471, aus Steinheim »eine Stadt zu machen« und sie zu befestigen. Wohl aus Kostengründen schöpften die Grafen dieses Privileg nicht vollständig aus, umgaben aber den Ort mit Wall und Graben. Die Ausfahrtsstraßen sicherten drei Tore. Im Jahre 1500 erhielt Graf Joachim von Kaiser Maximilian I. das Marktrecht, in dessen Tradition die beiden Jahrmärkte im April und September stehen.

Nach der Zerstörung der Burg im 30jährigen Krieg (1648) verlegten die Grafen ihre Residenz in das flache Gelände westlich des Felsens. Fürst Kraft Ernst (1773–1802) baute Wallerstein zu einer ländlichen Residenz aus und machte sie zum kulturellen Mittelpunkt des Rieses. Der musikbegeisterte Fürst gründete eine Hofkapelle, die unter dem Musikintendanten Ignaz von Beecké, einem ausgezeichneten Pianisten vom Formate Mozarts, und unter dem Kapellmeister Franz Anton Rosetti (1750–1792) geradezu Weltruhm erreichte. Ja selbst Mozart, Beethoven und Haydn versäumten es nicht, bei ihren Reisen Wallerstein zu besuchen.

Durch die Mediatisierung (1806) verlor das Fürstentum seine Selbständigkeit und ging an die Königreiche Bayern und Württemberg über.

Rundgang

1 Reitschule Wenn man bei der Pfarrkirche von Süden her den Hofgarten betritt, erhebt sich links die Reithalle, ein eindrucksvoller Ovalbau mit rechteckigen Flügeln. »Sie ist zweifellos das prächtigste Stück Architektur in Wallerstein, und ein wenig macht sie den Eindruck einer zufällig hier gestrandeten Arche« (v. Volckamer). Der Wiener Baumeister Paul Ulrich Trientel entwarf die Pläne. 1741 erfolgte die Grundsteinlegung. Durch die Abwesenheit Trientels und den Tod des Grafen Johann Karl Friedrich verzögerte sich die Arbeit, die schließlich 1751 vollendet war. Im Zentrum steht die weiträumige, ovale Reithalle mit ringsumlaufender Galerie im Innern. Im Westen und Osten folgen die gegen das nächste Gebäude eingezogenen Flügelbauten, zunächst die dreigeschossigen Wohntrakte und dann die niedrigeren Stallbauten. Bei einer Führung durch die Reitschule kann man neben kostbarem Reit- und Zaumzeug Kutschen, Prunkwagen und Schlitten aus dem 17.–19. Jh. bewundern.

2 Moritzschlößchen Am Rande des sich nach Westen ausdehnenden Schloßgartens, der, auf ehem. Festungsgelände angelegt, 1828 von einem französischen in einen englischen Park umgestaltet wurde, erblickt man den ehem. Witwensitz, das »Moritzschlößchen«. Den reizenden klassizistischen Hauptbau mit einem Zwerchhaus über der Traufe errichtete Josef Anton von Belli de Pino 1803/04 als eigenes Wohnhaus. Fürstin Wilhelmine erwarb das Gebäude und ließ 1809/10 die beiden Seitenflügel anfügen, wohl nach dem Vorbild des um etwa 100 Jahre älteren Schlößchens in Hohenaltheim. Nach dem Ehrenhofprinzip des 18. Jh. entstand so eine freundliche Anlage, die bereits Züge des Biedermeier trägt.

3 Gewächshaus im Biedermeierstil von 1835.

4 Schloßkapelle St. Anna Die der hl. Anna geweihte Kapelle stiftete 1489 Graf Joachim. Der Turm wird um 1700 umgestaltet und 1799 mit einer »welschen Haube« bekrönt. Ein spätgotisches Holzrelief (um 1500) der hl. Sippe, das dem Ulmer Meister Daniel Mauch nahesteht, kam vom Kloster Kirchheim hierher. An den Flügeln des neugotischen Altarschreins und den Nebenaltären Relieffiguren der hl. Nothelfer.

5 Das Neue Schloß Nach Zerstörung des Bergschlosses durch die Schweden verlegten die Grafen ihre Residenz auf das flache Gelände am Fuße des Felsens. Die heute dreiflüglige Anlage wuchs im Laufe der Zeit aus mehreren Bauteilen zusammen. Ausgangspunkt war das »Grüne Haus« oder sog. »Balderische Haus«, das sich 1582 im Besitz eines Pflegers von Baldern befand. Heute tritt es am östlichen Südflügel risalitartig hervor.

1651 folgt unter Graf Martin Franz von Baldern der Westtrakt mit Ar-

246 *Wallerstein*

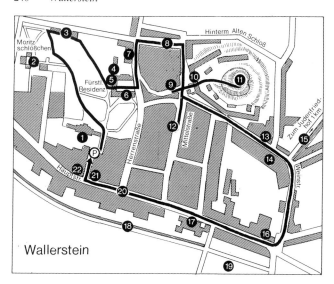

kaden im Erdgeschoß. Seit Unterbringung der reichen fürstlichen Gemäldesammlung von 1812–1841 nennt man diesen Bau auch »Galeriebau«. 1644 entsteht im Norden bei der Annakapelle der »Neue Bau«. Der »Welsche Bau«, der mit dem »Grünen Haus« hofseitig in einer Linie steht, schließt seit 1665 die bestehende Lücke im Süden.
Das heutige Gesicht erhält die Residenz 1805 durch die harmonische Verbindung der einst gesondert stehenden Bauteile.
6 *Porzellanmuseum* Öffnungszeiten: 16. März–31. Oktober, tägl. außer Mo. von 9.00 – 17.00 Uhr (Oktober 9.30 – 16.00 Uhr), Tel. 09081/7028 und 78226.
In den einstigen Wohnräumen des 1805 aufgestockten »Welschen Baues« wird ostasiatisches Porzellan des 17. – 19. Jh. gezeigt sowie Fayencen und Porzellan europäischer Manufakturen aus dem 18./19. Jh.
7 *Maria-Ward-Institut* Der rechteckige Bau mit Mansardendach und Zwerchhaus über dem Eingang entstand 1762–1766 für Piaristen, die in Wallerstein eine Lateinschule führten. 1859 übernahmen »Englische Fräulein« das Gebäude und widmeten sich seither der Mädchenerziehung nach den Ideen Maria Wards.
8 *Sperlingstraße* Diese einheitliche, hübsche Straßenzeile ließ Fürst Kraft Ernst um 1790 am Nordrand des Marktes anlegen. Bediensteten

seines Hauses schenkte er die Bauplätze und erlaubte ihnen, Steine und Sand vom Alten Schloß zu verwenden. Im Umgriff der alten Felsenburg begegnen uns auch zweigeschossige Beamtenhäuser mit Mansardenwalmdächern und Freitreppen. Kennzeichnend für diese Gebäude ist die gelbtönige Putzfassade, nach dem Vorbild des Schloßkomplexes.

9 Mariahilfkapelle Nahe beim Eingang zum alten Burghof zwischen Felsen und Neuem Schloß steht ein Rundbau aus der Zeit um 1625. Diesen stiftete Maria Elisabeth von Oettingen-Spielberg, geb. Gräfin Fugger-Kirchberg-Weißenhorn als Votivkapelle nach dem Vorbild der Wallfahrtsstätte auf dem Klosterlechfeld, die der berühmte Baumeister Elias Holl (1603) errichtete. Die Kapelle mit flacher, einmal abgesetzter Kuppel und hoher achteckiger Laterne betritt man durch ein rundbogiges Portal aus Sandsteinquadern, flankiert von je zwei Pilastern. Im Tympanon ist ein Bild der Madonna mit Kind in Mosaik eingefügt.

10 Altes Schloß (Burg) Wohlgegründet auf dem Felsen thronte einst eine stolze Burg. In mehreren Terrassen umzogen Ring- und Zwingermauern, die mit Toren und Türmen besetzt waren, das zentrale Felsmassiv. Oben auf dem Plateau stand das stattliche Schloßgebäude, flankiert von zwei Türmen. Während des 30jährigen Krieges wechselte die Burg mehrmals den Besitzer. Nach der Schlacht von Nördlingen 1634 wurde sie von Kaiserlichen besetzt und geplündert. Am 15. März 1648, kurz vor Friedensschluß, beschoß ein schwedisches Kommando unter Oberst Bülau die Burg durch Feuerwerfer. Bald stand das Schloß in Flammen, die auch auf den Marktort übergriffen. Registratur und Archiv wurden vernichtet. Was das Feuer nicht vollbrachte, zerstörten schwedische Mineure, die sämtliche Mauern und Türme in die Luft sprengten. Die Ruinen benützen Wallersteiner Bürger als Steinbruch für Haus- und Straßenbau, so daß nur noch der kahle Fels übrigblieb. Die riesigen Steinblöcke an der nordöstlichen Seite stürzten herab, als 1845 Teile des Burgfelsens abbrachen.

Von der nach und nach gewachsenen Hauptburg ist nur noch der äußerste Gebäudering (die untere Burg) erhalten, der sich in vielseitiger Brechung um den Felsen legt. Hier sind heute die Fürstlich Oettingen-Wallersteinsche Gesamtverwaltung sowie das Fürstliche Brauhaus untergebracht. Von Westen her erreicht man auf einer Brücke über einen tiefen Graben den Torbau von 1582. Psalmen auf steinernen Tafeln künden vom frommen Sinn des Erbauers Graf Wilhelm II.; sie sind Vorahnungen des sich im 30jährigen Krieges erfüllenden Schicksals der Burg: »Wenn nicht der Herr die Stadt bewacht, wacht der Wächter umsonst.«

Eine Holztafel mit Beil und der auf einem Block liegenden Hand (Zeichen der Gerichtsbarkeit) warnt jeden Friedensbrecher: »Straff der Burgfrids Brecher«.

77 Schloß Wallerstein. Ausschnitt aus einem Widmungsblatt für den Grafen Johann Albrecht zu Oettingen-Spielberg von 1627. Kupferstich von Johannes Leypold

11 Der *Wallersteiner Felsen* Ca. 70 m ragt der zerklüftete Felsen von Wallerstein aus der flachen Umgebung heraus. Er bietet einen herrlichen Rundblick über das Rieser Land und ist zudem ein lohnendes geologisches Studienobjekt. Granit und Gneis bilden den Sockel des Felsens, der mit Kalk überzogen ist. Nach der Rieskatastrophe schwemmten Regengüsse insbesondere wasserundurchlässige Tonmergel in das Becken und dichteten den Kraterboden ab, so daß ein See entstand. Unter den wasserundurchlässigen Schichten strömte nun mit Kalk angereichertes Grundwasser ein und drückte durch die zertrümmerten Gesteinsschollen. Um die Granit- und Gneiskuppe legten sich Kalkabscheidungen, so daß der Travertinstotzen »atollähnlich« emporwuchs. Auf dem Felsen, der zumindest zeitweise den Seespiegel überragte, nisteten Vögel, wie Funde belegen. In den folgenden Jahrmillionen begruben die ständig wachsenden Seeablagerungen den Felsen. Später wurden die weicheren Gesteine aus der heutigen Riesebene wieder herausgeschwemmt. Der widerstandsfähige Travertinstotzen des Schloßfelsens blieb als »Härtling« stehen. Beinahe dreimal so mächtig war der Felsen vor den beiden Bergstürzen im 19. Jh.

Schloß Wallerstein
Tel. 0 90 81/7 82 26

- Führungen durch das Schloß mit dem Porzellan- und Glasmuseum vom 16. März – 31. Oktober, täglich außer Montag von 9 – 17 Uhr (Oktober von 9.30 – 16 Uhr). Figürliches und Tafelporzellan aus bedeutenden europäischen Manufakturen und aus Ostasien (17. – 19. Jh.), Fayencen, Produkte böhmischer Glaskunst, Mobiliar in den ehemaligen Wohn- und Repräsentationsräumen.

- Führungen durch das Kutschenmuseum in der Reitschule (Öffnungszeiten wie oben): Schlitten, Kutschen, Feuerwehrwagen mit den Prunkstücken eines Reisewagens von 1830 und einer Gala-Berline von 1790.

12 Mittelstraße Die breite, langgezogene Mittelstraße mit den ehemals giebelständigen Häusern von Bauern und Handwerkern ist der Marktplatz des 19. und 20. Jh. Die kanadische Regierung ließ einen Gedenkstein für den gebürtigen Wallersteiner J. A. U. Moll (1744–1813) hier errichten. William Berczy, wie er sich später nannte, gründete mit 200 Siedlern Markham Township, die Urzelle der Stadt Toronto.

13 Abendanzsches Haus Der wohlhabende Weinhändler und spätere fürstliche Hofrat Franz Josef Abendanz baute 1788 das repräsentative Wohnhaus mit Terrassengarten und zahlreichen Nebengebäuden, darunter ein Brauhaus mit Branntweinschenke.

14 Rathaus Das Gebäude, das von 1840–1966 als Schulhaus diente, erfüllt heute wieder seinen ursprünglichen Zweck als Rathaus wie in den Zeiten des 18. Jh.

15 Judenfriedhof Aus dem späten 14. Jh. erreicht uns eine Nachricht von der Ermordung Wallersteiner Juden. 1893 lebten 40, 1933 nur noch 15 Seelen jüdischen Glaubens in Wallerstein, das Sitz eines Rabbinats war. Aus den bescheidenen Steinen des Wallersteiner Judenfriedhofes ragt ein eindrucksvoller Sarkophag. Er deckt das Grab des 1815 in Hainsfarth geborenen »Michael Riess aus San Francisco in Kalifornien«. Durch Tüchtigkeit und Sparsamkeit soll es der Gerbergeselle auf ein Vermögen von 65 Millionen Mark gebracht haben. Als er 1878 das Grab seiner Mutter besuchen wollte, setzte ein Herzschlag seinem Leben ein Ende. Er war ein großer Förderer der Universität San Francisco und ein Wohltäter des nach ihm benannten »Michael Reese Hospitals« in Chicago.

16 Ehem. Krankenhaus Der zweigeschossige Bau mit Mansardendach entstand 1784/85 und erfüllte bis 1984 die Funktion eines Krankenhauses. Heute dient es als Altenpflegeheim.

17 Sechsherrenbau Den repräsentativen Bau an der sich platzartig erweiternden Hauptstraße erstellte eine aus sechs Personen bestehende Baugenossenschaft (»Sechserbau«) 1788–1790 unter Leitung von Josef Anton von Belli de Pino.

18 Der »Graben« Im Mittelalter war Wallerstein befestigt mit Palisadenzaun, Wall, Graben und drei Toren. Der »Graben« im Süden, 1775 zu einer »Promenade« umgestaltet, ist heute ein beliebter Spazierweg mit reizvollem Blick auf den Riesrand.

19 Ev. Versöhnungskirche Die ev. Versöhnungskirche mit freistehendem Pyramidenturm plante der Münchner Architekt Lichtblau 1968. Mit dem Zeltdach erinnert sie den Menschen daran, daß er auf Erden keine bleibende Stätte hat.

20 Dreifaltigkeitssäule Die Hauptachse des Marktes beherrscht die Pest- oder Dreifaltigkeitssäule. Als 1720/21 die in Marseille und in der Provence ausgebrochene Pest das Abendland bedrohte, stiftete Graf

FÜRSTLICHES BRAUHAUS WALLERSTEIN

Wallersteiner Fürsten-Hell

Wallersteiner Fürsten-Weizen

Wallersteiner Landsknechtbier

ein wahrhaft Fürstlicher Genuß

Berg 78 · 86757 Wallerstein · Tel. 0 90 81 / 78 20 · Fax 0 90 81 / 7 82 37

Anton Karl von Oettingen-Wallerstein die Säule und übertrug die Ausführung Johann Georg Bschorer aus Oberndorf a. Lech, der sie in dreijähriger Arbeit fertigstellte (1722–1725). Zum Vorbild nahm Bschorer (Monogramm IGB am Baumstamm des Sebastian) die Pestsäule am Graben zu Wien (1687). Auf einem mit Ketten umfaßten Postament strebt der mit figürlichem Schmuck und Wolken reich besetzte Obelisk hinauf zur göttlichen Dreifaltigkeit, deren Anrufung allein die drohende Gefahr des »Schwarzen Todes« abzuwenden vermag. Über den Fürbittern hll. Rochus (er zeigt auf eine Pestbeule), Sebastian und Antonius von Padua mit dem Jesuskind schwebt die Himmelskönigin.

21 Kath. Pfarrhaus Unmittelbar neben der Kirche erhebt sich der stattliche Bau des Pfarrhofes von 1580. Ein zweigeschossiger Erker, Kielbogenaufsätze auf dem abgetreppten Giebel und die Anlage als »Atriumhaus« sind Elemente einer nachklingenden Gotik. An der Nordseite ist im turmartigen Anbau die Dreifaltigkeitskapelle untergebracht.

22 In einer oettingischen Lehenschronik erscheint die *kath. Pfarrkirche St. Alban* erstmals urkundlich im Jahre 1274 unter dem Patronat der Oettinger Grafen.
Nach der Erhebung zum Markt wuchs die Bevölkerung, so daß das alte Kirchlein nicht mehr ausreichte. Der quadratische Teil des Turmes mit seinen ungeputzten Ortsteinen wurde um das Jahr 1530 errichtet. Den später aufgesetzten polygonalen Oberbau bekrönt eine Zwiebelhaube (1611). Zum Turm traten 1612/13 das Schiff und gleichzeitig gegenüber die Sakristei, so daß ein kreuzförmiger Grundriß entstand. Das Jahr der Vollendung von Schiff und Sakristei ist zweimal in der Westfassade eingemeißelt. 1616 erfolgte die Weihe. Als Baumeister nimmt man Mitglieder der Familie Alberthal aus Graubünden an, die als »welsche Maurer« damals in Wallerstein ihren Wohnsitz hatten. Die Kirche repräsentiert den in unserem Raum sehr seltenen Typ der zweischiffigen Halle. Der Stil der »posthumen Gotik« (Nachgotik) zeigt sich an den hohen zweigeteilten Rundbogenfenstern mit gotisierendem Fischblasenmaßwerk.
Das Schiff zu vier Jochen mit Sternengewölbe schließt im Osten in zwei Apsisrundungen. Vier Rundbogenpfeiler trennen die beiden Schiffe. Ignaz Ingerl (1797) widmete dem Kirchenpatron St. Alban den Hochaltar, dessen klassizistischen Aufbau die Renovierung von 1890/91 fast vollständig beseitigte. Original ist noch die Figur des hl. Alban. Er gilt als erster englischer Märtyrer (gest. um 305). Mit dem Kopf in den Händen weist er auf die Enthauptung hin, die er, wie auch mehrere seiner Gefährten, erlitten hat. Über der Sakristei befindet sich das Oratorium der Fürsten mit den Wappen des Hauses Oettingen, des Hauses Helfenstein und des Papstes Leo XIII.

78 Wallerstein. Pest- oder Dreifaltigkeitssäule und Turm der kath. Pfarrkirche St. Alban

Freizeit-Tips

Bücherei: Kath. Pfarrbücherei, Tel. 09081/79550
Eislauf: Natureisbahn
Kegeln: Mehrzweckhalle Wallerstein, Tel. 09081/79359
Museen: Porzellanmuseum im Schloß, Kutschenmuseum (Fürstliche Reitschule), Fürstliches Schloß, Tel. 09081/78226, Öffnungszeiten: 16. März–31. Oktober, tägl. außer Mo. von 9.00–17.00 Uhr (Oktober von 9.30 – 16.00 Uhr)
Schießsport: Schießanlage des Schützenvereins in der Mehrzweckhalle
Tennis: 4 Freiplätze
Verkehrsamt/Marktgemeindeverwaltung: Weinstraße 19, 86757 Wallerstein, Tel. 09081/7035, Fax 09081/8242.

Wanderung von Wallerstein nach Maihingen

Wanderstrecke: ca. 14 km
Markierung: Main-Donau-Weg (Hinweg)
Wallerstein – Judenfriedhof – Birkhausen (Pfarrkirche St. Vitus) – Maihingen (Pfarrkirche, Klosterkirche, Bauernmuseum) – Ulrichsberg – Marktoffingen (ehem. Wehrkirche) – zurück nach Wallerstein

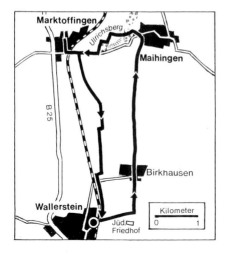

Ausflug Wallerstein (ca. 35 km)

Wallerstein – Munzingen – Marktoffingen – Minderoffingen – Enslingen – Raustetten – Fremdingen – Hochaltingen – Herblingen – Utzwingen – Maihingen – Birkhausen – Wallerstein – Ehringen

Wallerstein — die Perle des Rieses

Der Markt Wallerstein ist geprägt durch seine lange Geschichte als ehemaliger Residenzsitz der Fürsten zu Oettingen-Wallerstein. Wallerstein bietet dem Besucher eine Reihe bedeutender Sehenswürdigkeiten, wie den Fürstlichen Schloßpark mit Schloß und bedeutendem Porzellanmuseum, die Reitschule mit Kutschenmuseum, den Wallersteiner Felsen – ein etwa 65 Meter hoher Burgfelsen – mit schönem Rundblick auf das Ries.
Die Romantische Straße führt direkt durch den Markt Wallerstein, und genau in der Mitte des Ortes beherrscht die weithin berühmte Pest- und Dreifaltigkeitssäule das Ortsbild.
Gutbürgerliche Gaststätten mit Übernachtungsmöglichkeiten und gemütliche Cafés laden den Gast zum Verweilen ein.

Auskünfte: Marktverwaltung
86757 Wallerstein, Weinstr. 19,
Tel. (0 90 81) 70 35 u. 70 36

Munzingen

440 Einwohner, Markt Wallerstein. – Der Grundbesitz befand sich im Mittelalter hauptsächlich in den Händen der Grafen von Oettingen. Die Pfarrei gehörte 1196 den Benediktinerinnen des Klosters Frauenalb und seit 1481 dem Kloster Kirchheim.
Auf einer Kultstätte der sog. »Bandkeramiker« (4. Jahrtausend vor Christus) erhebt sich die *kath. Pfarrkirche St. Michael.* Sie ist ein Neubau (1984/85); nur der Turm von 1772 blieb stehen. Der Ottmaringer Architekt Hans Gebauer und Hilda Sandtner als Glasmalerin schufen einen Kirchenraum von harmonischer Stimmung.
Die Madonna (Ende 15. Jh.), ursprünglich in der Kirche zu Walxheim als wundertätig verehrt, bewahrte ein Bauer nach der 1557 dort erfolgten Reformation auf, bis sie im 19. Jh. nach Munzingen kam.

Marktoffingen

1003 Einwohner. – Marktoffingen ist zusammen mit Minderoffingen eine der ältesten Rieser Pfarreien. Als Stützpunkt des Bischofs von

79 *Marktoffingen mit kath. Pfarrkirche Mariä Himmelfahrt*

Augsburg bei der kirchlich-herrschaftlichen Durchdringung des Norddonauraumes bildete Marktoffingen das Zentrum eines ausgedehnten Pfarrverbandes mit zwölf Filialen in den umliegenden Dörfern. 1143 verwalteten bischöfliche Ministeriale den Augsburger Besitz in »maior offingen«. Eine eigene Maßeinheit für Getreide (»offinger Mesz«) und ein eigenes Gericht mit »Blutbann« und Gesetzbuch (»Märzengerichtsbüchlein von 1381«) betonen die Bedeutung des Marktortes im Mittelalter. 1978 schlossen sich Marktoffingen und Minderoffingen zu einer Gemeinde zusammen (Verwaltungsgemeinschaft Wallerstein).

Noch eindrucksvoll zeigt die *kath. Pfarrkirche Mariä Himmelfahrt* die Funktion der mittelalterlichen Kirchenburg, die unter geschickter Ausnützung des steil nach Süden abfallenden Geländes angelegt wurde. Hinter stark befestigten Mauern mit Wehrgang (Mauerabsatz bzw. Konsolen erhalten), Schießscharten und Torturm konnten die Bauern der Umgebung Zuflucht suchen. In das Zentrum ist der bergfriedartige Turm gerückt, dessen romanische Teile in das frühe 12. Jh. zurückreichen. Das Langhaus mußte 1606 (Jahreszahl über dem Südportal) einem Neubau weichen. Die ältesten Beispiele der Bauplastik im Ries findet man im kunstgeschichtlich besonders bedeutsamen Chorraum. Die Ecksäulen, die das Kreuzrippengewölbe (1. Hälfte des 13. Jh.) tragen, sind geziert mit Pflanzen- und Tiermotiven. Hier sind die Ängste des mittelalterlichen Menschen eingemeißelt, der mit diesen fratzenhaften Darstellungen böse Geister fernhalten wollte. In das 16. Jh. datiert der Freskenrest im Schildbogen des Chores: Gott Vater präsentiert seinen gekreuzigten Sohn. Basilio Coletti bemalte 1899 die Dekken. Die Kreuzigungsgruppe aus dem 15. Jh. dürfte Teil eines umfangreichen Ensembles sein. Gesichtszüge und Kleidung weisen auf Vorbilder der Ulmer Region hin. Aus diesem Umkreis stammt auch die Marienstatue auf dem linken Seitenaltar. Maria, auf einer Mondsichel mit Männergesicht stehend, reicht dem Jesuskind einen Apfel, mit dem die Weltkugel bei der letzten Renovierung offensichtlich verwechselt wurde. Den »Geißelchristus« (um 1500) hat man aus einer Feldkapelle am Maihinger Berg hierher in Sicherheit gebracht, um ihn vor Dieben zu schützen.

Die *Ulrichskapelle* aus dem 12. Jh. (nordwestlich der Pfarrkirche) bewahrt vielleicht noch ältere Mauerteile als der Turm der Pfarrkirche

80 *Marktoffingen. Reliefgeschmückte Säulenkapitelle im Chor der kath. Pfarrkirche*

selbst. Im halbrunden Chor begegnen uns die hll. Ulrich und Narcissus im »Nazarener Stil«. Barocken Ursprungs ist die Statue der hl. Afra, wie sie an einen Pfahl gebunden ihr Martyrium auf dem Scheiterhaufen erleidet. Das Ölgemälde am Antependium des Altars hat den Kampf gegen die Ungarn zum Thema. Bischof Ulrich, in der Nähe der kämpfenden Truppen, ist umgeben von hilfesuchenden Frauen und betenden Kindern.

Eine kostbare Monstranz verwahrt Kreuzreliquien, die der *kath. Kreuzkapelle* aus dem 17. Jh. (am Nordausgang des Dorfes) den Namen gaben. Der Altarschrein birgt ein spätgotisches Kruzifix. Von dem verheerenden Dorfbrand 1728 berichtet eine Votivtafel mit dem hl. Florian. Über 64 Häuser standen damals in kurzer Zeit in Flammen.

Minderoffingen, Enslingen, Raustetten, Fremdingen, Hochaltingen, Herblingen → Fremdingen

Utzwingen

348 Einwohner, Gemeinde Maihingen. – Ob die Nennung des Ortes »Uzmaningen« im Fuldaer Schenkungsverzeichnis des 8. Jh. Utzwingen bezeichnet oder das bis ins 18. Jh. gleich genannte Utzmemmingen bei Nördlingen ist noch ungeklärt. Herren des Ortes waren hauptsächlich die Hürnheimer (Hochaltingen) und die Grafen von Oettingen.

Das *Schlößchen*, östlich der Pfarrkirche, in dem seit dem 14. Jh. verschiedene Adelige der oettingischen Gefolgschaft ansässig waren, wurde 1601 an den bambergischen Lehensträger Sebastian Sauerzapf verkauft. Aufgrund des Klostereintritts seiner Tochter kam das Schloß mit Zubehör nach langem Rechtsstreit an das Kloster St. Clara in Regensburg. Der zweigeschossige Bau mit Walmdach war mit einem Wassergraben umgeben. Später diente das »Schlößchen« als Ortsgefängnis und fand als Lehrerwohnung Verwendung.

Das *Pfarrhaus* mit Zwerchgiebel unterhalb der Kirche datiert aus dem Jahre 1750. Es wurde stilgerecht renoviert und beherbergt heute die Jüngerschaftsschule des Evangelisationszentrums Maihingen. Über dem Südeingang erkennt man ein Sandsteinrelief mit der hl. Äbtissin Klara.

Die *kath. Pfarrkirche St. Georg* ist ein wehrhafter, aus unverputzten Kalkquadern gefügter Bau aus dem 14. Jh. Kreuzrippen wölben den Chor. Eine sitzende Madonna (um 1520) neigt sich lächelnd dem Betenden zu und schützt die Sünder mit ihrem Mantel. Ein mit Figuren reichverzierter Hochaltar im »Nazarener Stil« (um 1900) paßt sich einer aus der Ostwand herausgehauenen Nische an.

81 *Maihingen. Chor der ehem. Klosterkirche*

Maihingen

840 Einwohner. – Der Maihinger Kloster- oder Burgberg trägt frühe vorgeschichtliche Siedlungsspuren. Das Dorf entwickelte sich aus einer alamannischen Hofstätte rund um den Dorfanger und wuchs im 11. und 12. Jh. mit einem zweiten Siedlungskern im Westen zusammen. Erstmals erscheint Maihingen urkundlich im Jahre 1280. Damals und bis ins 14. Jh. treten Ortsadelige als oettingische Vasallen auf. Konrad von Hürnheim-Hochaltingen schenkte 1314 dem Kloster Zimmern das Patronatsrecht, das nach der Reformation an das kath. Haus von Oettingen-Wallerstein fiel.

Der Ortskern wird von der Pfarrkirche mit der Kirchhofmauer und dem Pfarrhaus beherrscht. Dicht daneben steht das in den Raum vorspringende Rathaus, das ehemals als Schule diente. Der Lehrer, der um die Zeit des Baues im Jahre 1879 hier unterrichtete, war der Vater des Komponisten Joseph Haas, der im selben Jahr dort geboren wurde. Eine Tafel erinnert an den Maihinger Ehrenbürger, dem wir vor allem Opern, Konzerte und geistliche Musik verdanken.

Im Zuge der »Dorferneuerung« erfolgte die ansprechende Gestaltung des Straßenraumes und der ökologische Rückbau der Mauch, die regelmäßig das Dorf überflutete. Maihingen und Utzwingen bilden seit 1978 eine Gemeinde innerhalb der Verwaltungsgemeinschaft Wallerstein.

Die kath. Pfarrkirche, die der Hl. Dreifaltigkeit und der Mutter Gottes geweiht ist, entstand 1721–1723. Der Baumeister Johann Georg Hitzlberger krönte den markanten Turm mit einer doppelten Zwiebelhaube 1769/73. Die 1992 gründlich renovierte Kirche birgt im halbrunden Chor die kostbare Figur der Gottesmutter in einer Strahlengloriole, ein zartes Werk des Weichen Stils, um 1420. Der Gnadenbrunnen vor dem Hochaltar erinnert an die Zeit, als Maihingen ein vielbesuchter Wallfahrtsort war. Die überlebensgroßen Gestalten der hll. Ulrich und Afra im Langhaus (um 1760) repräsentieren das Bistum Augsburg. Der das Ortsbild prägende Pfarrhof mit Ziergiebel ist eine maßstabsgetreue Rekonstruktion des barocken Gebäudes aus der Zeit um 1750.

Ehem. Kloster Die Sage erzählt, daß sich Graf Johann I. von Oettingen-Wallerstein auf einem Jagdzug verirrte und in einem abgrundtiefen Sumpf mit seinem Pferd steckenblieb. In höchster Not rief er Gott, die Jungfrau Maria und die Mutter Anna zu Hilfe und gelobte, eine Kapelle zu bauen, wenn er aus dem Sumpf gerettet würde (Medaillon über der St.-Anna-Kapelle in der Klosterkirche). An der Stelle dieser 1405 gestifteten Kapelle errichtete er dann auf Betreiben des Ortspfarrers Konrad Rösser 1437 zusammen mit seinen Brüdern ein Kloster. Nacheinander wurde es mit Augustiner-Chorherrn, Benediktinern und Serviten besetzt, die aber nicht lange an diesem »unwohnlichen Ort« blieben, der ursprünglich »Mai-Brunnen« hieß. Erst unter Birgittinnen entstand eine Klosteranlage größeren Ausmaßes. 1459 bestätigt Papst Pius II. das Kloster Maria Mai, das Graf Ulrich reichlich mit Grundbesitz ausstattete. Maihingen zog nun viele Pilger an, die an diesem Gnadenort Gottes Hilfe erlangten, wie einem Mirakelbüchlein zu entnehmen ist. 1525 überfielen aufständische Bauern das aufstrebende Kloster und plünderten es beinahe vollständig aus. Nach weiteren Drangsalen im Schmalkaldischen Krieg (1546) starb der Konvent 1567 schließlich aus. 1607 stellten Minoriten den verfallenen Bau wieder her und eröffneten 1625 einen »theologischen Lehrkurs« für Kleriker. Nach Rückschlägen im 30jährigen Krieg blühte das Kloster bis zur Säkularisation

82 Maihingen. Innenansicht der ehem. Klosterkirche

1803. Heute befindet sich im ehem. Kloster das »Katholische Evangelisationszentrum« für den deutschen Sprachraum.

Am Baubestand läßt sich die Anlage des einst autarken Klosters noch deutlich ablesen: Klosterkirche mit Konventbauten, im Norden das »Bräuhaus« (heute Bauernmuseum), Wirtschaftsgebäude und einige Schritte entfernt an der Mauch die Klostermühle.

Ehem. Klosterkirche Maria Immaculata, jetzt kath. Kirche Mariä Himmelfahrt. 1712 erfolgte die Grundsteinlegung für die heutige Kirche, die Minoritenbruder Ulrich Beer nach dem Vorarlberger Wandpfeilerschema plante. Vorbei am Hl. Grab betritt man den geräumigen Hallenbau. Die drei Langhausjoche sind mit Emporen besetzt, die unmittelbar vor dem Chor zurückgebildet sind, so daß eine Art Querschiff entsteht, ohne im Außenbau zum Ausdruck zu kommen. Die Minoriten übertrugen Martin Speer aus Regensburg die Ausarbeitung der *Deckengemälde* mit farbenprächtigen Fresken (1752), da der ursprüngliche Stuck große Schäden aufwies. Im zentralen Fresko des Langhauses kann man miterleben, wie der hl. Franziskus mit einem feurigen Wagen zum Himmel fährt. Eine große Menschenmenge, darunter Päpste und Bischöfe, blickt gebannt nach oben, wo der Heilige von der Trinität aufgenommen wird. Im Deckenfresko des Chores erweisen die vier damals bekannten Erdteile der Gottesmutter, der Schutzherrin der Christenheit, die Ehre. Daneben, als Parallele zur Himmelfahrt Mariens, erscheint die zur Königin erhobene Esther vor Ahasver.

Über den Seitenkapellen hob der Künstler die großen Gestalten des Franziskanerordens hervor und stellte Szenen aus dem Alten und Neuen Testament dar.

Der 1719/20 errichtete dreigeschossige *Hochaltar* zeigt die Himmelfahrt Mariens. Daneben stehen in Muschelnischen die Holzfiguren der Hl. Sippe. Im Mittelbild des Auszugs: Maria und der Verkündigungsengel, darüber Engelsfiguren und das mit einer Dornenkrone umflochtene Herz Jesu; oben das Wappen des Hauses Oettingen-Wallerstein. Der Tabernakel ist ein herrliches Werk des Rokoko, reich geschmückt mit Muscheln und Zierat.

Seitenaltäre in der südlichen Kapellenreihe: Christus erscheint dem hl. Antonius von Padua; Holzrelief des hl. Nepomuk mit Palmzweig und Kruzifix; Vision des Ordensheiligen Josef von Cupertino (von Josef Mages, 1768); die hll. Franziskus und Antonius knien vor der Muttergottes mit Kind; die 14 Nothelfer. In der nördlichen Kapellenreihe: hl. Franziskus; Muttergottesfigur, eine hervorragende ostschwäbische Arbeit um 1510, Jesuskind und Engel wurden 1760 hinzugefügt; St. Leonhard und St. Wendelin, die Patrone des Bauernstandes; Annakapelle mit klassizistischem Altar. Das Bild der Hl. Sippe malte wohl Ignaz Ingerl 1780.

83 Maihingen. Originalgetreu eingerichtetes Schulzimmer im Rieser Bauernmuseum

Das kunstreiche mit hervorragendem figürlichen Schmuck ausgestattete *Chorgestühl* umgibt halbkreisförmig die Orgel. Der Laienbruder Columban Liechtenauer bildete es aus massiver Eiche und versah es mit Einlagen aus Lindenholz (1742–1744).
Typisch für den frühen Klassizismus sind zwei *Grabmäler* aus der Werkstatt Ignaz Ingerls. Das eine, 1786 aus weißem, schwarzem und grauem Marmor gefertigt, hält das Gedächtnis an Graf Philipp Carl von Oettingen-Wallerstein wach, das andere, ein Tempelchen, erinnert an Fürstin Maria Theresia († 1776). Die Kirche diente seit 1766 den verstorbenen Mitgliedern der Familie Oettingen-Wallerstein als letzte Ruhestätte. Den Zugang zur Gruft unter der Orgelempore verschließt das schmiedeeiserne Gitter.
Rieser Bauernmuseum Öffnungszeiten: Mitte April – Ende Oktober, tägl. außer Mo. und Fr., 13.00 – 17.00 Uhr (Juli – September 10.00 – 17.00 Uhr). Anmeldung von Gruppen unter Tel. 09087/778. Der Verein Rieser Bauernmuseum hat in den ehemaligen Räumen der

Rieser Bauernmuseum Maihingen

Als regionales Schwerpunktmuseum sammelt das Rieser Bauernmuseum alle Gegenstände, die das vergangene dörfliche Leben und Arbeiten im Ries dokumentieren und stellt eine Auswahl aus. Es zeigt auf 1500 m² Ausstellungsfläche Bauernmöbel, Gerätschaften des ländlichen Handwerks und der bäuerlichen Arbeit, Trachten, Handarbeiten, Keramik sowie ein originalgetreu eingerichtetes Schulzimmer. Die Geschichte der Rieser Landwirtschaft von der vorindustriellen Zeit bis zum Umbruch in der Nachkriegszeit wird in einem zweiten Gebäude dargestellt. Sonderausstellungen und Veranstaltungen.

Geöffnet Mitte April bis Ende Oktober
täglich außer Mo. u. Fr. 13–17 Uhr,
Juli bis September 10–17 Uhr
Für Gruppen nach Vereinbarung unter
Tel. 0 90 87 / 7 78, Fax 0 90 87 / 7 11

Klosterökonomie ein didaktisch interessant aufbereitetes Regionalmuseum eingerichtet, das vielfältige Einblicke in das Leben und Arbeiten der früheren Rieser Bevölkerung bietet.
Bestände: Wohnkultur (Bauernmöbel und Hausrat bis zurück ins 17. Jh., Kleidung (Trachten, Wäsche, Schmuck), Arbeitsgeräte und Fahrzeuge zur Hof-, Feld- und Stallarbeit, ländliches Handwerk (Wagnerei und Schmiede), original eingerichtete Schulstube.
Kristallinaufschluß nordöstlich der Klostermühle. Das völlig zerrüttete Gestein (vorwiegend Gneis) ist mit feinkörniger Kristallinbrekzie durchzogen.

Birkhausen

480 Einwohner, Markt Wallerstein. – »Birchachhusen« (die Häuser am Birkenwald) ist eine karolingische Siedlung, die 1265 erstmals in einer Urkunde erscheint. Ludwig der Bayer verpfändete 1309 das Dorf an die Grafen von Oettingen, in deren Besitz bald die gesamten Höfe übergingen.
Zwei Meter dicke Mauern und »Schießscharten« der *kath. Pfarrkirche St. Vitus* kennzeichnen den Wehrturm des 13. Jh., der 500 Jahre später sein polygonales Obergeschoß erhielt. Das heutige Langhaus mit Chor ist laut Inschrift ein Werk der Gotik (1488), die eine Reihe von schönen Kunstwerken hinterließ. Die Steinskulptur des hl. Vitus in seiner Marter am südlichen Strebepfeiler. Neugotische Altäre behüten beachtenswerte Figuren aus der Zeit um 1480: Muttergottes mit Jesuskind, Anna selbdritt, St. Katharina (mit Schwert) und St. Barbara (mit Kelch). Maßwerkfenster, auf Kopfkonsolen ruhende Netzrippengewölbe und bunte Fresken (Kreuzigung, Tod Mariä, Martyrium des hl. Vitus, Krippenhuldigung), die zu den wertvollsten des schwäbischen Raumes zählen, bestimmen die Wirkung des Chorraumes und machen die Dorfkirche zu einem sehenswerten Bauwerk.

84 *Birkhausen. Gotische Figuren in der kath. Pfarrkirche St. Vitus*

Ehringen

360 Einwohner, Markt Wallerstein. – Das 1009 erstmals erwähnte Ehringen ist wohl als eine alamannische Ansiedlung in der Nähe eines römischen Gutshofes entstanden. Bezeugt sind 1140 die Ritter von Ehringen, die das »Schenkenamt« bei den Grafen von Oettingen innehatten. Nach dem Erwerb der Burg Stein bei Bopfingen nannten sie sich Herren von Schenkenstein. Vergeblich widersetzte sich 1558 der kath. Graf Friedrich von Wallerstein dem Wunsche der Ehringer, einen ev. Pfarrer anzustellen.

Ehringen ist der Geburtsort des Schriftstellers Melchior Meyer (1810–1871), der hier auch seine Jugend verbrachte (Inschrifttafel an seinem Geburtshaus, Melchior-Meyer-Str. 5). Durch seine »Ethnographie des Rieses« hat er ein wichtiges Dokument für das Rieser Volksleben im 19. Jh. geschaffen. In Nördlingen steht vor dem Reimlinger Tor das Denkmal des Dichters, auf den sogar Goethe aufmerksam geworden war.

Turmuntergeschoß und Grundmauern der dem *hl. Oswald geweihten ev. Kirche* stammen aus dem 13. Jh. Das jetzige Aussehen erhielt das Gotteshaus im Jahre 1700 durch Maurermeister Hans Ruef.

MASCHINENTEILE – ZUBEHÖR

HILGEV

GROSS- UND EINZELHANDEL

- *Getreidemühlen*
- *Knetmaschinen*
- *Brotbacköfen*
- *Nudelmaschinen*
- *Milchzentrifugen*
- *Buttermaschinen*
- *Räucherschränke*

86747 Maihingen
Telefon 0 90 87 / 4 57

86739 Ederheim
Telefon 0 90 81 / 2 36 34

WEMDING

5618 Einwohner. – Mit 145 000 Gästeübernachtungen im Jahr nimmt Wemding als »anerkannter Erholungsort« an der Ferienstraße Alpen-Ostsee eine dominierende Stellung im Landkreis Donau-Ries ein. Wildbad und Wallfahrt schufen schon vor Jahrhunderten die Grundlagen für die Entwicklung des Fremdenverkehrs. Durch Ausbau der heimischen Betriebe, die u. a. Ressourcen (Steine, Erden, Holz) der Umgebung nutzen, und durch Ansiedlung neuer Industrien (Autozubehörteile, Druckindustrie) stehen etwa 2000 Arbeitsplätze vor Ort zur Verfügung. Im Zuge der Schulreform entstand ein modernes Schulzentrum (Grund- und Hauptschule, Realschule mit Hallenbad und Dreifachturnhalle). Als Sitz der Verwaltungsgemeinschaft (Mitgliedsgemeinden Fünfstetten, Huisheim, Otting, Wolferstadt) und als Einkaufsstadt besitzt Wemding zentralörtliche Bedeutung im Ostries.

Wemding, eine alamannische Gründung, erscheint erstmals 793 in einer Schenkungsurkunde des Zehntgrafen Helmoin vom nahegelegenen Königshof Gosheim. Angeblich übergibt Karl der Große 798 Wemding dem Regensburger Kloster St. Emmeram, das über fünf Jahrhunderte hinweg den Ort als Lehen ausgibt. 1306 erwirbt Graf Ludwig V., sein Sohn und seine zwei Enkel, von Oettingen das »oppidum seu forum«, das sie mit dem Stadtrecht ausstatteten und als Bollwerk gegen Osten mit Mauern, drei Toren und 33 Wehrtürmen befestigten. Durch die Baufreude in Schulden geraten, müssen sich die Grafen von der Stadt trennen. Das inzwischen angesehene Handwerker- und Handelsstädtchen geht 1467 durch Kauf an den niederbayerischen Herzog Ludwig den Reichen. Die Stadt verändert ihren Namen. Aus dem alamannischen »Wemdingen« wird das bayerische »Wemding«. Die von den Herzögen bestellten Pfleger verwalten die kleine »Enklave«, zu der auch Amerbach und Laub gehören.

Wemding ist ein anschauliches Beispiel einer ackerbürgerlichen Siedlung, die sich mit ihrer »unregelmäßigen Giebeldächerlandschaft hinter der noch gut erkennbaren Stadtmauer den Charakter einer mittelalterlichen Kleinstadt bewahrt« hat (Dehio).

Rundgang

1 Stadtpfarrkirche St. Emmeram Mangold von Werd, der angeblich 1027 als Brautwerber für den Thronfolger Heinrich in Konstantinopel tätig gewesen sein soll, gelobte – nach glücklicher Heimkehr – im Dorfe Wemding eine Kirche zu Ehren des hl. Emmeram zu bauen. Wenige Jahre nach der Rückkehr legte er den Grundstein für die dreischiffige

85 Wemding mit kath. Stadtpfarrkirche St. Emmeram

Basilika mit Querschiffannexen, die 1060 durch Bischof Gundekar von Eichstätt die Weihe erhielt. Bewegte Jahrhunderte formten die Gestalt der Kirche. Im frühen 14. Jh. erfolgte der gotische Umbau, der mit der Weihe 1308 abschließt. Durch eine Unaufmerksamkeit des Türmers brannte der Südturm 1559 bis zur Glockenstube ab. Der bayerische Herzog Albrecht V. stiftete 800 Gulden zum sofortigen Wiederaufbau. 1593/94 traten die beiden Seitenkapellen (St. Katharina und St. Wendelin) hinzu. Der Bau des Nordturmes begann 1619. Durch Konstantin Bader 1661 erhöht, stellen die beiden »ungleichen Brüder« mit Kuppeldach und Laterne das markante Wahrzeichen der Stadt dar. Die Stukkaturen in Chor und Schiff entstanden in der 1. Hälfte des 17. Jh., der Stuck in den Kapellen stammt aus dem frühen 18. Jh.

Der mächtig aufstrebende *Hochaltar* zeigt in seinem dreiteiligen Aufbau eine Vielzahl von Plastiken. Der Donauwörther Künstler August Mannasser schuf die Bildhauerarbeit (1630–1633), die Malerin Margaretha Nagler besorgte die Fassung. In den Muschelnischen neben dem

Tabernakel begegnen uns der Eichstätter Gründungsbischof St. Willibald und Bonifatius, der Apostel der Deutschen. Die Rundbogennische im Mittelteil birgt eine strahlenumkränzte Pietà, die dem Kaisheimer Bildhauer König zugeschrieben wird. Daneben die Apostel Petrus (mit Schlüssel) und Paulus (mit Schwert). In den Volutengiebeln schweben die Erzengel Raphael und Gabriel. Über dem Vesperbild segnet der hl. Bischof Emmeram die Kirche. Ihm zur Seite stehen Johannes der Täufer und Johannes der Evangelist. Erzengel Michael wacht mit seinem Schwert und erinnert mit der Seelenwage an das Jüngste Gericht. Dieser Altar steht am Übergang vom spätgotischen Flügelaltar zur frühbarocken Triumphbogenarchitektur.

Die beiden *Seitenaltäre* in Stuckmarmor sind frühe Arbeiten (1713) des Dominikus Zimmermann, des Meisters der Wieskirche: Er signiert an der Säulenbasis des rechten Seitenaltares, 1713. Herrlich leuchten die Scagliola-Arbeiten (farbig polierter Stuck, der zu Bildern gefügt ist). Im Medaillon des Antependiums Monogramm IHS mit Jesusknaben, Kreuz und Weltkugel tragend. Auf dem anderen Seitenaltar Monogramm Mariens mit dem anmutigen Bild der Immaculata. Die beiden Gemälde schuf M. Zink (1713): Maria und die Jüngerschar (Pfingstaltar); Abnahme des hl. Sebastian nach seinem Martyrium.

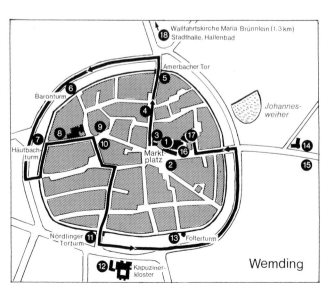

Das *Ständebild,* ein Fresko an der Südseite des Chores (um 1450), offenbart eindrucksvoll den ständischen Aufbau der mittelalterlichen Gesellschaft. Den Gekreuzigten verehren die drei christlichen Stände: links der Papst (Lehrstand), in der Mitte der Kaiser (Wehrstand) und zuunterst der Bauer (Nährstand). Jeder von ihnen ist den Gefährdungen durch den Bösen ausgesetzt. Den Papst ermahnt ein Engel: TU SUPLEX ORA (du, bete kniefällig), während der Teufel ganz rechts auffordert: SIS OTIOSUS (sei ein Müßiggänger). Dem Kaiser hält ein Himmelsbote den Gruß entgegen: TU PROTEGE (du, beschütze). Der Satan rät: SIS RAPTOR (sei ein Räuber). An den Bauernstand ergeht die Aufforderung: TUQUE LABORA (und du, arbeite), wogegen der Teufel lockt: SIS INFIDELIS (sei untreu, ungläubig). Rechts unterhalb des hl. Johannes kniet der Stifter, Stadtpfarrer Johann von Emershofen. Darüber halten zwei Engel das Wappen der Oettinger Grafschaft, zu der Wemding von 1306 bis 1467 gehörte.

In der *St.-Anna-Kapelle* nennt ein Wandgemälde (um 1510) die Werke der christlichen Barmherzigkeit: die Hungrigen speisen, die Dürstenden tränken, die Nackten bekleiden, die Fremden beherbergen, die Kranken trösten, die Toten bestatten. Die Barmherzigkeit symbolisiert eine Frau, über der ein Engel mit der himmlischen Krone schwebt. Die Holzplastik der hl. Anna stammt aus dem 17. Jh.

Den 1992 geweihten Zelebrationsaltar schuf Blasius Gerg aus Pappenheimer Jura. Zahlreiche *Grabdenkmäler* markieren die Baugeschichte der Kirche und die Entwicklung der Stadt. Unter der Kanzel ist in einem Sandsteinrelief der geharnischte Ritter Wolfgang von Hoppingen († 1493) verewigt. Er war der erste bayerische Pfleger in Wemding. Seitlich die Figuren der hll. Wolfgang und Georg. Stadtpfarrer Paul Hug († 1594) stiftete das Renaissance-Grabmal in der Wendelinskapelle. Die Szene zeigt die Bekehrung des hl. Paulus und den betenden Stifter. Dem höchsten geistlichen Würdenträger aus Wemding, Johannes von Roth (1426–1506), ist das Epitaph (rechts neben dem Wendelinsaltar) gewidmet. Er war Reichskanzler unter Kaiser Friedrich III. und später Fürstbischof von Breslau. Das Epitaph ist nur ein Abguß; das Original in Breslau schuf Peter Vischer aus Nürnberg.

Am Südturm erinnert eine Tafel an die schrecklichen Ereignisse während des 30jährigen Krieges, als Johannes Renner, der Spitalpfarrer, am 7. Mai 1633 von den Schweden vom Kirchturm geworfen wurde.

2 Geburtshaus des Leonhard Fuchs Das Geburtshaus des berühmten Arztes und Botanikers Leonhard Fuchs (1501–1566) finden wir am Marktplatz. Seine Kräuterbücher brachten ihm den Namen »Vater der deutschen Botanik« ein. Nach ihm ist die Fuchsie benannt. Daneben stehen stattliche Häuser von Familien (Schneid, Fuchs), die über Generationen Bürgermeister gestellt haben.

86 *Wemding. Marktplatz mit Rathaus*

3 Rathaus An der Nordwest-Ecke des Marktplatzes mit den stolzen Bürgerhäusern erhebt sich der würdevolle Bau des Rathauses, der mit seinem hohen, zinnenbesetzten Treppengiebel das Bild beherrscht. Im diagonal gestellten Dachreiter hängt das »Armesünderglöcklein«. 1550 gestattete der bayerische Herzog Albrecht, das alte Rathaus abzubrechen. Um mehr Platz für den Markt zu gewinnen, baute man es, mehrere Meter nach Norden versetzt, in den Jahren 1551/52 wieder auf. An der Westseite bilden fünf Arkadenbogen einen Durchgang, in dem einst bei schlechtem Wetter Kaufleute ihre Waren feilboten. Über der geschwungenen Steintreppe präsentiert das zweiflügelige Eingangstor von 1610 die Wappen Bayerns und der Stadt Wemding. Im Rathaussaal (2. Obergeschoß) erzählen Fresken die Geschichte der Stadt.

4 Wallfahrtsstraße Die Wallfahrtsstraße mit den spätbarocken Ziergiebeln ist Wemdings »lieblichster Straßenzug«; seinen Abschluß bildet das Amerbacher Tor. Links davor Geburtshaus des Johann Scheyring (1454–1516, Domprediger in Magdeburg, Vorläufer der Reformation), dessen Porträt der frühere 1000-Mark-Schein zeigte (Gedenktafel).

5 *Amerbacher Tor* Von der ehem. Torburg mit Schießscharten, Zwinger und Zugbrücke blieb nur noch der trutzige Turm, den ein Pyramidendach bekrönt.

Stadtbefestigung 1306 kauften die Grafen von Oettingen den Marktort und erhoben ihn wohl 1318 zur Stadt. Nach Nördlinger Vorbild umgürteten sie das Oval (Gesamtlänge etwa 1,7 km) mit Graben, Zwinger, Wehrmauer, 33 Türmen und drei Toren. Vom Ludwigsgraben aus bieten sich reizvolle Blicke auf die Altstadt. Im Graben, der um die Stadt führt, finden sich einige Ruhezonen mit Bänken und Grünanlagen.

6 *Barontturm* Der fünfstöckige Turm (23 m hoch) mit Zeltdach war nur an den drei Außenseiten aufgemauert, später schloß man die Stadtseite. Rechts davon stehen noch Reste der ehem. Hauptmauer, die acht Meter hoch aufragte.

7 *Heubachturm (Häutbachturm)* Der Häutbachturm ähnelt in seinen Maßen und im Aussehen dem Barontturm. Ein überdachter Aufgang führt zum 1. Stock, wo ein privates Reitermuseum untergebracht ist. Einst floß durch einen gemauerten Torbogen der Häutbach, der dem Turm den Namen gab. Gerber deckten hier den Wasserbedarf für das Gerben der Häute.

8 *Hospital und Spitalkirche* Das Hospital geht auf die Edelfrau Winpurc zurück, die 917 für Arme und Reisende ein »Hospitium« gestiftet haben soll. Reiche Schenkungen, bes. im 14. und 15. Jh., führten zu einer Blüte. Als sich die »Pfründnerzahl« auf etwa 150 verdoppelte, war 1722 ein Anbau nach Westen erforderlich. Heute dient das Gebäude als Altenheim. Das Bronzemedaillon über dem Eingang von Ernst Steinacker erinnert an die Stiftung, die angeblich früheste in Deutschland.

Spitalkirche Mariae Geburt Im gotischen Chor mit Kreuzrippengewölbe zu zwei Jochen steht der barocke Hochaltar, der eine bemerkenswerte Statue der Gottesmutter aus dem 15. Jh. birgt. Seitenaltäre mit Pietà und Herz-Jesu-Figur. Die Renovierung von 1931 deckte interessante Fresken aus dem 15. Jh. auf: Barmherziger Heiland, Tod Mariens und Martyrium des hl. Sebastian.

9 *Geburtshaus des Johannes von Roth* (An der Weth 6) An Johannes von Roth (1426–1506), den berühmten Sohn der Stadt, erinnert eine Gedenktafel. Er war Kanzler unter Kaiser Friedrich III. und später Bischof zu Breslau, wo er das Deutschtum besonders förderte (Grabplatte in der Emmeramskirche).

10 *Geburtshaus Veit Trollmanns* Gegenüber entdeckt man das Geburtshaus Veit Trollmanns, alias Vitus Amerpachius (1503–1557). Unter dem Einfluß Luthers und Melanchthons schloß sich der bedeutende Humanist der Reformation an, kehrte aber bald zur Kath. Kirche zu-

rück. Als Professor an der Universität Ingolstadt wurde er zu einem der Hauptverfechter der friedlichen Beilegung des Glaubensstreites.

11 Nördlinger Tor Mit seinen 32 m ist dieser Torturm mit dem Rautendach das höchste Bauwerk der Befestigungsanlage. Die drei eingemauerten Kanonenkugeln an der Westseite sind Relikte des Spanischen Erbfolgekrieges, in dem 1704 Franzosen die Stadt unter Beschuß nahmen. Walfischbrunnen mit dem Auge Gottes im Strahlenkranz (1725).

12 Ehem. Kapuzinerkloster Das ehem. Kapuzinerkloster entstand im Zuge der Gegenreformation. 1664 erschienen die ersten Kapuziner, die 1669 mit dem Bau des Konvents und der Kirche begannen. Zur Zeit der Säkularisation durften keine Novizen mehr aufgenommen werden, bis 1836 König Ludwig I. den Fortbestand des Klosters garantierte. Wegen Nachwuchsmangel löste die Ordensprovinz 1991 den Konvent auf. 1997/98 wollen Karmeliterinnen aus Speyer das Gebäude beziehen.
Die Kirche ist ein schlichter tonnengewölbter Saal, der in einem rechteckigen Chor schließt. Nach mehrmaliger Umgestaltung im Innern erhielt sie 1962 ihr heutiges Gesicht. Die Figur des Bruders Konrad schuf der Wemdinger Künstler Ernst Steinacker. Unter der Antoniuskapelle, in der das Epitaph des großen Förderers Jakob Schneid angebracht ist, fanden die Kapuziner ihre letzte Ruhestätte in der heute zugemauerten Gruft. In die Klostermauer eingelassen ist ein Bild des Bruders Konrad von Parzham, eines Kapuziner-Laienbruders, der 1934 heilig gesprochen wurde.

13 Folterturm Im ehemaligen Wehrturm der Stadtbefestigung geben Schautafeln, alte Stiche und nachgebaute Foltergeräte einen Einblick in die mittelalterliche Gerichtsbarkeit. Die der Hexerei Verdächtigten wurden hier »peinlich« befragt. Zwischen 1606 und 1632 fielen in Wemding 49 Männer und Frauen dem Hexenwahn zum Opfer.

14 Kath. Johanniskirche An der Monheimer Straße steht am Rande des Friedhofes der spätgotische Bau der St.-Johannis-Kirche aus dem Jahre 1482. Im barockisierten Raum finden sich noch Fresken aus der Erbauungszeit: im polygonalen Chorraum Tod Mariens und Rosenkranzbild; an der Decke Enthauptung des Johannes, Predigt in der Wüste, Taufe Jesu. Der Hochaltar aus Stuckmarmor (1733) zeigt die hl. Familie mit dem Johannesknaben. Die Seitenaltäre sind Stiftungen der Familie Beck, die an der Predella des linken Seitenaltars auf ihr frommes Werk hinweist.

15 Ev. Christuskirche an der Monheimer Straße. Als die ev. Gemeinde durch den Zuzug von Heimatvertriebenen zunahm, konnte der Wunsch nach einem eigenen Gotteshaus 1952 erfüllt werden. Architekt Karl Höpfner fertigte den Plan im Stil Rieser Dorfkirchen. Die farbige Chorwand, Altar und Osterleuchter sind Werke der Wemdinger Künst-

87 *Wemding. Wallfahrtskirche Maria Brünnlein*

ler Ernst und Anette Steinacker. Im Chorturm rufen drei Glocken aus Schlesien, die den Schmelzöfen entgangen sind, die Gläubigen zum Gebet.

16 Schloßhof – Fronhof Im Umgriff der Emmeramskirche befand sich der Meierhof, die Urzelle der Stadt. Vom alten ummauerten Schloß ist nur noch das Kastenhaus (heute Haus des Gastes) erhalten.

17 Das *Haus des Gastes* beherbergt Einrichtungen des Fremdenverkehrs (Verkehrsamt, Leseraum, Bücherei und Museum). Das Haus des Gastes bildet den würdigen Rahmen für das Museum, das sechs Ausstellungseinheiten präsentiert: religiöse Volkskunde, Wohnkultur (17. Jh. bis 1900), Stadtgeschichte, alte Handwerke, Militaria und Rieser Tracht.

18 Wallfahrtskirche Maria Brünnlein zum Trost Weit hinein ins Rieser Land grüßt der helle Bau der Wallfahrtskirche Maria Brünnlein. Sie gehört zu den meistbesuchten Wallfahrtsorten Bayerns und ist eine der Hauptsehenswürdigkeiten des Rieses. Tausende pilgern von nah und fern hierher. Der Schuhmacher Franz Forell brachte 1684 von einer Wallfahrt nach Rom ein Marienbild nach Wemding und verehrte es mit Gleichgesinnten in seinem Haus. 1692 erhielt das Gnadenbild eine runde Feldkapelle über dem »Schillerbrünnlein«. Nach zweimaligen Augenbewegungen der Maria (1735, 1746) erfährt die Kapelle eine Erweiterung und erhält den Namen »Maria Brünnlein zum Trost«. Viele Gebetserhörungen zogen nun immer mehr Pilger an, so daß Stadtpfarrer Johann Michael Forster (Grabplatte in der Wand am rechten Eingang) den Neubau einer großen Kirche ins Auge faßte. Der Baudirektor des Deutschen Ordens, Franz Joseph Roth, der sich selbst in seiner Krankheit der Muttergottes von Wemding versprochen hatte, stiftete zum Dank für seine Genesung den Plan. Polier Joh. Mich. Leidl erstellte 1748 bis 1752 den Bau. Seuchen, Kriegsnöte und Teuerung verhinderten einen zügigen Baufortschritt, so daß die Kirche erst 1781 geweiht werden konnte. Sie wurde größtenteils mit Spenden der Pilger finanziert. Von den zwei geplanten Türmen kam aus Kostengründen nur einer zur Ausführung.

Wer durch das kunstvoll gehauene Steinportal die außen wenig aufwendige Kirche betritt, dem tut sich ein Himmel auf. Baumeister Franz Joseph Roth wählte das schon im Abklingen begriffene Vorarlberger Bauschema, verzichtete jedoch auf das Querschiff. Dem Orgeljoch schließt sich das Langhaus an, das durch Wandpfeiler gegliedert und mit Emporen besetzt ist. Den Abschluß bildet das Halbrund des Chores.

Das *Hauptfresko* ist ein Spätwerk Johann Baptist Zimmermanns, der am Treppengeländer links vorne signiert (1754). Die Gnadenmutter – umgeben von der Sonne, bekränzt von zwölf Sternen, den Mond zu ihren Füßen – blickt hernieder aus den Fernen des Himmels. Aus ihrem Herzen fließen vier Gnadenströme über den Muschelbrunnen hinab zu den damals bekannten vier Erdteilen: Europa mit der Kaiserkrone, Asien mit spitzer Kopfbedeckung, Afrika mit Turban und Amerika mit Federschmuck sowie Pfeil und Bogen. Ein Gnadenstrom ergießt sich in die ehem. kleine Feldkapelle.

Die zwölf Medaillons, die immer wieder ins Hauptfresko hineingreifen, sowie die Bilder über den Seitenkapellen und im Chor verherrlichen die Himmelskönigin im Sinne der lauretanischen Litanei als »Gnadenquell«.

Johann Joseph Mayer aus Tirol vollendete den *Gnadenaltar* nach einem Entwurf Zimmermanns im Jahre 1755. 1888 entfernt, konnte er 1953

88 *Wemding. Deckengemälde von Johann Baptist Zimmermann in der Wallfahrtskirche Maria Brünnlein*

aus den noch erhaltenen Teilen zurückgewonnen werden. Neu schuf Ernst Steinacker den Altartisch mit Brunnenschale und Voluten. Der glanzvolle Aufbau umschließt wie ein Kleinod das wundersame Gnadenbild, das Franz Forell 1684 aus Rom mitgebracht hatte. Den reichbestickten Mantel aus reiner Seide fertigte die Wemdinger Künstlerin Emma Mönch, das Kleid mit filigranem Schmuck – Weihegaben von Pilgern – nähte Schwester Animata Propst aus Dillingen.
Den Gnadenaltar umgibt das rauschende Brünnlein, aus dem die Wallfahrer vertrauensvoll trinken und immer wieder die Augen benetzen. Zahlreiche Votivbilder bestätigen die Inschrift des Gnadenaltars: »Du bist der Quell aller Hoffnung auf Erden.«

Die *Kanzel* ist eine prächtige Schöpfung des F. A. Anwander aus Landsberg. Den Corpus beleben anmutige Frauengestalten, welche die drei göttlichen Tugenden symbolisieren: Glaube (mit Kreuz und Kelch), Hoffnung (mit Anker), Liebe (Mutter mit Kind). Auf dem mit Putten verzierten Schalldeckel bläst ein Engel zum Jüngsten Gericht. Das große *Kruzifix* an der Wand gegenüber der Kanzel von Roman Anton Boos, 1791, trägt bereits klassizistische Züge.

Im ursprünglichen Gehäuse von 1755 klingt eine Steinmeyer-*Orgel* aus Oettingen, 1923.

Beachtenswert sind die von Josef Mayer 1759 reichgeschnitzten *Stuhlwangen*: Kriegshandwerk, Gärtnerei, die vier Elemente, das Leben (rechts); Fischerei, Pilger, Tod (links).

Hochaltar: Der großartige Hochaltar von Philipp Rämpl (aus der Schule Johannes Straubs) zeigt die klare Ausrichtung der Marienverehrung auf Christus. Über der Darstellung der Himmelfahrt Jesu (Gemälde von F. X. Wundterer, Freising) wird Maria als Ersterlöste von der Dreifaltigkeit Gottes aufgenommen. Kraftvoll bewegt erscheinen in gleißendes Gold gewandet die Figuren Johannes des Täufers und Johannes des Evangelisten als Zeugen des Herrn.

Die *Seitenaltäre* tragen die Handschrift von Joh. Joseph Mayer, der das Barock eindrucksvoll zur Grazie des Rokoko verfeinerte.

Der *Barbaraaltar* (rechts vor dem Chor) zeigt im Mittelbild (von Joh. Mich. Wildt) die hl. Barbara mit Kelch und Turm, wie sie auf die Sterbenden herniederschaut: Einen weiteren Helfer im Tod, den hl. Josef, sehen wir oben im Altarauszug. Zwei »Engelsbuben« tragen seine Werkzeuge: Winkel und Säge. Den Säulen zur Seite erscheinen die Bauernheiligen Leonhard (links) und Wendelin (rechts). Humorvoll die beiden Engel; der eine spielt unbekümmert mit der Kette des hl. Leonhard, der andere setzt sich den Hirtenhut des hl. Wendelin auf den Lockenkopf. Im Glasschrein ruhen die Gebeine des hl. Theodor, die 1779 nach Wemding kamen. Mit der einen Hand hält Theodor den Prügel, der ihn erschlug, mit der anderen Leidenskelch und Siegespalme. In dieser fröhlichen Pracht hat selbst der Tod seine Schrecken verloren.

Das Bild des linken vorderen Seitenaltars widmete Joh. Mich. Wildt dem hl. Johann Nepomuk. Seitlich begegnen uns zwei große Marienverehrer, die hll. Ignatius von Loyola und Franz Xaver. Im Auszug der hl. Cajetan, der Begründer des Theatinerordens.

Am *Sippenaltar* malte F. A. Anwander, der alle Seitenaltäre gefaßt hat, 1758 das Bild der hl. Sippe (Maria, Josef, Joachim, Anna, Elisabeth, Zacharias, Johannes und das Jesuskind).

Der Altar gegenüber ist einer anderen heiligen Familie gewidmet. Hier stellt Christian Wink aus München (1796) die Gründergestalten der Diözese Eichstätt in den Mittelpunkt: St. Willibald, St. Walburgis, den

Bruder Wunibald und den Vater Richard. Über beiden Altären prangt in gleißendem Gold das von Engelsköpfen umgebene Symbol der Hl. Dreifaltigkeit, Ursprung und Urbild der christlichen Familie überhaupt.

Wer zu Fuß hinaus zu Maria Brünnlein pilgert, den stimmen sechs Steine auf die Wallfahrt ein: Wurzel Jesse, Pforte des Himmels, Arche des Bundes, König des Friedens, Rosenkranzkönigin, Geheimnisvolle Rose. Das vorherrschende runde Formelement verrät den Künstler Ernst Steinacker (1983).

Das *Wemdinger Ried* ist ein Modell praktischer Naturschutzarbeit. Im Zuge der Flurbereinigung kaufte der Verein »Wemdinger Ried e. V.« eines der letzten großen Feuchtgebiete (35 ha) im Ries. Um die stark ausgetrockneten Flächen wieder zu bewässern, legte man mehr als 40 Teiche an. Hier finden vom Aussterben bedrohte Pflanzen und Tiere geeignete Nischen in einem sonst bedrohten Lebensraum.

Bei der Rieskatastrophe vor 15 Millionen Jahren gelangten eisen- und schwefelhaltige Gesteinsablagerungen in die Oberflächenbereiche. Niederschläge reichern sich mit diesen Mineralien an und treten als schwefelhaltige Quellen zutage. Hochgestellte Persönlichkeiten nennt die Gästeliste (Eduard Mörike, Christoph v. Schmid u. a.), die im *Wildbad* seit der Mitte des 16. Jh. Heilung suchten. An diese Tradition knüpft das Kurheim an, das die Heilkräfte der Schwefel- und Stahlbäder unter Einbeziehung moderner Erkenntnisse medizinischer Forschung nutzt.

Freizeit-Tips

Angeln: mehrere Fischweiher, Tageskarten bei Friseursalon Bschor, Nördlinger Straße 13, Tel. 09092/223 und beim Campingplatz, Tel. 09092/1356
Bücherei: Haus des Gastes, Tel. 09092/8222
Camping: AZUR-Camping, Waldsee Wemding, Tel. 09092/1356
Diskotheken: Sigis Disco, Am Bahndamm, Tel. 09092/6836 und 6345
Eislauf: Natureisbahn beim Waldsee mit Flutlicht und Umkleidekabine
Eisstockschießen: Natureisbahn beim Waldsee
Fahrradverleih: Fa. Meyer, Bahnhofstraße 19, Tel. 09092/8906
Haus des Gastes: Schloßhof, Tel. 09092/8001 oder 8222
Kneippanlage: Kurhotel Seebauer, Ludwigsgraben (Eingang Rennring)
Kutschfahrten: Anmeldung beim Verkehrsamt, Tel. 09092/8222
Leseraum: Haus des Gastes
Minigolf: Johannisgraben
Museum: Heimatmuseum, Haus des Gastes, Tel. 09092/8222; Führung

jeden Dienstag um 14.30 Uhr und jeden Sonntag um 14.00 Uhr
Reiten: Reit- und Fahrverein, Tel. 09092/367
Sauna: Massagepraxis Kappel, Weißenbachstraße 18, Tel. 09092/263; Hotel »Meerfräulein«, Wallfahrtsstraße 1, Tel. 09092/8021; Hotel »Seebauer«, Wildbad, Tel. 09092/8015; Gasthaus »Weißer Hahn«, Wallfahrtsstraße 21, Tel. 09092/6263
Schießsport: Schützenhaus, Tel. 09092/6888
Schwimmen: Hallenbad in der Stadthalle; Hotel »Seebauer«, Wildbad; Freibad Hotel Seebauer«; Freibad im Waldsee mit 71 m langer Wasserrutsche
Skilanglauf: Loipenbeginn – Parkplatz Waldsee
Solarium: Hallenbad Wemding, Tel. 09092/6312; Massagepraxis Kappel, Weißenbachstraße 18, Tel. 09092/263; Hotel »Meerfräulein«, Tel. 09092/8021; Hotel »Seebauer«, Tel. 09092/8015
Stadtführungen: Verkehrsamt, Haus des Gastes, Tel. 09092/8001 oder 8222
Tanzen: Tanzpalast »Sigis Disco«, Tel. 09092/2476; Hotel »Seebauer«, Tel. 09092/8015
Tennis: 6 Freiplätze im Sportzentrum;
1 Freiplatz beim Hotel »Seebauer«, Tel. 09092/8015
Trimmpfad: ab Parkplatz Waldsee
Wandern mit Führungen: Tel. 09092/8001 oder 8222
Waldlehrpfad: ab Parkplatz Galgenberg; Wanderweg 7 (3,8 km) – Schautafeln informieren über Flora und Fauna des Jurawaldes
Verkehrsamt/Haus des Gastes: Schloßhof, 86650 Wemding, Tel. 09092/8001 oder 8222, Fax 09092/8242

Wanderung ins Schwalbtal

Wanderstrecke: 10 bzw. 15 km
Markierung: Wanderwege 3 und 4
Parkplatz Stadtmitte oder beim Waldlehrpfad beim Lommersheimer Weg – Überqueren der Straße nach Fünfstetten – Schwalbquellen – Mathesmühle – Schwalbenholz – (Verbindungsweg zum Schwefelbrünnlein) – Stadtmitte,
bzw. Mathesmühle – Schwalbtal – Kriegsstatthof (ein Grenzstein erinnert an die Gebietsteilung im Österreichischen Erbfolgekrieg 1740–1746, als die Grenze zwischen der Oettinger Grafschaft und Pfalz-Neuburg mitten durch den Hof gezogen wurde) – Metzlesberg (442 m NN) – Schwalbenholz – (Verbindungsweg zum Schwefelbrünnlein) – Stadtmitte

282 Wemding

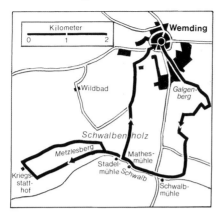

Ausflug Wemding (ca. 35 km)

Wemding – Amerbach – Laub – Schwörsheim – Wechingen – Holzkirchen – Fessenheim – Rudelstetten – Wörnitzostheim – Bühl – Huisheim – Gosheim – Wemding

Besuchen Sie das

LANDMASCHINENMUSEUM TAGMERSHEIM

Geöffnet: Mai bis September
1. und 3. Sonntag
im Monat von
14.00 bis 16.00 Uhr

Amerbach

218 Einwohner, Stadt Wemding. – Zusammen mit Wemding verkaufte Graf Ulrich von Oettingen 1467 das Dorf an den bayerischen Herzog. Gegen Ende des Alten Reichs besaß das Wemdinger Spital die meisten Lehen neben dem Deutschen Orden und dem Reichsstift Kaisheim. Durch die Gebietsreform 1972 fanden Amerbach und Wemding zusammen, Orte, deren Geschichte über Jahrhunderte eng miteinander verbunden war.

Der quadratische Unterbau des Turmes der *St.-Albans-Kirche* (im 18. Jh. erhöht) reicht in das 14. Jh. zurück. Kirchenschiff und jetzigen Chor ließ die Kirchengemeinde 1928 errichten. Beachtenswerte schwäbische Arbeiten aus dem späten 15. Jh. sind die Holzplastiken der Gottesmutter mit dem Jesuskind (Hochaltar) und des hl. Nikolaus (südlicher Seitenaltar). Die Glocken von 1921/22 vor der Kirche bestehen aus »Eisen«, längst sind sie durch wohlklingenden Bronzeguß ersetzt. Auf dem Kirchplatz Figur des hl. Emmeram.

Laub

520 Einwohner, Gemeinde Munningen. – Graf Ulrich von Oettingen verkaufte zusammen mit Wemding 1467 seine Besitzungen in Laub an Herzog Ludwig von Bayern.

Die *Pfarrkirche St. Margaretha* mit dem wehrhaften Turm (Schießscharten im Unterbau) aus dem 14. Jh. erhielt 1711 das Langhaus und den Rahmenstuck. Das Antipendium des Hochaltars trägt bunte Scagliola-Einlegearbeiten; als Künstler vermutet man den berühmten Dominikus Zimmermann, der auch in der Wemdinger St.-Emmerams-Kirche am Werk war. Die Scagliola-Antipendien der Seitenaltäre gestaltete Kaspar Buchmüller. Anläßlich der Renovierung 1901 erhielten die Barockaltäre neue Bilder (St. Margaretha und die 14 Nothelfer; Immaculata, eine Kopie nach Murillo und Schutzengel).

Neben den gedrehten Säulen des Hochaltars erkennt man an ihren Attributen die hll. Margaretha (Kreuzstab) und Barbara (Kelch und Hostie), Holzfiguren aus der Zeit um 1480. Barocke Lebendigkeit erfüllt die Pestpatrone St. Sebastian und St. Rochus, die neben der Kanzel erscheinen (Ende 17. Jh.).

Der *Riedgraben* ist ein wertvolles Pflanzenschutzgebiet im Streuwiesenbereich südlich und südwestlich von Laub. Ein Märzenbechergebiet liegt in einem etwa 70 m breiten Auwaldstreifen. Hier treffen wir Zaunkönig und zahlreiche Höhlenbrüter. Verschiedene Orchideenarten, Mehlprimeln, Trollblumen und blaue Schwertlilien finden auf den anmoorigen Böden geeignete Standorte.

Vom gottesfürchtigen Sinn der Bewohner zeugen die Wegekapellen und Bildstöcke in den Fluren.

Schwörsheim

550 Einwohner, Gemeinde Munningen. – Im Ries und weit darüber hinaus bekannt sind die Schwörsheimer Kartoffeln, die auf den sandig lockeren Böden besonders gut gedeihen. Im Ort, der 1156 als »Swanersee« erstmals urkundlich erscheint, teilten sich im Mittelalter bis zu sieben Herrschaften die Besitzungen. Die Siedlung wuchs in Jahrhunderten um den Weiher im Zentrum, der ihr wohl den Namen gab (Swanersee = Schwanensee).
Nachdem die Reformation die Gemeinde konfessionell gespalten hatte, diente die *Kirche St. Leonhard* bis 1958 als Simultaneum. Die ursprüngliche Kapelle wurde in der zweiten Hälfte des 18. Jh. nach Westen erweitert. Aus dieser Zeit stammt auch der Altaraufbau mit dem modernen Bild des Pfingstfestes (G. Danco, 1958), aus einer Vorgängerkirche die hehre Figur der Madonna mit dem Jesuskind (um 1500). Der Oberpfälzer Architekt Hans Maier plante die *kath. Kirche*, deren Bau mit der Weihe von 1955 abschloß. Aus der Simultankirche erhielten die Katholiken zwei hervorragende Statuen, eine geheimnisvoll lächelnde Madonna mit Kind, die älteste des Rieses aus der Zeit um 1300, und die Figur des auffallend jugendlichen St. Leonhard (um 1420).

Wechingen

673 Einwohner. – Wechingen, das mit Fessenheim und Holzkirchen seit 1978 eine Gemeinde bildet, ist Sitz der Verwaltung. Funde seit der jüngeren Steinzeit belegen die frühe Anwesenheit der Menschen. In der Nähe eines römischen Gutshofes legten Alamannen im 6./7. Jh. auf einer hochwassersicheren Terrasse über der Wörnitz die Siedlung an. Als adelige Schenkung kommt »Wahingin« im 8. Jh. an das Kloster Fulda. Später waren die Grafen von Oettingen und das Kloster Zimmern hier begütert. Allmählich entstand entfernt vom Urdorf eine neue Siedlung. Ober- und Unterwechingen haben sich im Laufe der Jahrhunderte ausgedehnt und sind schließlich zusammengewachsen.
Die *ev. Kirche St. Vitus* im oberen Dorf war selbständige Pfarrei, deren Patronat durch Papst Bonifatius IX. 1396 an das Kloster Heidenheim überging. Markgraf Georg von Ansbach, der das Kloster Heidenheim einzog, führte 1541 die Reformation durch. 1735 errichtete wohl Johannes David Steingruber, markgräflicher Baumeister, die Saalkirche mit umlaufender Empore. 1808 erfolgte die Auflösung dieser Pfarrei, die nun Geistliche von St. Mauritius (Unterwechingen) betreuen.

Nach dem gleichen Bauschema wie St. Veit wenige Jahre zuvor entstand die etwas größere *ev. St.-Mauritius-Kirche* mit einem geschwungenen Turmhelm. Die Jahreszahl 1738 über dem Hauptportal nennt den Baubeginn.

Holzkirchen

296 Einwohner, Gemeinde Wechingen. – Auf Holzkirchener Gemarkung finden sich Siedlungsspuren seit der jüngeren Steinzeit. Bezeugt ist der Ort bereits seit 836, als Mönche, die Reliquien von Rimini nach Solnhofen brachten, hier Station machten. Im 9. Jh. schenkt das Reichskloster Fulda der neugegründeten Propstei Güter in Holzkirchen. Im Laufe der Zeit geriet das Dorf in die Abhängigkeit mehrerer Grundherren, bis schließlich die Grafen von Oettingen ihren Einfluß ausdehnen konnten. Kaiser Sigismund priviligierte 1418 das »Stetlin« Holzkirchen mit Marktrechten. Die Wochenmärkte bestanden bis ins 18. Jh. hinein. Als jedoch 1807 Städte und Märkte eine Bürgerwehr aufstellen mußten, verzichtete man auch aus Kostengründen auf das Marktrecht.

Die *ev. Pfarrkirche St. Peter und Paul,* 500 m abseits des Ortes inmitten der Wiesen des Wörnitzgrundes, war Seelsorgemittelpunkt der Umgebung. Das saalartige Schiff mit flacher Decke von 1723 lehnt sich an den aus dem 12. Jh. stammenden Turm. Die Kreuzigungsgruppe an der Nordwand ist eine Nachbildung; das Original von 1750 wurde gestohlen.

Fessenheim

455 Einwohner, Gemeinde Wechingen. – In unmittelbarer Nähe einer Römerstraße gründeten Alamannen im 6./7. Jh. die Siedlung auf hochwasserfreiem Gelände über der Wörnitz. Der Ort wird als »Fezenheim« in einem Schenkungsverzeichnis des Klosters Fulda aus dem 8./9. Jh. erstmals urkundlich erwähnt. Die Grafen von Oettingen, die Dorf- und Gerichtsherrschaft ausübten, setzten 1539 die Reformation durch. Während des Schmalkaldischen Krieges (1546) formierte Kaiser Karl V. hier seine Streitmacht und nahm Hauptquartier in einem Bauernhaus.

Die dem *hl. Stephanus geweihte ev. Kirche* wuchs aus drei Baukörpern zusammen: Chor und Sakristei aus dem 14. Jh., Turm 1716/17 und Kirchenschiff 1809. 1952 legten Renovierungsarbeiten im Altarraum linear angelegte Wandmalereien aus der Zeit um 1440 frei. Die Fresken von außerordentlich hohem künstlerischen Niveau gelten als typisches Beispiel für die Ausschmückung eines mittelalterlichen Kirchenraums.

Außen am Chor verweist ein Steinrelief (um 1430) eines Falkners mit Federspiel und Falken auf einen Stifter oder Wohltäter. Vor der Kirche beeindruckt das evangelische Gemeindehaus, ein Neubau im Rieser Stil mit Dachbekrönung und Ecklisenen.

Den Westausgang des Dorfes bestimmt die 1963 geweihte *kath. Pfarrkirche*, die *Christkönigskirche*, deren 32 m hoher, nadelspitzer Turm das Szepter Christi repräsentiert. Nach den Plänen Alfred Backs (Göggingen) entstand ein Bau aus Naturstein und Beton. Wenn man den dunklen Vorraum durchschritten hat, ist man überrascht von der Fülle der Symbolik des Raumes, den Matthäus Bayer (München) künstlerisch gestaltete. Am höchsten Punkt des Kirchenraumes hängt das etwa vier Meter hohe Kreuz über dem Altarblock aus norditalienischem Nagelfluh. Ein aus Sichtbeton gegossener mächtiger Lebensbaum bildet den Rahmen des Giebelfensters.

Rudelstetten

279 Einwohner, Gemeinde Alerheim. – In den »Fuldaer Traditionen« aus dem 8./9. Jh. erscheint »Rutenstat« als Schenkung an das Reichskloster. Wie mittelalterlichen Urkunden zu entnehmen ist, hatten die Grafen von Lechsgmünd-Graisbach und das Kloster Kaisheim hier Güter und Rechte.

Rudelstetten repräsentiert beispielhaft das Rieser Angerdorf. Hinter einer Rasenzone mit Baumbepflanzung reihen sich die Häuser an der leicht gebogenen Straße. Die Giebel schauen zum Anger. Leicht zurückgesetzt im rechten Winkel stehen die Scheunen.

Als Filiale von Alerheim ist 1190 eine Kapelle genannt, vom Propst von Solnhofen gestiftet. 1648 legte ein schwedischer Haufe Dorf und Gotteshaus in Schutt und Asche. Aus den Ruinen entstand in den Jahren 1652 bis 1656 die dem *hl. Ulrich geweihte ev. Kirche.*

Während der Renovierung (1956–1968) schuf der Wemdinger Künstler Ernst Steinacker die Ausstattung. Der frühgotische Chor mit Kreuzgratgewölbe birgt den Hochaltar, in dessen Mittelpunkt die Kreuzigung Christi steht. Die Holzreliefs haben Christi Geburt und die Auferstehung zum Thema. Über dem Taufstein schwebt ein Engelschor, der singend und musizierend Gottes Botschaft verkündet. An den Steinreliefs an der Nord- und Südseite des Kirchenschiffs begegnen uns Personen, die die Geschichte des Ortes wesentlich beeinflußt und geprägt haben: St. Wunibald (Missionierung), St. Ulrich (Bistums- und Kirchenpatron), Martin Luther (Reformation) und Wilhelm Löhe (evangelischer Theologe).

Der Horst auf dem Kirchturm lädt Störche, die im feuchten Wörnitzgrund Nahrung finden, zum Brüten ein.

Wörnitzostheim

180 Einwohner, Gemeinde Alerheim. – Die »traditiones Fuldenses« aus dem 9. Jh. nennen in Ostheim Güter, die früher in königlichem Besitz waren. Zu Beginn des 13. Jh. sind dillingische Ministeriale im Ort belegt, die auch Rechte auf den Kirchensatz haben. Die Besitzungen unterstanden später hauptsächlich den Grafen von Oettingen (Oberamt Alerheim) und zum geringeren Teil dem Reichsstift Kaisheim.
Auf einer hochwassersicheren Terrasse bildet die *ev. Pfarrkirche St.Maria und Anna* eine wehrhafte Anlage im ummauerten Friedhof. Das quadratische Turmuntergeschoß entstand im 12. Jh., Langhaus und Sakristei um 1700. Mittelpunkt der eindrucksvollen Kanzel aus Eichenholz ist der barmherzige Heiland, um den sich die sechs Gruppen der Barmherzigkeit scharen, ein Werk Sebastian Finks von 1969.

Bühl

280 Einwohner, Gemeinde Alerheim. – Der Ort an der Schwalb läßt sich bereits 868 archivalisch nachweisen, als das Kloster Lorsch (an der Bergstraße) Güter in »Buila« an König Ludwig den Deutschen veräußerte. 1270 schenken die Grafen von Oettingen dem Zisterzienserinnenkloster Kirchheim Güter in Bühl als Erstausstattung.
Ev. Kirche St. Maria Im Chorturm aus dem 12. Jh. überrascht das guterhaltene Fresko (vor 1300) des hl. Christophorus. Etwas jünger ist die Darstellung des hl. Petrus. In den mit Ornamenten und Arabesken gezierten gotischen Kreuzgratgewölben umgeben die vier Evangelisten und acht musizierende Engel das Lamm Gottes. Die Wandbilder im Langhaus, die 1681 Bühler Bauernfamilien stifteten, muten wie ein Bilderbuch des Evangeliums an: Sündenfall, Berufung des Jeremias, Geburt Christi, Taufe Jesu, Passionsszenen, Auferstehung, Bekehrung des Paulus und das Jüngste Gericht. Bildhauer Ernst Steinacker (Wemding) schuf 1978 die Holzplastiken an der Kanzel, das Kruzifix über dem Hochaltar sowie das Steinrelief »Jakobs Traum« an der Kirchhofmauer und die Kreuzigungsszene über der Kirchentüre. Der ehem. befestigte Friedhof läßt die Wehrhaftigkeit als Kirchenburg noch erkennen.
Nördlich von Bühl breitet sich das größte stehende Gewässer im Ries aus (Naturdenkmal), der *Anhauser Weiher,* mit fünf Hektar Wasserfläche und einer ebenso großen Verlandungszone. Im Mittelalter hatte der Weiher für die Versorgung des Kirchheimer Klosters mit Fischen große Bedeutung. Inmitten einer intensiv genutzten Agrarlandschaft finden heute Sumpf- und Wasservögel geeignete Rast- und Brutstätten.

89 Bühl. Bekehrung des hl. Paulus, Fresko von 1681
in der ev. Pfarrkirche St. Maria

Huisheim

984 Einwohner. – Hallstattzeitliche Hinterlassenschaften, ein mit Beigaben reich ausgestattetes alamannisches Reihengrab (Dolche, Kurzschwerter, Lanzenspitzen, Nadeln, Tonscherben) belegen die frühe

Besiedlung der Ortschaft. Auch die Römer haben ihre Spuren hinterlassen. Nachgewiesen sind zwei Gutshöfe beim Ziegelhof und im Flurstück »Markbichele«.

Berichtet wird von einem – inzwischen verschollenen – römischen Weihestein mit drei Götterfiguren (Minerva/Juno, Herkules, Merkur). In einer Kaisheimer Urkunde von 1197 erscheint ein »Marcuardus de Huisheim«.

Nach und nach gingen die Güter in die Herrschaft des Reichsstifts Kaisheim über. Das Amtshaus der Kaisheimer, das längere Zeit als Pfarrhaus diente, ist ein stattlicher Bau aus dem Jahre 1720 mit Figurennische, Biedermeiertür und reicher Stuckfassade (heute Gasthaus »Zum Löwen«).

Zwischen 1182 und 1195 ist eine Weihe der *St.-Vitus-Kirche* durch Bischof Otto von Eichstätt nachgewiesen. Der 1716 begonnene Umbau schließt mit der Konsekration von 1723 ab. Das Hauptgemälde signierte Judas Thaddäus Simon 1759. Dem hl. Vitus und seinen Pflegeeltern Creszentia und Modestus reichen Engel die Siegespalmen. Darüber Krönung Mariens. In den Ecken berichten Bilder vom Lebensweg des hl. Vitus: Flucht nach Sizilien – Vor dem Statthalter Valerian – In der Arena – Marter in Kessel mit siedendem Öl. Die Figuren der hll. Wendelin und Ulrich stehen zwischen den gedrehten Säulen des neubarocken Hochaltars, der das Bild des Kirchenpatrons mit seinen Erziehern umfaßt. Aus der Erbauungszeit des Turms stammt eine erhabene Muttergottesstatue (1460–1470) auf dem nördlichen Seitenaltar. Die Figur der hl. Anna schmückt den rechten Seitenaltar. Künstlerisch bemerkenswert sind der Kreuzweg von 1750 mit seiner Rokokorahmung, ein Kruzifix an der ersten Empore aus dem Ende des 16. Jh. mit den Emblemen der vier Evangelisten sowie die reich verzierten Wangen des Kirchengestühls (Anfang 18. Jh.).

An einer alten Andachtsstätte entstand 1731 am nördlichen Dorfende die *Sebastianskapelle* mit den wohl gleichzeitigen Figuren der Pestpatrone St. Sebastian und Rochus und des Papstes Sixtus.

Gosheim

632 Einwohner, Gemeinde Huisheim. – Schloß und Kirche, inmitten eines schützenden Mauerrings, prägen das Bild des Dorfes und verweisen auf seine historische Bedeutung als karolingisches Königsgut. Gosheim war Mittelpunkt des nach dem Flüßchen Schwalb genannten Sualafeld-Urgaues. 793 geht der »Fiskalbezirk« Gosheim (»Kaozesheim«), den Graf Helmoin als königliches Lehen verwaltete, an die Bischofskirche in Freising über. Dieser von Karl dem Großen begründete Lehensverband bestand 1000 Jahre, eine ungewöhnlich lange Zeit. In der zweiten

90 Gosheim. Schloß mit kath. Pfarrkirche Mariä Geburt

Hälfte des 12. Jh. ist von einem »Otto de Goshaim sive de Horibuch« die Rede. Geht man davon aus, daß die Harburg als staufische Burg mit großer strategischer Bedeutung anzusehen ist, kommt dem Gosheimer-Harburger Ministerialengeschlecht ein entsprechend hoher Rang zu. 1251 verpfändete der Staufer Konrad IV. die Burg Gosheim an den Grafen Ludwig III. von Oettingen. Im 16. Jh. war die Hofmark im Besitz von Pfalz-Neuburg, im 17. Jh. ging sie an die Jesuiten über.

Die *Burg*, eine ehem. Wasserburg, umgibt eine Ringmauer mit einem vorgelagerten Graben, der im südlichen Teil noch mit Wasser gefüllt ist. Der Wall auf der Nordseite ist der Rest einer starken äußeren Befestigung. Die Schloßanlage besteht heute aus einem viergeschossigen Bau (1694/97) mit Walmdach, einer angebauten Kirche mit Karner (Gebeinhaus) und dem mächtigen Pfarrstadel. Im Kirchturm aus unverputzten Quadern (mit eingestreuten Buckelquadern) steckt der alte Bergfried aus dem 12./13. Jh. Eindrucksvoll beweist die Burganlage Macht und Einfluß ihrer Erbauer.

Wohl aus einer Burgkapelle entwickelte sich die 1730 bis 1740 gebaute *kath. Kirche St. Maria Geburt,* die durch Altarbild (Geburt Mariens) und Deckengemälde (Aufnahme Mariens in den Himmel) als Marienkirche ausgewiesen ist. Die beiden Holzfiguren, Mutter Anna mit Maria (um 1750) und eine sitzende Madonna von naher Lebendigkeit (vor 1700), erweitern das marianische Programm. Besondere Dynamik spricht aus den Figuren der hll. Florian und Wendelin, die zwischen den Säulen des Hochaltars aufgestellt sind. Die *Seitenaltäre* sind den hll. Antonius und Franz Xaver geweiht. Die von den Neuburgern Jesuiten erbaute und ausgestattete Kirche erhielt 1991 ihre ursprüngliche barocke Farbigkeit zurück, die teilweise verloren gegangen war. Besonders zur Geltung kommt die als Muldengewölbe ausgebildete Decke mit reichem Stuckdekor und den meisterhaft ausgeführten Fresken.

Im Friedhof steht der Karner, der im Erdgeschoß Gebeine aufbewahrte. Im Obergeschoß eine barocke Ölberggruppe.

Den Abschluß der 14 Kreuzwegstationen hinauf zum *Kalvarienberg* (östlich von Gosheim) bildet die Herz-Jesu-Kapelle von 1890. Von hier aus schweift der Blick über die Häuser und Höfe des Dorfes, die sich um das alte Wasserschloß scharen, und auf die Weite der Rieser Landschaft.

Eh. Steinbruch (am Fuße des Kalvarienbergs). Durch den Meteoriteneinschlag vor 14,7 Mill. Jahre wurde die Weißjurascholle wohl über mehrere Kilometer hierher geschleudert, beim Aufschlag zerrüttet, gestaucht, teilweise gefaltet und überkippt. Auch die Fossilien (Belemniten, Ammoniten) wurden verdrückt, zerbrochen oder zertrümmert.

Huisheim und Gosheim bilden seit 1978 eine Gemeinde in der Verwaltungsgemeinschaft Wemding und zählen 1616 Einwohner. Zwischen den beiden Ortsteilen entstand seither ein Gemeindezentrum mit Mehrzweckhalle (»Sualafeldhalle«), Sportanlagen, ein Kindergarten und ein Bauhof. Die architektonisch gelungene, vierklassige Grundschule konnte 1993 ihrer Bestimmung übergeben werden. Ein Gebäude für die Gemeindeverwaltung ist in Planung.

Freizeit-Tips

Gemeindeverwaltung: Hauptstraße 10, 86685 Huisheim, Tel. 09003/1088
Kegeln: Kegelbahnen in der »Sualafeldhalle«
Schießen: Schießanlage in der »Sualafeldhalle«
Schwimmen: Baggerseen mit klarem Wasser
Tennisplätze: 4 Plätze
Wandern: Wanderparkplatz mit Übersichtstafel bei der »Sualafeldhalle«

EXKURSIONEN

Geologische Exkursionen

Jeder Interessierte kann in Steinbrüchen und Aufschlüssen Beweise für den »Impakt« (Einschlag eines Meteoriten) sammeln und den Ablauf der Kraterbildung nachvollziehen.

Über dem kristallinen Grundgebirge, das Schwarzwald und Bayerischen Wald miteinander verbindet, lagern Muschelkalke. Nach oben folgen Sand- und Tonschichten des Keupers und schließlich Ablagerungen des einstigen Jurameeres Lias (Schwarzjura), Dogger (Braunjura) und Malm (Weißjura).

Der Impakt störte diese ursprüngliche stratigraphische Schichtfolge und kehrte sie teilweise um, so daß man eine teils »unsinnige« Lagerung der Gesteine beobachten kann. Ein für das Ries spezifisches Gestein, vergleichbar mit dem »Impakt-Brekziengestein«, das die Apollo-Astronauten von der Mondoberfläche mitbrachten, ist der *Suevit* (Schwabenstein). In der grauen bis graublauen Masse stecken teilweise aufgeschmolzene Grundgebirgsstücke, Keupertone und -sandsteine, ja sogar verschiedene Jurakalke. Das Material, das in einer gewaltigen Staub- und Glutwolke in die Höhe stieg, fiel in den soeben gebildeten Krater zurück und bildete den Suevit. Bezeichnend sind auch sog. »Glasbomben« oder »-fladen«, die eine durch den Auswurf geprägte Form besitzen, einer Stilpfanne nicht unähnlich.

Unter *Bunten Trümmermassen* versteht man das Gemenge aller im Kraterbereich vorhanden gewesener Gesteine (kristallines Grundgebirge, Triasgesteine, insbesondere Keuper, Jura, spärlich Kreide- und verschiedene Tertiärgesteine), die nur eine geringe Stoßwellenbeanspruchung erlitten hatten. Das kleinerstückige Gemenge ist unter dem Begriff *Bunte Brekzie* zusammengefaßt.

Das Betreten der meist stillgelegten Aufschlüsse erfolgt auf eigene Verantwortung. Größte Vorsicht ist geboten.

Die beschriebenen Aufschlüsse sind einige Stationen des »Geologischen Autopfades«, für den Julius Kavasch einen verständlichen Führer verfaßt hat.

Hinweisschilder mit dem Zeichen des Meteoritenkraters helfen, die Aufschlüsse zu finden.

Steinbruch Altenbürg (6 km südwestlich Nördlingen)   Die etwa 20 m hohe Wand des Steinbruchs besteht aus gelblichem Suevit, der in Kontakt steht mit teils zerrüttetem Malm. Wegen der Ähnlichkeit des Suevits mit vulkanischem Tuff stützte früher dieses Suevitvorkommen die Vulkantheorie. Doch 1960 entdeckte man im Suevit Hochdruckmine-

91 *Auch am Riesrand sind noch deutlich Spuren des Meteoriteneinschlags vor etwa 15 Millionen Jahren zu erkennen, der die Gesteine deformierte und ihre bestehende Schichtung zerstörte.*

ralien wie Coesit und Stishovit, die nur unter hohem Druck und extremen Temperaturen entstanden sein können. Außerdem erwiesen zahlreiche Bohrungen, daß unter dem Suevit hier überall Bunte Brekzie und Weißjuragries liegen. Der Hohlraum zwischen den Malmschollen wurde unmittelbar nach dem Meteoreinschlag von oben durch Suevit gefüllt.
Aus dem Steinbruch stammen die Steine für die historischen Bauten der Stadt Nördlingen (Georgskirche, St. Salvator, Rathaus, Teile der Stadtmauer u. a.).

Steinbruch Holheim (östlich der B 466)   Das teilweise völlig zerschlagene Gestein des Weißjura diente als Straßenschotter.
Über dem zerklüfteten Massenkalk des Malm sind Schliff-Flächen aufgeschlossen. Darüber lagert eine zehn Meter mächtige Schicht Bunter Trümmermassen aus dunkelgrauen Lias-Tonen, die etwa 30 Millionen Jahre älter sind als der Weißjura, auf dem sie lagen.
Beim Auswurf der zertrümmerten und aufgeschmolzenen Gesteinsmassen schrammte an der Oberfläche anstehendes Gestein – insbesondere Weißjura-Kalke – flach aus dem Krater. Die an der Süd- und Ostwand deutlich sichtbaren Schliff-Flächen deutete man früher als Gletscher-Schliffe.

Goldberg → Riesbürg

Suevitvorkommen bei Zipplingen (am Straßeneinschnitt nördlich des Ortes)   Suevit bildet die Böschung der Straße nördlich von Zipplingen. Darunter stieß man auf Kristallin. In diesem Suevit sind viele Glaspartikel und granitische Einschlüsse verbacken, im Gegensatz zum Impact-Gestein der Altenbürg.
Steinbruch nördlich von Wengenhausen   Einige hundert Meter nördlich von Wengenhausen führt ein Feldweg zu einem aufgelassenen Steinbruch. Hier trifft man Kristallingestein (Granit, Gneis), das man in mehreren hundert Metern Tiefe vermutet hätte. Dieses außerordentlich harte und schwer zu bearbeitende Gestein ist so zertrümmert, daß man es zwischen den Fingern zerdrücken kann. Der Aufschluß zeigt auch zerrüttetes Malmgestein und Bunte Brekzie. Darüber lagert eine dünne, fossilreiche Schicht Riesseekalk.

Wallersteiner Felsen → Wallerstein

Maihingen (Klostermühle)
Am Hang gegenüber der Klostermühle tritt ein mehrere hundert Meter langer Aufschluß vorwiegend zertrümmerten Gneises zu Tage.
Buntsandstein bei Fremdingen (an der B 25 in Richtung Dinkelsbühl, nordöstlich Rühlingstetten)   Der Aufschluß zeigt Buntsandstein, der von Feuerletten überlagert wird. Um Fremdingen hat sich die Mauch bis auf den Mittleren Keuper eingetieft und erschließt das älteste anstehende Sedimentgestein des Gebietes, den Buntsandstein. Im Oberen Trias (vor ca. 200 Mio. Jahren) verfrachteten wolkenbruchartige Regengüsse unter trockenheißem Wüstenklima zu grobem Quarz- und Feldspatsand verwittertes Festlandsmaterial in Form breiter Schwemmfächer aus dem Südosten in das Keuperbecken. Bis zu sieben Zentimeter große Quarzgerölle zeigen Schliffspuren, die auf das

»Sandstrahlgebläse« der damaligen Wüstenwinde zurückgehen, sog. »Windkanter«. Später transportierten Wind und Regenwasser feinste Tonteilchen (Feuerletten) von der Böhmischen Festlandsmasse heran und verwandelten das Land in eine rote Tonwüste (nach Richard Höfling).

Hainsfahrt, Buschelberg (1 km südöstlich Hainsfarth) Das Steinbruchgelände auf dem Buschelberg schließt verschiedene Ausprägungen der Riessee-Kalke auf. Algenkalke mit teils meterhohen Stotzen bauen das Gestein auf. Zwischen diesen lagern Schalen von Wasserschnecken (Hydrobia) und Schalenkrebsen (Cypris), seltener Landschnecken und Treibholz. Das Vorkommen von Hydrobia und Cypris deutet auf salzhaltiges Wasser des nach der Rieskatastrophe entstandenen Sees.

Suevitbruch Otting (nördlich von Schloß Otting) Der Suevitbruch Otting ist ein markanter Punkt der Riesforschung. Hier entnahm E. M. Shoemaker (Arizona, USA) 1960 Gesteinsproben, in denen die Hochdruckmineralien Coesit und Stishovit enthalten waren – ein Beweis für die Meteoritentheorie. Der Suevit, der in einer Mächtigkeit von 24 m über Bunter Brekzie lagert, dient den Märker-Werken zur Herstellung eines Spezialzements. »Blasige Glaskörper« und Kristallinfragmente kennzeichnen die Struktur des Ottinger Suevits.

Steinbruch Gosheim (östlich Gosheim) Die Scholle aus Bankkalken des Malm schleuderte der Impact mit ungeheurer Wucht hierher. Das steile Einfallen bewirkte die »Überkippung« und Faltung der Gesteine. Versteinerungsbruchstücke.

Ronheim (etwa 1 km östlich von Ronheim) Hier sind horizontal gelagerte, teils stark zerrüttete Kalke des Malm Delta erschlossen. Die Schliff-Flächen überlagert eine zehn Meter starke, intensiv durcheinandergemischte Schicht Bunter Trümmermassen mit Malmkalkblöcken und kleinen Schollen von roten Keuper- und grauen Schiefertonen.

Wenneberg → *Alerheim*

Ziswingen
Im weithin sichtbaren Steinbruch tritt zum Teil stark zertrümmertes und ineinander verschobenes Gestein des Malm an die Oberfläche.

 Archäologische Wanderungen vom Ipf zum Goldberg

Der Ipf- und der Goldbergweg führen zu archäologischen Denkmälern am westlichen Riesrand. Die 19 Stationen sind mit übersichtlichen Schautafeln ausgestattet. Als »Leitmotiv« dient ein spätkeltisches Radamulett, das einen Raubvogelkopf darstellt. Die archäologischen

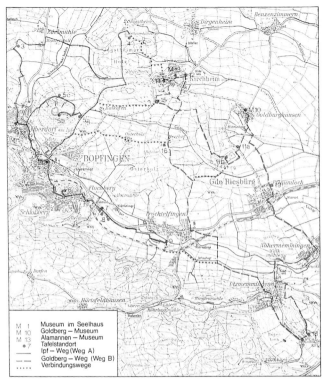

92 *Vom Ipf zum Goldberg. Archäologische Wanderungen am Westrand des Rieses*

Stätten kann man auf gut befestigten Wegen auch mit dem Fahrrad erkunden. Ein Teil der Route stimmt mit dem Radweg »Ries 1« überein. Im Konrad Theiss Verlag ist dazu ein Führer erschienen, der die Wegstrecken ausführlich beschreibt. Ein Faltblatt ist in den Verkehrsämtern zu erhalten.

Die archäologischen Denkmäler um den Ipf (20 km)
1. Bopfingen: Museum im Seelhaus
2. Oberdorf: Opie (römisches Kastell mit Zivilsiedlung)
3. Bei Meisterstall: Hallstattzeitliche Grabhügelgruppe im Wald
4. Bei Jagstheim: spätkeltische Viereckschanze
5. a–c Ipf: bronze- und eisenzeitliche Befestigungen

6. Ruine Flochberg: staufische Burganlage
7. Flochberg: Siedlungstopographie im Egertal (keltische Siedlungen und Viereckschanze)
8. a–b Flochberg/Trochtelfingen: Grabhügel und Brandgräber in Bopfingen-Trochtelfingen; römische Straßenstation zwischen Flochberg und Trochtelfingen
9. Trochtelfingen: mittelalterliche Burgställe und Wasserschloß

Die archäologischen Denkmäler um den Goldberg (25 km)

10. Goldburghausen: Goldbergmuseum
11. a–b Goldberg: bedeutende prähistorische Höhensiedlung
12. Kirchheim: Martinskapelle
13. Kirchheim: Gräberfeld des 6.–8. Jh.
14. Kirchheim: ehem. Zisterzienserkloster
15. Parkplatz Riesblick: vorgeschichtliche und römische Besiedlung des Rieses
16. beim »Heerhof«: vorgeschichtliche Grabhügel
17. bei Holheim: »villa rustica« im Maienbachtal
18. bei Holheim: Ofnet-Höhlen im Himmelreich
19. Pflaumloch: urnenfelderzeitliche Siedlungsreste

Archäologischer Lehrpfad im Nordries (ca. 25 km)

Der archäologische Lehrpfad erschließt an sechs Stationen die Geschichte von der Bronzezeit bis ins frühe Mittelalter. Übersichtliche Schautafeln erläutern die historische Bedeutung.
1. Munningen: römisches Kastell und Zivilsiedlung »Losodica«
2. Belzheim: hallstattzeitliches Gräberfeld mit noch 170 erhaltenen Gräbern
3. Oettinger Forst: keltische Viereckschanze, Reste der Römerstraße von Munningen zum Kastell Ruffenhofen
4. Dornstadt: Turmhügel
5. Nördlicher Ortsrand von Oettingen: römische Straßensiedlung im Bereich der Mühl- und Zeilstraße
6. Steinhart: Burgstall, Burgruine und jüdischer Friedhof

Wallfahrtsorte

Nach den Fernwallfahrten ins Hl. Land entdeckte gegen Ende des 14. Jh. der fromme Sinn auch heilige Stätten in der näheren Umgebung. Als älteste Wallfahrt im Ries gilt die Verehrung des mystischen Heilands in Nördlingen. Die Reformation löschte diese 1381 begonnene

Wallfahrt wieder aus. Andere entstanden nach dem großen Krieg, überlebten die Säkularisation und blühen noch heute.

Man ist erstaunt über die großartigen Kapellen und Kirchen, die hauptsächlich das Barock über den Gnadenstätten errichtete. Votivtafeln mit der Darstellung des Beters und der überirdischen Macht geben Zeugnis von den Krankheiten, Seuchen und Notlagen, denen unsere Vorfahren ausgesetzt waren. Gemessen am Strom der Pilger zählt Wemding nach Altötting auch heute zu den beliebtesten Wallfahrtsorten in Bayern.

Wemding »Maria Brünnlein«
Mönchsdeggingen (Schmerzensmutter)
Bopfingen (ehem. Wallfahrt zum hl. Blasius)
Nördlingen (ehem. Wallfahrt zum hl. Erlöser)
Flochberg »Maria Roggenacker«
Fremdingen (ehem. Wallfahrt zum hl. Leonhard)
Jagstheim (ehem. Wallfahrt zu Maria und dem Herzen Jesu)
Kirchheim (ehem. Wallfahrt zur Schmerzensmutter)
Maihingen (ehem. Wallfahrt zu Maria)
Oettingen (ehem. Wallfahrt zum hl. Sebastian)
Raustetten (ehem. Wallfahrt zum hl. Blasius)
Zöbingen (ehem. Wallfahrt zu Maria)

Burgen und Schlösser

Zahlreiche Herrensitze in vielfältigen Ausprägungen beherrschen die Ebene und die Höhen des Riesrandes. Sie sind anschauliche Zeugnisse von Verteidigungswillen, Machtanspruch und Repräsentationsbedürfnis einer adeligen Oberschicht.

Zu Recht gilt das Ries als ein Land der Burgen und Schlösser. »Die Ursache liegt in der starken herrschaftlichen Durchdringung dieses Raumes seit der Vorgeschichte und vor allem in der geopolitischen Bedeutung, die es im Mittelalter am Schnittpunkt wichtiger Reichsstraße und Handelswege hatte« (Frei).

Harburg (eine der besterhaltenen Burganlagen in Bayern)
Amerdingen (Schloß des Grafen von Stauffenberg)
Hohenaltheim (Schloß der Fürsten von Oettingen-Wallerstein)
Kartäusertal (Burgruinen Niederhaus und Hochhaus)
Flochberg (stauferzeitliche Burganlage, Ruine)
Kapfenburg (zum Deutschordensschloß umgebaute mittelalterl. Burg)
Baldern (mittelalterliche Burganlage mit barocken Veränderungen)
Wallerstein (Moritzschlößchen, Neues Schloß, Reste der alten Burg)
Hochaltingen (Schloß der Hürnheimer, später Oettinger, heute Altenheim)
Oettingen (Neues Schloß)

Alerheim (Burgruine)
Lierheim (Schloß)

Stätten der Juden

Über mehr als fünf Jahrhunderte lebten Juden im Ries. Es gab Dörfer, in denen noch bis in die Mitte des vergangenen Jahrhunderts jeder dritte Einwohner Jude war. Die Geschichte der Juden ist auch im Ries das Schicksal einer ohnmächtigen Minderheit, die gebrandmarkt, verfolgt und vernichtet wurde.
Jede Kultusgemeinde hatte ihre Synagoge, ein Ritualbad und meist eine eigene Schule. Heute ist kaum noch etwas anderes geblieben als die Gräber im abseits gelegenen Friedhof.
Nach jüdischer Auffassung wird der Verstorbene auf eigenem Grund beerdigt, weshalb die Friedhöfe nicht aufgehoben werden dürfen, da das Recht der Toten auf ihre Ruhestätte unaufhörlich besteht. Andererseits sollen sie auch Sinnbild der Vergänglichkeit allen Lebens sein. Die Einzelgräber mit meist schlichten Steinen werden deshalb weder mit Blumen geschmückt noch gepflegt.
Nördlingen (Friedhof)
Aufhausen (Friedhof unterhalb der Ruine Schenkenstein)
Oberdorf (ehem. Synagoge, Friedhof mit Gedenktafeln)
Pflaumloch (ehem. Synagoge, heute Rathaus, Friedhof)
Wallerstein (Friedhof)
Mönchsdeggingen (jüdisches Badehaus, Friedhof)
Harburg (ehem. Synagoge, Friedhof am Hühnerberg oberhalb der Burg)
Hainsfarth (ehem. Synagoge, Friedhof)
Steinhart (Friedhof)

Radeln im Krater

Radwege – Riesig

Den Rieskrater und seine Besonderheiten kann man besonders gut mit dem Fahrrad entdecken. Durch die abwechslungsreiche Landschaft führen fünf »Radwege – Riesig«, die mit braunen Schildern mit weißem Radfahrersymbol versehen sind. Verkehrsarme Straßen, Radwege und ebene Strecken sorgen für ein erholsames Radeln. Nur am Riesrand muß man mit Steigungen rechnen. Der Touristikverband Ries e. V. hat eine Radwanderkarte »Radeln im Ries . . .« herausgegeben, die in den Verkehrsämtern erhältlich ist. Die ausgewiesenen Radwege sind Tourenvorschläge, deren Benutzung auf eigene Gefahr erfolgt.

Radweg 1 Schwäbische Alb – Altmühltal – 68 km
Lauchheim – Röttingen – Oberdorf – Bopfingen – Trochtelfingen – Utzmemmingen – Nördlingen – Reimlingen – Schmähingen – Hohenaltheim – Mönchsdeggingen – Schaffhausen – Harburg – Mündling – Gosheim – Wemding – Otting – Monheim – Rögling – Mühlheim (Anschluß an Radweg Altmühltal)

Radweg 1a Abkürzungen 10 km
Utzmemmingen – Ederheim – Hürnheim – Hohenaltheim

Radweg 2 Rieser West-Ost-Achse – 21 km
Nördlingen – Deiningen – Alerheim – Wörnitzostheim – Radweg 1 – Wemding

Radweg 3 Nördlicher Riesrand – 43 km
Bopfingen – Kirchheim – Goldburghausen – Benzenzimmern – Wallerstein – Birkhausen – Maihingen – Bettendorf – Nittingen – Oettingen – Megesheim – Laub – Eulenhof – Wemding

Radweg 3a Ergänzung – 24 km
Oberdorf – Baldern – Kerkingen – Kirchheim

Radweg 3b Ergänzung – 22 km
Kirchheim – Dirgenheim – Zipplingen – Geislingen – Raustetten – Enslingen – Minderoffingen – Marktoffingen – Maihingen

Radweg 4 Hahnenkammsee – 22 km
Wemding – Polsingen – Hechlingen (Erholungsgebiet Hahnenkammsee – Anschluß an Radwege nach Gunzenhausen, Treuchtlingen – Ober- und Untertrappenberg – Hasenmühle – Megesheim (Anschluß an Radweg 3)

Radweg 5 Anschluß Karthäusertal – 10 km
Ederheim – Christgarten – Aufhausen – Amerdingen – Anschluß zur Donau, Anschluß Karthäusertal, Anschlußmöglichkeit ins Kesseltal

Radweg »Romantische Straße«
Dinkelsbühl – Mönchsroth – Raustetten bis – (siehe Radweg 3b und 3) Wallerstein – Nördlingen bis – (siehe Radweg 1) Reimlingen – Harburg – Donauwörth

Radwandern vom Main bis zu den Alpen entlang der Romantischen Straße
Den Radweg entlang der Romantischen Straße beschreibt eine Karte, die in den Verkehrsämtern erhältlich ist. Die Strecke ist ausgeschildert mit dem Symbol eines mittelalterlichen Stadttores:
Würzburg – Rothenburg o. T. – Dinkelsbühl – Fremdingen – Hochaltingen – Herblingen – Utzwingen – Maihingen – Birkhausen – Wallerstein – Nördlingen – Möttingen – Harburg – Ebermergen – Donauwörth – Augsburg – Landsberg – Füssen

Exkursionen

Das Ries – ein Wanderparadies

Die topographische Karte »Nördlinger Ries und Umgebung« (Bayerisches Landesvermessungsamt) im Maßstab 1:50 000 zeigt zahlreiche Wanderwege auf und gibt Hinweise auf Bodenbewachsung, Gewässer, Geländeformen sowie auf Sehenswürdigkeiten.
Überregionale Bedeutung haben folgende Wanderwege:
1. Main-Donau-Weg (MD)
Dinkelsbühl – Fremdingen – Raustetten – Minderoffingen – Maihingen – Wallerstein – Ehringen – Nördlingen – Hürnheim – Mönchsdeggingen – Harburg – Donauwörth
2. Hauptweg 1: Schwäbische Alb - Nordrand
Kapfenburg – Aufhausen – Bopfingen – über das Härtsfeld nach Schweindorf – Christgarten – Karlshof – dann gleichlaufend mit dem Main-Donau-Weg nach Donauwörth
3. Durchgangsweg B des Naturparks Altmühl, der mit Rot-Strich markiert ist. (110 km)
Harburg – Wemding – Polsingen – Hahnenkammsee – Burg Spielberg – entlang der südlichen Frankenalb an die Altmühl
4. Jurahöhenweg H (110 km)
Wemding – Hahnenkamm – Naturpark Altmühl bis Riedburg

STADT AALEN

Die Stadt Aalen empfiehlt sich als:
* Wirtschaftsmetropole im Grünen mit idealen Standortbedingungen – direkt an der A 7
* Tagungs- und Ausflugsstadt mit aktiver Kulturszene (Stadttheater, Museen)
* Kur- und Badestadt
* Ehemals freie Reichsstadt mit Fußgängerzone

Fußgängerzone mit malerischen Fachwerkfassaden und historischen Gebäuden, Urweltmuseum im alten Rathaus mit Spionturm, Heimat- und Schubartmuseum, Napoleonfenster im ehemaligen Gasthaus „Krone-Post", Zeugnisse römischer Vergangenheit im Limesmuseum bei der Stadthalle, Besucherbergwerk in der ehemaligen Eisengrube „Wilhelm" mit Asthmatherapie, Thermal-Mineralbad „LIMES-THERMEN AALEN" bietet Badevergnügen in 6 Becken bei 34 °C, Saunen, Solarien, physikalische Therapien und das Bad-Restaurant ergänzen das Angebot, Hallenbad mit Warmbadebecken und Sauna, 3 beheizte Freibäder (1 mit Riesenrutsche), Kunsteishalle, Ostalbskilifte mit Flutlichtanlage, 50 km präparierte Skiwanderloipen, Radwege, Lehr- und Wanderpfade

Weitere Auskünfte erteilt Ihnen gerne das Presse- und Informationsamt der Stadt Aalen, Marktplatz 30, 73430 Aalen,
Telefon 0 73 61/521 11 30.

LITERATUR

Albuch – Härtsfeld – Ries (hrsg. vom Schwäbischen Albverein). Stuttgart und Aalen 1979

Barsig, W. (Hrsg.): Gosheim 793–1993. Nördlingen 1993

Bauer, E. W. u. Enz-Meyer, P.: Hinter der blauen Mauer, Bilder von der Schwäbischen Alb. Stuttgart 1993

Baumhauer, H.: Der Herlin-Altar zu Bopfingen und seine Stadtkirche. Stuttgart und Aalen 1972

Bayerisches Landesamt für Denkmalpflege (Hrsg.): Die Kunstdenkmäler von Bayern

–: Bezirksamt Nördlingen, unveränderter Nachdruck von 1938. München 1982

–: Landkreis Donauwörth. München 1951

–: Stadt Nördlingen, unveränderter Nachdruck von 1940. München 1982

Bayerische Landeszentrale für politische Bildungsarbeit (Hrsg.): Unser Landkreis Donau-Ries. München o. J.

Bezzel, E. u. a. (Hrsg.): Evangelische Gemeinden im Ries. Erlangen 1981

Bopfingen (Hrsg.): Bopfingen, Landschaft – Geschichte – Kultur. Stuttgart 1992

Brutscher, L.: Rieser Schicksale im Dreißigjährigen Krieg. Nördlingen 1985

–: Vom Dorf zum Markt – Ein Beitrag zur Wallersteiner Ortsgeschichte. In: Rieser Kulturtage, Dokumentation Bd. IV/1982. Nördlingen 1983

–: Die Auswirkungen des Dreißigjährigen Krieges auf Wallerstein und Umgebung. In: Rieser Kulturtage, Dokumentation Bd. V/1984. Nördlingen 1985

–: Die Pestsäule in Wallerstein, in: Rieser Kulturtage, Dokumentation Bd. IX/1992. Nördlingen 1993

Dehio, G.: Handbuch der Deutschen Kunstdenkmäler, Bayern III: Schwaben. Darmstadt 1989

Dettweiler, H. und K. Höpfner: Geschichten, Sagen und Legenden aus dem Ries und seiner Nachbarschaft. Nördlingen 1983

Feil, A.: Romanik im Ries. In: Rieser Kulturtage, Dokumentation Bd. II/1978. Nördlingen 1979

–: Architektur als Glaubensaussagen – Klosterkirche Maihingen und

Pfarrkirche Kleinerdlingen. In: Rieser Kulturtage, Dokumentation Bd. V/1984. Nördlingen 1985
Fischer A. und J. Röttger: Oettingen, liebe kleine Stadt. Nördlingen 1982
Fischer, R.: Flora des Rieses. Nördlingen 1982
Frei, H. und G. Krahe: Archäologische Wanderungen im Ries, 2 Bde. Stuttgart und Aalen 1972
Frei, H. und W. Proeller: Das Ries, wie es ist. Nördlingen 1983
Fürstliches Brauhaus Wallerstein (Hrsg.): Wallersteiner Kalender von 1980 bis 1985 (bearb. von V. v. Volckamer)
Greiner, H. und H. Partsch: Das Ries, Natur und Landschaft. Nördlingen 1985
Grünenwald, E.: Burgen und Schlösser im Ries. In: Rieser Kulturtage, Dokumentation Bd. III/80. Nördlingen 1981
–: Ehemalige Wehrkirchen, Wehrfriedhöfe und Kirchenburgen im Ries und in der Grafschaft Oettingen. In: Rieser Kulturtage, Dokumentation Bd. IV/1982. Nördlingen 1983
–: Die familiengeschichtliche und herrschaftliche Bedeutung der älteren Klöster im Ries und in der Grafschaft Oettingen. In: Rieser Kulturtage, Dokumentation Bd. V/1984. Nördlingen 1985
–: Das Schloß in Oettingen. In: Nordschwaben-Daniel 3/1983. Stuttgart und Aalen
–: Oettingen. Oettingen 1962
–: Zur Geschichte von Marktoffingen und Minderoffingen, in: Groiß, J. T. (Hrsg.): 1143–1993. Zur Geschichte der Gemeinden Marktoffingen und Minderoffingen
Grünenwald, E. u. Sponsel, W.: Fürstliches Residenzschloß Oettingen. Oettingen 1993
Hänle, E.: Geschichte des Frauenklosters Fremdingen. In: Jahrbuch für Augsburger Bistumsgeschichte 5. Augsburg 1971
–: Pfarrei und Einsiedelei in Raustetten im 18. Jahrhundert. In: Jahrbuch für Augsburger Bistumsgeschichte 15. Augsburg 1981
–: Aus der Geschichte der Pfarrei Heiligste Dreifaltigkeit in Schopflohe. In: Jahrbuch für Augsburger Bistumsgeschichte 19. Augsburg 1985
Hopfenzitz, J.: Die ehemaligen Klöster Zimmern und Christgarten. In: Rieser Kulturtage, Dokumentation Bd. III/1980. Nördlingen 1981
–: Ehemalige Wallfahrtsorte im Ries. In: Rieser Kulturtage, Dokumentation Bd. IV/1982. Nördlingen 1983
–: Das Birgittenkloster Maihingen (1437–1607). In: Jahrbuch für Augsburger Bistumsgeschichte 3. Augsburg 1969
Kavasch, J.: Meteoritenkrater Ries, 7. Aufl. Donauwörth 1985
Kempf, T.: Mittelalterliche Klostergründungen – Ihre Schicksale und

ihre Bedeutung für das Ries. In: Das Ries, Gestalt und Wesen einer Landschaft. Stuttgart und Aalen 1978

–: Kloster Mönchsdeggingen. Oettingen o. J.

Keßler, H.: Die Stadtmauer der freien Reichsstadt Nördlingen. Nördlingen 1982

Krause, R.: Vom Ipf zum Goldberg. Stuttgart 1992

Kudorfer, D.: Historischer Atlas von Bayern, Teil Schwaben, Heft 8. Nördlingen, München 1974

Lingel, K.: Aus der Geschichte der Pfarrei St. Gallus in Fremdingen. In: Jahrbuch für Augsburger Bistumsgeschichte 17. Augsburg 1983

Lutzeyer, A. (Hrsg.): Das Ries, Gestalt und Wesen einer Landschaft (6 Lieferungen). Oettingen o. J.

Landkreis Donau-Ries (Hrsg.): Landkreis Donau-Ries. Donauwörth/Nördlingen 1991

Mattern, H.: Der Blasienberg bei Kirchheim am Ries, in: Rieser Kulturtage, Dokumentation Bd. IX/1992. Nördlingen 1993

Meyer, W.: Burgen und Schlösser in Schwaben. Frankfurt/M. 1979

Monninger, G.: Das Ries und seine Umgebung, 1893. Nachdruck Nördlingen 1984

Neuffer-Müller, Chr.: Der alamannische Adelsbestattungsplatz und die Reihengräberfriedhöfe von Kirchheim am Ries. In: Forschungen und Berichte zur Vor- und Frühgeschichte in Baden-Württemberg Bd. 15. Stuttgart und Aalen 1983

Nördlingen, Stadtführer (bearb. von H. Keßler). München 1985

Öhm, R.: Nördlingen – einst und jetzt. Nördlingen 1981

Der Ostalbkreis. Reihe Heimat und Arbeit. Stuttgart 2. Aufl., 1992

Rahn, E.: Donau-Ries Wanderführer. Nördlingen 1982

–: Das Ries und seine Städte. In: Barsig, W. (Hrsg.): Das Ries erleben Bd. 6. Nördlingen 1984

Reclams Kunstführer I, Bayern

Reclams Kunstführer II, Baden-Württemberg

Scheible, K.: Die Schlacht von Alerheim – 3. August 1645. In: Rieser Kulturtage, Bd. IV/1982. Nördlingen 1983

–: Johann Wilhelm Klein, Vater der Blinden. In: Rieser Kulturtage, Dokumentation Bd. IV/1982. Nördlingen 1983

Schindler, H.: Augsburger Renaissance. München 1985

Schlagbauer, A.: Das Ries im Herzen Europas. Nördlingen 1983

Schlagbauer, A. und K. Neureuther: Die Georgskirche Nördlingen. Nördlingen 1980

Schlecht, G. und Th. Knoll: Liebenswertes Wemding. Wemding 1984

Schmidt, E. D.: Die Nördlinger Georgskirche und St. Salvator. Stuttgart und Aalen 1977

Seufert, H.: Schwäbische Reisebilder: Harburg, Nördlingen, Wemding. Oettingen o. J.
Sponsel, W.: Hohenaltheim, in: Nordschwaben, Der Daniel 1/1990. Stuttgart/Aalen 1990
Stadt Harburg (Hrsg.): Harburger Hefte. Reimlingen 1994
Streichele, A.: Das Bistum Augsburg, Bd. 3. Augsburg 1872
Theiss, K.: Kunst- und Kulturdenkmale im Ostalbkreis, Stuttgart 1989
Voges, H.-D.: Der Bauernkrieg in der Reichsstadt Nördlingen und im Ries. In: Rieser Kulturtage, Dokumentation Bd. IV/1982. Nördlingen 1983
–: Zur Geschichte der Juden in Nördlingen. In: Rieser Kulturtage, Dokumentation Bd. III/1980. Nördlingen 1981
Wirth, W.: Kloster Kirchheim im Ries. In: Rieser Kulturtage, Dokumentation Bd. III/1980. Nördlingen 1981
Ziegenaus, A.: Das Zeugnis der Ofnet-Höhle. Das Weiterleben nach dem Tod als Menschheitsfrage. In: Rieser Kulturtage, Dokumentation Bd. V/1984. Nördlingen 1985
Zipperer, G. A.: Wege durch das Ries. Donauwörth 1975
–: Nördlingen – Lebenslauf einer schwäbischen Stadt. Nördlingen 1979
–: Nördlingen an der Romantischen Straße. Stuttgart und Aalen, 7. Aufl. 1983
Nordschwaben–Daniel, Zeitschrift für Landschaft, Geschichte und Zeitgeschehen (seit 1964). Stuttgart und Aalen
Sonderdruck aus der Zeitschrift ostalb/einhorn Nr. 22/79 und 82/94. Stuttgart und Aalen
Verwendung fanden außerdem zahlreiche Kirchenführer, die von Pfarrämtern bzw. vom Verlag Schnell und Steiner, München und Zürich, veröffentlicht wurden.

BILDQUELLENNACHWEIS

1: aus: Greiner/Partsch, Das Ries. Steinmeier Verlag, Nördlingen 1985; mit freundl. Genehmigung des Verlages. 2: aus: Ferien im Ries, hrsg. v. Touristikverband Ries, Nördlingen (Visuall, Agentur Riescher). 3, 4, 31: J. Feist, Pliezhausen. 6: Dr. J. Steiner, München. 17: aus: W. Koch, Baustilkunde. Mosaik Verlag, München 1994, S. 299; mit freundl. Genehmigung des Autors. 23: K. Natter, Stuttgart. 22, 27: Konrad A. Theiss, Aalen. 30, 92: Landesdenkmalamt Baden-Württemberg, Stuttgart. 38: aus: Der Daniel 4/1967, S. 5. 41, 43, 45, 48: Verkehrsamt der Stadt Nördlingen/Touristikverband Ries. 42: Foto Hirsch, Nördlingen. 59: Foto Fischer, Oettingen. 72: Goldbergmuseum, Goldburghausen. 91: E. W. Bauer, Ostfildern. Alle übrigen Fotos: P. Kruppa, Aalen. Karten und Kirchengrundrisse: E. Munz. Karte auf den Seiten 6/7: H. Vogl.

ORTSREGISTER

Alerheim 184 ff.
Amerbach 284
Amerdingen 140 f.
Appetshofen 187
Aufhausen 34
Auhausen 214 ff.

Baldern 34 ff.
Balgheim 190
Belzheim 55 f.
Benzenzimmern 103
Birkhausen 266
Bollstadt 142
Bopfingen 21–45
Brünsee 83
Bühl 288 f.
Bühlingen 65

Christgarten 137 ff.

Deiningen 194 ff.
Dirgenheim 102 f.
Dornstadt 219
Dürrenzimmern 183 f.

Ebermergen 83
Ederheim 176 f.
Ehingen a. Ries 221 ff.
Ehringen 267
Enkingen 193
Enslingen 62 f.
Erlbach 221

Fessenheim 286 f.
Flochberg 42 f.
Forheim 139
Fremdingen 46–65

Geislingen 99
Goldberg 233
Goldburghausen 232
Gosheim 290 ff.
Gromberg 111
Grosselfingen 193 f.
Großsorheim 82

Hainsfarth 228 ff.
Harburg 66–84
Hausen 54 f.
Herblingen 60
Herkheim 174 ff.
Heroldingen 79 f.

Heuberg 223
Hirschbrunn 220 f.
Hochaltingen 56 ff.
Hochhaus 136 f.
Hohenaltheim 132 ff.
Holheim 240 ff.
Holzkirchen 286
Hoppingen 80 f.
Hülen 111
Hürnheim 134 f.
Huisheim 289 f.

Ipf 39 ff.
Itzlingen 39

Kapfenburg 111 ff.
Kerkingen 38 f.
Kirchheim a. Ries 85–103
Kleinerdlingen 174
Kleinsorheim 188 f.
Klosterzimmern 196 ff.
Königsbühl 111

Laub 284 f.
Lauchheim 104–118
Lehmingen 213 f.
Lierheim 188
Löpsingen 181 ff.

Maihingen 260 ff.
Marktoffingen 256 ff.
Mauren 82
Megesheim 226 f.
Merzingen 129
Minderoffingen 61 f.
Mönchsdeggingen 119–142
Möttingen 190 f.
Mohrenstetten 111
Mündling 78 f.
Munningen 224 ff.
Munzingen 256

Nähermemminger 243
Neresheim 139
Niederaltheim 134
Niederhaus 135 f.
Niederhofen 221
Nördlingen 143–199
Nordhausen 99

Oberdorf 31 ff.
Oettingen 200–230
Ofnethöhlen 241 f.

Pfäffingen 183
Pflaumloch 233 ff.

Raustetten 63 f.
Reimlingen 178 ff.
Riesbürg 231–243
Rohrbach 129
Ronheim 83
Röttingen 117
Rudelstetten 287

Schaffhausen 129
Schloßberg 41
Schmähingen 177 f.
Schopflohe 52 f.
Schrattenhofen 79
Schwörsheim 285
Seglohe 53 f.
Steinhart 227

Trochtelfingen 44 f.

Untermagerbein 129
Unterriffingen 45
Unterschneidheim 97 f.
Unterwilfingen 99 f.
Utzmemmingen 236
Utzwingen 259

Wallerstein 244–268
Walxheim 96 f.
Wechingen 285 f.
Wemding 269–292
Wörnitzostheim 288

Zipplingen 100 f.
Ziswingen 130
Zöbingen 94 f.

Das Ries und seine Umgebung

Albuch – Härtsfeld – Ries
Wanderführer. 192 Seiten mit Wanderkarte als Beilage.

Hans Frei/Günther Krahe
Archäologische Wanderungen im Ries
254 Seiten mit 100 Abbildungen, Kartenskizzen und Plänen.

Rüdiger Krause
Vom Ipf zum Goldberg
Archäologische Wanderungen am Westrand des Rieses. 155 Seiten mit 97 Abbildungen.

Konrad A. Theiss
Kunst- und Kulturdenkmale im Ostalbkreis
405 Seiten mit 280 Abbildungen und 16 Farbtafeln.

Hermann Baumhauer/Joachim Feist
Ostalb
Bild einer Kulturlandschaft. 180 Seiten mit 112 Tafeln, davon 46 in Farbe.

Der Ostalbkreis
2., überarb. Auflage 1992. 592 Seiten mit 311 Abbildungen.

Ottmar Engelhardt
Neresheim und das Härtsfeld
120 Seiten mit 70 Kunstdrucktafeln, davon 15 in Farbe.

Museen in Baden-Württemberg
Hrsg. vom Museumsverband Baden-Württemberg. 3., überarb. Auflage 1992. 480 Seiten mit 396 farbigen Abbildungen.